沈映春 赵雨涵◎著

低空经济

中国经济发展新引擎

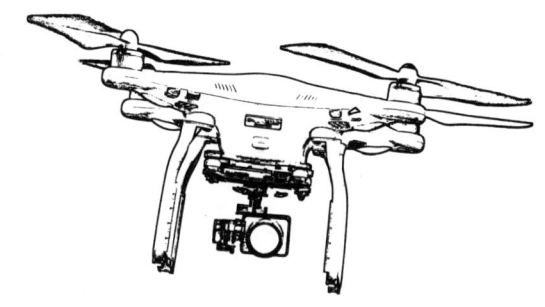

中信出版集团 | 北京

图书在版编目（CIP）数据

低空经济：中国经济发展新引擎/沈映春，赵雨涵著. -- 北京：中信出版社, 2024.12.（2025.3重印）-- ISBN 978-7-5217-7000-1

Ⅰ. F269.2

中国国家版本馆 CIP 数据核字第 2024NG1926 号

低空经济：中国经济发展新引擎
著者： 沈映春　赵雨涵
出版发行：中信出版集团股份有限公司
（北京市朝阳区东三环北路 27 号嘉铭中心　邮编　100020）
承印者： 嘉业印刷（天津）有限公司

开本：787mm×1092mm 1/16　印张：23.75　字数：320 千字
版次：2024 年 12 月第 1 版　印次：2025 年 3 月第 6 次印刷
书号：ISBN 978-7-5217-7000-1
定价：79.00 元

版权所有·侵权必究
如有印刷、装订问题，本公司负责调换。
服务热线：400-600-8099
投稿邮箱：author@citicpub.com

推荐序一

在这浩瀚的蓝天下,"低空经济"悄然崛起,并成为新时代我国经济高质量发展的新增长引擎。2023 年 12 月,中央经济工作会议明确指出,"要以科技创新推动产业创新,特别是以颠覆性技术和前沿技术催生新产业、新模式、新动能,发展新质生产力","要大力推进新型工业化,发展数字经济,加快推动人工智能发展","打造生物制造、商业航天、低空经济等若干战略性新兴产业"。

我关注"低空经济"比较早,并一直致力于推进我国无人机的发展。我于 1970—1978 年组织研制了中国首架高空无人驾驶飞机的遥控遥测系统,1983 年高空无人驾驶飞机获国家科学技术进步奖二等奖,1992 年主持研制的运七飞机起落架故障分析专家系统,于 1993 年获部级科学技术进步奖二等奖。可以说,中国的无人驾驶飞机发祥地是北航(北京航空航天大学)。北航为我国航空航天相关领域培养了一大批专业人才,从 20 世纪五六十年代国家开始研制第一架无人靶机到今天,我见证了大量由北航校友创办的航空航天相关企业的发展。北航为无人机行业输送了近百个创业团队,其中有近十个已经发展成为"小巨人"企业。2019 年,我代表北航向聂荣臻元帅陈列馆捐赠了高级无人机和我国第五代战机歼-20 的模型,以表北航全体教职员工对聂荣臻元帅的缅怀和感激之情。

2020年，在"十四五"中国无人机产业发展战略研讨会上，我与刘大响院士及其他60多位与会专家一道，围绕"十四五"中国无人机技术发展涉及的政策法规、产业环境、运行标准、应用场景、市场开拓等各方面的问题集思广益，献言献策，就我国无人机技术如何更好地发展提出了许多宝贵的意见和建议。我们认为无人机产业具有重大的民用和军用价值，我国的无人机产业发展需要特别强调由创新驱动，要从理念创新、设计创新到运营模式创新，走出一条创新引领的无人机发展路子，推动我国无人机产业上规模、上水平、上台阶。

我坚定不移地认为，科学是引导文明进步的知识源泉，工程技术是推动文明进步的发动机。科技水平是国家综合实力最根本的标志。一个国家拥有的科技人才和对科技的投入决定了这个国家的科技水平。过去，年青一代的专家学者在科研中勇于创新、大胆创新，为科学事业勇于奉献，在蕴含无限可能的低空中，书写了属于自己的传奇。2023年，由中国航空运输协会无人机工作委员会、北京航空航天大学校友通航协会无人机专业委员会、北京航空航天大学北京校友会双创委员会协办的"第二代无人机发展趋势研讨会"在北航召开，我有幸与众多领导、专家、学者和企业家再次回到我国无人驾驶飞机的发源地北京航空航天大学，共商、共研、共论无人机行业面临的新形势、亟待解决的新问题，致力于推动无人机产业的转型升级和高质量发展。

作为老一辈无人机研发者，我非常自豪地目睹了中国低空技术和产业的蓬勃发展。当我得知2024年上半年，中国就有超过60万架新注册的无人机，无人机总数较上年年底增长了48%，并且我国低空经济规模有望在2027年达到2万亿元时，感到无比激动与振奋，这一成就的取得着实不易。当然，这些成绩不是终点，而是新的起点。这片低空既是无人机的舞台，也是无数想象与梦想的起点。在当前国内国际大形势下，巩固低空经济发展成果任重道远。我们被时代浪潮的巨大推力裹挟前进，希望有更多的人关注低空经济，让低空经济发展水平再上新台阶，我相信低空经济的明天会更加美好。

伴随着国家政策的东风和时代发展的需要，我们北京航空航天大学的两位优秀老师将她们多年来在科技创新与政策、战略性新兴产业发展方面深耕产出的成果凝结成这本《低空经济：中国经济发展新引擎》，我希望这本书的出版能够在激励更多从事低空经济产业工作的年青一代不断创新实践，推动产业加速发展，助力我国低空经济产业成为全球"领头羊"，并将其尽快落地惠及普通大众的同时，也让普通大众了解、认识、接受低空经济，期待它为人类的生产生活带来巨大变化。

我相信这本书不仅能够使读者全面了解低空经济，而且能够带给读者以启发和思考，拓展读者的视野，让读者看到一个充满活力和潜力的低空经济世界，而这对于进一步推动低空经济产业的发展和进步具有重要意义。

北京航空航天大学前校长、中国宇航学会常务理事

推荐序二

低空与土地、海洋一样，是国家最宝贵的自然资源，低空经济作为新质生产力的重要组成部分，是国民经济高质量发展的又一强大引擎。

我应该是国内比较早提出要开放低空和发展低空经济的人之一。2008年"5·12"汶川特大地震暴露出的航运救援不足问题触发了我的思考。2009年4月，我组织论证并邀请27位两院院士，联名撰写《关于建设国家航空应急救援体系的建议》的咨询报告，其中就包括逐步开放低空空域的内容。令我们欣喜的是，这个建议很快就得到了中央的批示。我们的建议主要有三条：第一，希望搞一个体系装备发展规划，包括机场建设和机身的发展；第二，既然是低空救援，必须开放空域，所以我们提出希望中央能够批准开放1 000米以下的低空空域，在一些发达国家，3 000米以下都叫低空，但我们觉得自己还没有经验，可以先从1 000米做起；第三，建议国家能够组建高水平的航空应急救援队伍。通过十多年的努力，我国在航空救援方面取得了巨大进步，但跟一些发达国家相比还存在差距，如存在救援力量和能力有待进一步提升、救援不够及时、救援机架不足等问题。因此，持续提高航空应急救援能力，建立政府主导、市场化运作的低空应急救援体系，让百姓真正体会到低空经济带来的获得感和幸福感，有助于我们构建人民至上、生命至上、幸福和谐的社会。

发展低空经济需要"政产学研用金"相结合，强化"六子联动"，形成以政府为主导、企业为主体、市场为导向，建立"耐心资本"，六要素高度融合、协同发力的中国特色低空经济支撑体系。具体来讲：一是要建立政府主导、市场化运作的中国特色航空应急救援创新体系；二是要加大投资力度，逐步加密通航机场的建设，完善航空服务和信息化网络；三是促进通用航空装备和地面保障设施的自主研制，实现自立自强，促进制造业向高端转型；四是加强通航飞行员和无人机操作员的教育培训和严格管理；五是设立航空应急救援专项保险基金；六是加强航空救援医务人员的教育和培训；七是积极推进大城市和城市群之间的垂直起降飞机通航试点。

过去，我们强调的是"政产学研"高度融合，但低空经济面临的更多是技术研究方面的问题，企业也需要考虑投入的风险成本。低空领域的原始创新如果没有资金的支持，就不能实现产业化，所以"金"很重要。要利用好金融力量，比如组建高效的各级组织机构，大力发展通航投资、租赁和保险等金融服务业。一方面要鼓励原始创新，另一方面也要利用金融加强低空的产业化发展，也就是推动低空领域的产业链、创新链、资金链、人才链"四链"深度融合，这样才能让低空领域的原始创新实现产业化，产生新动力、新成果，从而为国民经济服务。"用"即低空经济需要应用的场景，比如一个无人机在不同场景的不同应用具有不同的特点，这就需要后续的持续开拓。

低空经济时代已经来临。低空经济发展对中国抓住时代发展机遇，形成新质生产力，实现高质量发展，促进经济增长具有重要的战略意义。《低空经济：中国经济发展新引擎》的出版恰逢其时。这本书的两位作者——北京航空航天大学的沈映春教授和赵雨涵博士——多年从事科技创新与政策、战略性新兴产业发展方面的研究，在这本书中，她们以多年来的经济、产业理论研究成果为基础，结合长期、深入的产业调研和国家、地方产业园区规划咨询成果，深入浅出地向读者介绍了低空经济是什么、为什么当下我国要发展低空经济，以及应该如何发展低空经济从而赋能新质生产力等相关问题，为现阶段及未来一段时期我国低空经济产业的快速发展提供了宝贵的经验和思考。

我认为通航航空将是继房地产、机械之后，我国国民经济双循环、高质量发展的又一个新的引擎。我们必须坚持党的领导，建立政府主导、市场化运作的低空经济产业体系，建立空天地一体化的、空中创新的交通管理体系，以保证飞行安全。全面开放低空空域，积极发展通航产业，形成多元化的"低空经济+"场景。

我认为中国天路是很多的，关键是如何把它飞好，我相信我们的国人有机会、有能力在一段时间之内把这个事情做好。我坚信在党中央的坚强领导下，全国各族人民大团结，一定能打造出属于中国人民的低空高速天路，并以此推动低空经济的进一步发展和美丽乡村的建设，为实现中华民族伟大复兴的中国梦和中国式现代化做出更大的新贡献。

刘大响

第十届全国人大常务委员会委员、中国工程院院士

前　言

近年来，天空变得越来越"忙"。包裹和外卖"从天而降"，植保无人机播种撒肥出没于田间地头，"挑山工"无人机有序升降……越来越多的无人应用场景走进了你我的生活。这背后是日益精进的低空技术，以及不断被拓展的应用场景。

2021年2月，中共中央、国务院印发《国家综合立体交通网规划纲要》提出，发展交通运输平台经济、枢纽经济、通道经济、低空经济。"低空经济"概念被正式写入国家规划，标志着低空经济成为我国重点谋划的新兴经济形态。2023年，无人驾驶航空器立法出台，空域管理条例等不断细化；2024年，"低空经济"首次写入政府工作报告，并被视为新质生产力的重要代表。可见，低空经济已成为经济高质量发展的"新赛道"，全球竞相追逐的"天空之城"。

所谓低空经济是指，一般在垂直高度1 000米以下，根据实际需要延伸至不超过3 000米的低空空域范围内，以民用有人驾驶和无人驾驶航空器为载体，以载人、载货及其他作业等多场景低空飞行活动为牵引，带动相关领域融合发展的综合性经济形态。它具有产业链条长、辐射面广、成长性和带动性强等特点，是继数字经济后又一新兴经济形态。工业和信息化部赛迪研究院2024年4月发布的《中国低空经济发展研究报告（2024）》显示，2023年我国低空经济规模达到5 059.5亿元，增速为33.8%，到2030年有望达到2万亿元。可谓，低空经济"蓄势腾飞"。

低空经济腾飞的基础是"路"。"要想富，先修路"，低空经济的"路"，并非指传统意义上的公路或铁路，而是指低空领域的飞行通道、导航通信、空管体系，以及相关的地面基础设施。目前，我国在空域改革方面已取得初步进展。2023年中国民用航空局出台《中华人民共和国空域管理条例（征求意见稿）》，加强和规范空域资源管理，维护国家安全、公共安全和航空安全；同年，《国家空域基础分类方法》出台。这为充分利用国家空域资源、规范空域划设和管理使用提供了依据，为低空经济腾飞创造了基础条件。

低空经济腾飞的"引擎"是低空飞行技术。低空飞行航空器包括各种直升机、固定翼飞行器、电动垂直起降飞行器（eVTOL）以及各类无人机等。全球不少国家都在大力推动相关产业的发展，中国已在一些领域形成领先优势。例如，我国在无人机领域保持着世界一流水平。全国无人机生产厂家超过2 200家，广东、江苏、北京、山东、浙江、上海等地已构建起较为完整的无人机研发、制造、销售和服务体系，涌现出多家头部企业，集聚效应逐步显现。其中，民用无人机销售已占据全球70%的市场份额，预计2025年民用无人机规模将超过2 000亿元。根据德国知名eVTOL企业Lilium预测，2035年全球需要4.2万架eVTOL，其中25%将来自中国。尽管，我国在通用飞机方面与欧美差距较大，但依托无人机产业基础以及eVTOL商业化等，将很可能在低空航空器制造领域实现弯道超车，为我国低空经济腾飞提供强大动能。

低空经济腾飞的"翅膀"是低空技术应用。目前，我国在无人机、eVTOL技术优势的合力"振翅"下，政策支持与应用前景的强力"蓄能"下，众多产业乘风"腾飞"。例如，在农林植保、电力巡检和航空摄影等生产作业方面，在私人飞机、公务专机、无人机配送与物流等通航运输方面，在应急救援、警用安防、城市消防等公共服务方面，在风光游览、飞行培训、娱乐飞行等航空消费方面，均保持了迅猛的增长势头，显著提高了经济社会活动的效率和用户体验。可以预见，我国的低空经济必将随着飞控系统、动力系统等核心技术的不断突破，以及与人工智能等数字技术的进一步融合，开辟出源源不断的应用场景和商业模式，为腾飞插上有力的翅膀，进而为企业经营、公共服务和居民生活以及推动经济增长做出巨大贡献。

此外，低空经济腾飞还需因地制宜的政策"保驾护航"。这意味着，在国家层面规划及政策的支撑下，不同地区还需根据资源禀赋、产业基础、市场环境等条件的不同，量身定制发展策略，最大限度地发挥地区比较优势，形成独具特色的低空产业链和产业集群，并通过资源共享、优势互补等重要手段，加强区域间的合作交流，实现互利共赢，共同推进中国低空经济持续高效发展。自2010年以来，四川、海南、湖南、江西和安徽等作为全国首批低空空域管理改革试点省份，在空域管理改革、通用航空产业发展方面取得了显著成效。随着2021年低空经济被正式提出，全国多个省市部署发展低空经济相关领域的规划、政策及细则。部分地市纷纷出台因地制宜的低空经济发展条例、实施方案、行动计划以及具体的产业支持措施，如《深圳经济特区低空经济产业促进条例》《苏州市支持低空经济高质量发展的若干措施（试行）》《成都市促进工业无人机产业高质量发展的专项政策》等。预计2024年内，国内主要地市针对低空经济的具体行动方案和措施将广泛出台，为低空经济多航道飞行保驾护航。

同时也要看到，我国在关键技术攻关、适航性能、无人机空域规划、低空交通管控和基础设施以及监管体制等方面还存在短板弱项，需要加快研究制定低空飞行安全间隔标准，建立通信、导航、监视、服务技术标准体系；制定无人机所涉及的基础设施技术规划设计标准，确保其高效安全运行；提升无人机机体强度、稳定性、导航通信设备性能、产品技术标准以及适航取证标准；找准关键技术难点，制定国产化替代清单，加大投入力度组织集中攻关，分类分步实现技术自主可控；加强知识产权保护和开发，明晰各个主体之间的权利边界、职能责任和评价机制，规范和引导市场良性竞争、依法经营。强化低空经济关键资源、产品和技术的出口管理，对关系国家安全和经济安全的要制定管制清单，确保我国在低空经济领域的竞争优势等。

毫无疑问，在立足优势与补齐短板的合力"振翅"下，我国低空经济将"蓄势腾飞"！

本书是由北京航空航天大学空天产业研究团队在国家课题成果的基础上完成的，内容按照低空经济的理论基底、产业运营模式、我国及全球低空经济发展现状、低空经济前沿赛道与关键技术突破、面对的机遇与挑战，以及发展趋势展开。团队成员包括北京航空航天大学公共管理学院经济系的部分研究生和本科生，他们做了大量的资料搜集、整理工作，并负责了部分章节的写作。按章节排序，他们是白雨婷、李昂、褚辰瑞、冯子菁、徐珂、周睿浛、袁令姝、王佳、杨紫琪、瞿悦、康栩嘉等，在此表示衷心的感谢。

沈映春　赵雨涵
2024 年 10 月

目 录

导　言 / 001

第一章　低空经济蓄势腾飞 / 009

　　什么是低空经济 / 011

　　低空经济：新质生产力新引擎 / 026

第二章　低空经济新产业新态势 / 041

　　多主体合力　打造低空经济可持续发展生态圈 / 044

　　政企发力　探索低空经济典型产业范式 / 056

　　优化既有模式　赋能产业加速发展 / 085

　　各方协同　进一步激发市场潜力 / 089

第三章　蓬勃兴起的中国低空经济 / 103

　　加速改革布局　行业前景未来可期 / 105

　　"低空经济+"打造多元应用场景 / 109

　　因地制宜　各显神通的地方实践 / 132

　　日趋规范　中央、地方政策陆续出台 / 150

第四章　百花齐放的全球低空经济 / 165

百舸争流　先发国家加速立法与监管 / 167

美国：全球领先的无人机与空中出租车服务 / 174

日本：立足需求，推广无人机物流与农业应用 / 185

德国：依托工业 4.0，低空经济"百鸟齐鸣" / 193

英国：借助航空优势，发力监控与医疗运输 / 202

第五章　低空经济前沿赛道与关键技术攻关 / 211

无人机与 eVTOL 领跑低空经济前沿赛道 / 213

聚焦产业发展难题　实现关键技术攻关 / 226

第六章　低空经济产业发展的机遇与挑战 / 251

乘势而上　打造多样化应用场景与商业模式 / 253

攻坚克难　持续提升低空经济产业发展水平 / 267

第七章　探索低空经济的无限可能 / 293

低空经济的未来之路 / 295

技术创新与突破势在必行 / 316

产业发展趋势与劳动力市场变革 / 331

新业态开启未来新生活 / 340

参考文献 / 349

后　　记 / 361

导　言

发展大中型无人机产业，开创低空经济新局面

程泊霖

中国航空运输协会无人机工作委员会副主任、
中国信息协会通航分会副会长

低空经济在 2021 年被正式纳入国家级战略规划后，迎来了快速增长，作为其主导产业的无人机产业也进入了前所未有的快速发展期。近年来，随着智能社会的到来，作为智能终端的无人机与人工智能、5G（第五代移动通信技术）等新技术结合，在农业、电力巡线、应急、安防、测绘、智慧城市等国民经济 30 多个领域得到了广泛应用。大中型无人机新产品不断涌现，产业不断发展，近几年的年均增长率超过 20%，呈井喷式增长态势。作为新一轮科技革命和产业革命的热点，以无人机为代表的低空经济有望成为我国经济新的增长点。

一、发展大中型无人机是我国经济结构升级、提升国防实力的必然选择

1. 发展大中型无人机产业是适应产业革命升级的必由之路

我国已初步实现工业化，人均 GDP（国内生产总值）达到 10 000

美元。要实现第二步战略目标，即人均GDP达到20 000~30 000美元，必须推动产业结构升级，在进一步工业化的同时加快发展信息经济和智能经济，而集工业化、信息化、智能化成果于一身的大中型无人机，是必然的选择。2019年，我国的航空装备制造（包括军机、民机和通航）与运营的总产值约为2万亿元人民币，预计到2040年，这一数字有望增长至10万亿元人民币，较2019年增长4倍。其中，无人驾驶航空器将占据主要地位，预计其产值将从2019年的不到1 000亿元人民币增长至4万亿~6万亿元人民币，实现40~60倍的增长。这一转变不仅将为中国航空产业带来巨大的发展空间，也将提升中国在全球航空领域中的地位。

2. 发展大中型无人机产业是实现"立体交通强国"战略的重要举措

经过多年努力，我国建成了世界第一的高速公路网、高速铁路网、邮政快递、世界级港口群，民航运输总周转量、旅客周转量、货邮周转量均已位居世界第二。中共中央、国务院2019年9月印发的《交通强国建设纲要》提出，"从2021年到本世纪中叶，分两个阶段推进交通强国建设。到2035年，基本建成交通强国。现代化综合交通体系基本形成，人民满意度明显提高，支撑国家现代化建设能力显著增强；拥有发达的快速网、完善的干线网、广泛的基础网，城乡区域交通协调发展达到新高度；基本形成'全国123出行交通圈'（都市区1小时通勤、城市群2小时通达、全国主要城市3小时覆盖）和'全球123快货物流圈'（国内1天送达、周边国家2天送达、全球主要城市3天送达）"。这就需要我们把"车轮上的中国"建成"翅膀上的中国"。从目前以平面（地面）交通为主到未来以立体（空间）交通为主，大幅度提高航空（无人机运输或城市无人机配送、电动垂直起降飞行器）运输的比重。从现在的占运输总量的4%提高到20%甚至更高。要大力发展航空（特别是无人机物流）运输产业。"胡焕庸线"以南的地区要大力发展城市群的小件无人机快件投送，打造短途快捷

（飞行）的交通体系；"胡焕庸线"以北地广人稀地区建高速铁路成本高，维护费用大，应大力发展各类大中型无人机运输，使通航飞行器（特别是大中型无人机）成为这些地区经济适用、快捷高效的交通工具。大力发展特种航空（无人机）运输，满足航空应急救援的需要。无人机具有较高的性价比、较小的人员伤亡风险、生存能力强、机动性好、应用范围广（环境适应性强）和使用方便等特点，在复杂、危险条件下执行运输作业更具优势，发展航空（无人机）救援刻不容缓。我国航空客货量均保持快速增长，正是发展航空产业，特别是无人机物流的巨大的历史性机遇。2022年，中国第一个以货运为主的机场——湖北鄂州花湖国际机场开通运营，京东物流在芜湖建设货运航空基地，中通物流在湖州建设基地，航空物流业正在强势崛起，航空快递、特种物流（航空救援）已经成为满足"胡焕庸线"以东、以南经济发达地区持续增长需要的运输形式。其中大中型物流无人机研制发展迅速。使用小型、中型无人机进行短程包裹递送，能避开日益拥堵的地面交通，为用户提供快速、无接触的服务，用户也愿意为此支付溢价，是目前来看无人机最具市场前景且能够较快实现大规模商用的领域。随着无人机技术的不断进步和应用领域的不断拓展，从"车轮上的中国"向"翅膀上的中国"转变这一梦想将会实现。

3. 无人机产业将为区域经济发展提供新动力

近年来，长三角、珠三角、成渝、京津冀等区域无人机产业实现了集群式发展，对社会生产方式、生活方式、治理方式的变革产生了深远影响。如一些无人机企业受到资本市场的青睐，完成了多轮融资，对区域经济的拉动作用不断增强。如四川省发展和改革委员会正式印发《关于同意组建四川省无人机产业创新中心的复函》，原则同意四川省无人机产业创新中心组建方案，这是全国首个省级无人机产业创新中心。四川依托无人机产业创新中心带动力，在成都、自贡打造从装备研发、智能制造、数智服务到协同试验的全产业链创新高地和产业集群。重点建设"四中心一平台一基地",这将对优化区域经济布局、促进区域协调发展发挥重要作用。再如顺丰将在皖西南地区建设低空管理服务平台,这个区域性支线物流网络的构建,将提升大别山区和周边省市的物流效率,助力革命老区产业转型。

4. 大中型无人机将为国防事业提供重要保障

目前世界有60多个国家涉及无人机的生产或应用。北美、西欧、东亚和中东地区是主要的生产地和市场。美国作为无人机生产大国,其主要产品仅卖给国内及少数盟国,其主要系统及无人机产品对我国禁运。根据美国军方的报告,到2035年,美国军用飞机将有60%实现无人驾驶化。从近十年世界上发生的地区冲突来看,使用无人机作战是未来战争的主要方式。因此,发展大中型无人机产业将为国防事业提供重要保障。

二、我国大中型无人机产业发展的现状与问题

大中型无人机可用于特种物流运输,包括应急救援、山区物流等。目前国内大中型无人运输机主要的研制企业有:天域航通科技有限公司、中航通用飞机有限责任公司、白鲸航线、九成通用飞机设计制造有限公司、丰鸟科技等研究支线无人运输机(载荷在1 000千克以上,行程在1 000千米左右);北京驼航科技公司、航景创新科技有限公司等研究大中型无人直升机(起飞重量超过500千克,有效载荷在150千克以上);沃飞长空、御风未来、峰飞航空科技、沃兰特、时的科技等主要从事eVTOL研制。

我国无人机产业在快速发展的同时,也面临一些问题。一是认识需要深化。对无人机是集工业化、信息化、智能化于一身的重要终端、重要平台缺乏全面的认识,对未来无人机产业在国民经济中的战略地位和作用认识不足。目前尚未出台国家层面的总体谋划及战略性的中长期规划,以引领无人机产业发展。二是需建立无人机系统理

论。目前我们还没有建立自己独立的无人机概念、理论，没有形成无人机思维。无人机事业的发展一定要从无人机本身出发，研究无人作战的新理论、无人作业的新理念和新方案，以指导无人机的研发及应用，只有这样我们的无人机才能够比有人机更有效率、成本更低。三是突破关键技术。大中型高端无人机具有"四超"特性——超高空、超高速、超机动、超长航时，要实现"四超"就得突破有人机的很多技术，如发动机、材料、结构、通信技术、网络安全等。未来无人机动力的设计要在现有程度上大幅度提高，并且用太阳能、核能等新能源以及混合动力来解决无人机的动力问题。四是研发重要的飞行平台。包括临近空间的无人机、高空高速隐身重载无人机、大容量无人运输机、重载无人直升机，还有重载复合翼无人机。大载重垂直起降固定翼无人机将在国防事业中起到重大作用，如果我们没有，就会变得被动。五是要加强系统建设。在这个过程中，既要强调平台，又要重视信息支持系统，更要考虑保障，同步规划信息链、指挥链、服务链、保障链建设。

三、推动大中型无人机产业发展，带动低空经济上台阶

1. 发展低空经济必须明确发展目标，谋划好发展路径

低空经济作为国民经济增长新引擎，我们必须认识到其核心内容，转变过去引进消化吸收、跟随发展的产业思路，认清低空经济发展规律，明确市场需求导向，集成技术驱动，加强政策指引，改革空域管理，创新航行管理和服务，确保航空器安全、可靠、高效运行。这就要求我们搞好顶层设计，推动行业立法，在未来20年中形成支持促进低空经济，特别是大中型无人机产业持续快速健康发展的政策法规和产品技术体系。

2. 低空经济产业需要总体谋划，特色发展

发展航空产业需要大量的专业化人员、较高的投资强度，以及较

大的运营空域等，因此要发展以大中型无人机研制及运营为主的低空经济，应以具备一定区域管理职能的省市级政府为主导，参与空域管理的改革、组建空域管理机构，并结合区域自身的特点，制定、落实发展低空经济的规划方案。既要兼顾航空器的研发，又要抓好航空器的运营、作业，促进国民经济各行业与无人机这种集工业化、信息化、智能化于一身的终端结合，提高经济运行的质量和效率。当前我们应抓住重点，积极探索建立航空应急救援体系和航空医疗救护体系，提高我国的医疗救治能力和应急救援能力，同时，积极推广成熟的各种场景条件下无人机应用案例。政府还应牵头规划、建设发展低空经济所需的基础设施，为大中型无人机企业提供高质量服务，防止区域垄断，阻碍区域低空经济发展。

3. 集中资源支持大中型无人航空器的研发

我国各类中小型航空器在品种、功能和性价比方面已处于世界第一梯队，但仍需进一步迭代提高。第二代无人机系统有极为广阔的市场前景，要集中力量和资源研制以超大型无人运输机为代表的第二代大中型无人机系统。根据中国民航局《关于对〈民用无人驾驶航空发展路线图 V1.0〉征求意见的通知》，到 2025 年允许无人驾驶航空器短途飞行上路；2030 年实现中距离飞行；2035 年实现中长距离飞行。目前，国内货机均为进口飞机客改货，其全产业链及航材都掌握在某些发达国家手里，从客机交付到货机改装，均受西方掣肘，急需国产自主可控的大型货运飞机。超大型无人运输机是高科技集成化装备，以航空航天技术为基础，具有高度工业化、智能化、信息化、网络化、集成化的特点，其研制能有效突破发动机、材料、结构、通信、网络安全等技术难题。以大中型无人运输机为代表的第二代大中型无人机的研制，必须发挥省级以上政府的引导决策作用，集中资源和科研力量，有计划、有步骤地推进。借鉴国内外研发大型飞机的经验，做好超大型无人机的研发、首飞，以及获取适航证工作，使其早日投向市场，满足用户需求，创造历史纪录。建议在国家层面设立专项，密切跟踪新技术的发展趋势。集中力量重点支持新一代大中型无人机关键技术及平台的研发，解决无人机工业化、智能化领域需要突破的技术难题。引导地方政府基金及社会资本，加大对无人机关键技术零部件（如中型涡扇发动机、机用高性能电池、大功率电动机、智能飞控芯片、大中型无人机平台）的投资，使中国的无人机从设计、制造到智能化等方面均达到世界先进水平。

4. 加强军民融合，加大政策支持和资金投入

为使无人机的发展更好地为国防和经济发展服务，建议借鉴世界主要国家所采取的军民融合模式，制定国家层面的大中型无人机产业军民融合产业规划，国家在推动无人机创新资源开放共享方面给予一定的政策扶持；出台有关无人机军民融合产业发展的高新技术指导目录；建立无人系统技术创新联合体，加快推动军民科技成果双向转化，推动国防装备和民用产品的有机结合；加快创新平台建设，加强项目研发、科研成果转化和高端人才培养等，为我国经济高质量发展注入新的动力。要加强重点区域重点项目的战略性部署，对高原专用大型无人机、垂直起降重载无人机以及第二代大型无人机等重点型号、重点项目组织攻关，加大资金和科研投入，力争在"十五五"期间取得重大突破。

从"行走的中国"到"车轮上的中国"，我国经历了巨大的变革和发展。而现在，我们正站在一个新的起点，向"翅膀上的中国"迈进。随着科技的飞速发展，无人机已经成为智能化时代的重要终端，广泛应用于各个领域。从物流运输到农业植保，从环境监测到应急救援，无人机都展现出了巨大的潜力和价值。

无人机作为智能化的重要代表，不仅提高了工作效率，降低了人力成本，还为我们带来了更加便捷、安全的生活方式。而大中型无人机更是以其独特的优势，成为推动航空产业发展的重要力量。随着科技的飞速发展，我们已正式进入无人机时代，智能化已成为不可逆转的趋势。在这个充满机遇和挑战的时代，我们需要不断创新、不断突破，以更加开放的心态和更加务实的行动，推动无人机产业的持续健康发展。只有这样，我们才能真正实现"翅膀上的中国"的梦想，让无人机成为连接未来、创造美好的重要力量。期待以大中型无人机为代表的航空产业，以及以低空经济为代表的战略性新兴产业经过20年的发展，成为我国的支柱产业，共同书写中国无人机产业和航空产业新的辉煌篇章，真正实现航空强国和综合立体交通强国的梦想！

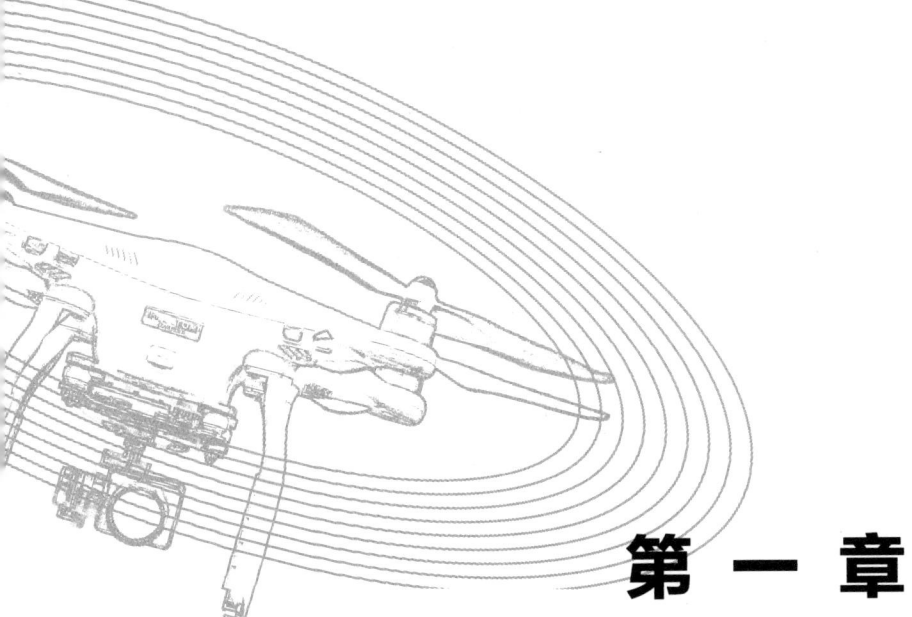

第一章

低空经济蓄势腾飞

什么是低空经济

一、低空经济的内涵

东西涌海岸线位于深圳龙岗区大鹏半岛，是户外爱好者最经典、入门级的徒步路线。海岸线直线距离约 4 000 米，徒步里程 9 000 米，一路屏山傍海，山岳纵横，也因此沿途物资补给困难。不过如今在东西涌景区能看到这样一幅画面：无人机索降投放物资。

这并非科幻电影中的场景，而是顺丰旗下丰翼科技正在提供的常态化无人机配送服务。通过简单的二维码操作，游客可以在 10 分钟左右收到从天而降的补给物资。这种具有未来感的体验，正是顺丰无人机战略在现实中的生动呈现。

2023 年情人节，临时出差的张先生用丰翼无人机给女朋友送去"空中礼物"——钻戒和鲜花。听上去，这好像是富豪的"做派"，但在了解之后才发现，这已经成为普通人可以享受的服务。目前，深圳同城用无人机可以寄送 8.5 千克以内的货物，体验价只需 12 元，而这样的一单跨城配送则需要 40 元。

2020 年，无人机作为抗击新冠疫情的"空中卫士"，被广泛用于运送医疗和防疫物资。如今，无人机物流配送正在飞入寻常百姓家。

随着低空航线不断增加，空中飞行能做的事也越来越多了。2024 年 4 月，中国民用无人机完成珠峰 6 000 米海拔运输，将物资配送时间从 8 小时压缩至 12 分钟；2024 年 7 月，四份高考录取通知书"乘坐"无人机降落到了广州某小区，这是我国首次使用无人机全程配送高考录取通知书；同月，2024年巴黎奥运会期间，中国制造的无人机在巴黎上空点亮埃菲尔铁塔，用外国人口中的"中国魔法"为世界带来视觉震撼。这些以往只能在科幻电影中看到的场景，如今正在我们的生活中不断上演。

这股蔚然成风的趋势，实则是低空经济这一新兴领域崛起的结果。这一趋势广泛渗透，正深刻影响着各行各业。

低空经济是我国率先提出的新兴概念，2009年，在中国通用航空发展研究研讨会上，中国民航大学李卫民副教授首次提出"低空经济"这一概念。

2021年，《国家综合立体交通网规划纲要》出台，提出"发展交通运输平台经济、枢纽经济、通道经济、低空经济"，首次将低空经济写入国家规划。《"十四五"现代综合交通运输体系发展规划》提出构建区域短途运输网络，探索通用航空与低空旅游、应急救援、医疗救护、警务航空等融合发展。

2023年，《无人驾驶航空器飞行管理暂行条例》（自2024年1月1日起实施）公布，该条例的公布对低空经济发展意义重大。此外，国家将生物制造、商业航天、低空经济确立为战略性新兴产业。

2024年，《无人驾驶航空器飞行管理暂行条例》正式实施，无人机产业进入"有法可依"的规范化发展新阶段，对促进低空经济发展具有里程碑意义。与此同时，低空经济成为新质生产力的代表之一，被写入2024年政府工作报告。

什么是低空经济？众多专家学者从理论视角出发，对低空经济的核心内涵、特征进行了剖析和解读。

在低空经济概念和理论形成方面，目前有据可查的是中国民航大学通航学院（通用航空研究中心）的一支研究团队（团队主要成员有王霞、李卫民、覃睿等）于2010年在其撰写的民航"十二五"规划前期研究项目《通用航空发展研究报告（主报告）》中，最早阐释

"低空经济"这个概念："依托通用航空机场设施设备、低空空域资源和运营服务体系，通过通用航空服务行为或航空制造活动，利用通用航空产业园区的产业聚集效应，促使相关资本、信息、技术、人口等生产要素向产业园区集中，以产业园区为中心的经济空间形成了与通用航空关联度不同的产业集群，这种新兴的区域经济形态称为低空经济。"2011年，他们进一步定义了低空经济，阐释了低空经济的产业属性与构成。

2023年，覃睿等遵循术语学基本原理与方法以及国际和中国术语工作的规范和标准，将低空经济定义为"以航空载运与作业装备技术为主要工具，以低空空域为主要活动场域，以低空飞行活动为最终产出形式的系列经济活动构成的经济领域"，并将其基本构成概括为一个关键资源、三大核心产业和四个辅助种群，为进一步明确低空经济概念的内涵和外延、构建低空经济理论体系提供了参考。

张越和潘春星根据复杂经济学以及技术－经济范式理论的底层逻辑，从低空经济是以低空活动为核心的战略性新兴产业、由先进技术引领的新质生产力典型代表、体现国家与市场需求导向的经济业态等三个属性角度阐释了低空经济的内涵，并将低空经济定义为"以低空航空载运与作业装备技术为主要手段，以国家及市场需求为导向，在低空空域开展的各类航空活动及其相关产业所形成的经济业态，本质是以低空活动为核心的战略性新兴产业"。

经济学家范恒山则将低空经济定义为"以各种有人驾驶和无人驾驶航空器的各类低空飞行活动为牵引，辐射带动相关领域融合发展的综合性经济形态"。

1. 低空

空域是国家的重要战略资源，是支撑国民经济与社会发展腾飞的隐形翅膀，扮演着无可替代的角色。低空空域蕴藏着极大的经济、国防和社会价值，是开展通用航空活动的主要区域，科学规划、合理使用低空资源是通用航空业发展繁荣、推动国家发展和增进人民福祉不可或缺的条件。

在全球化的今天，低空空域的开发与利用正处于一个至关重要的起步阶段，关于低空空域的范围，目前尚缺乏普遍认可、具有权威性的定义和规范。我国针对低空空域的高度标准依据主要来源于两个文件：一是2010年由国务院、中央军委印发的《关于深化我国低空空域管理改革的意见》，该文件提出"低空"是指"垂直范围原则为真高1 000米以下，可根据不同地区特点和实际需要，具体划设低空空域高度范围"的空域；二是2016年国务院办公厅印发的《关于促进通用航空业发展的指导意见》提出，"及时总结推广低空空域管理改革试点经验，实现真高3 000米以下监视空域和报告空域无缝衔接，划设低空目视飞行航线，方便通用航空器快捷机动飞行"。随着低空应用的深入发展，管理部门和业内普遍将高度上升至3 000米。

空域是指地球表面以上可供航空器飞行的一定范围的空气空间，是国家重要的自然资源。当前，将空域视为一种亟待深入探索与高效利用的自然资源，并据此构建科学的管理体系与研究框架，已成为全球学界与各国政府普遍关注的焦点。这一转变，标志着人类对空域资源属性的深刻认识与高度重视。空域资源在推动社会进步、促进经济发展、增强国家安全等方面发挥着不可估量的作用。

作为空域重要组成部分的低空空域是指所在区域（地域/海域）上空，真高1 000米以下（部分定义可延伸至3 000米）的空气空间。由于我国陆地总面积约960万平方千米，海域总面积约473万平方千米，这一资源尤为丰富，具有巨大的开发潜力，蕴藏着丰富的经济和社会价值。随着低空经济的兴起，国家开始逐步开放低空空域资源，以满足通用航空、无人机等新兴产业的发展需求。

除了具有自然资源属性，低空空域还具有划设性和重复使用性。

在国外,《美国传统英语词典》(第4版)对"airspace"(空域)的解释是:①航空器所占有的空间;②被指定的一部分空间,例如机场邻近空间。在国内,《中国人民解放军军语》《中国空军百科全书》等文献对空域的解释都是根据航空器的使用范围而定的,且具有明显的划设性。

低空空域的划设应统筹考虑国家安全、飞行需求、保障能力、机场布局、环境保护、地形特点等因素,科学划设管制空域、监视空域、报告空域的范围和目视飞行航线。这一原则确保了低空空域的划设既能符合国家安全需要,又能满足各类航空活动的实际需求。低空空域作为航空器活动的空间载体,其本质是一种动态、可再生的资源。当一架航空器完成其飞行任务并离开某个空域后,该空域立即变得可用,即可以供其他航空器使用。这种特性使得低空空域在理论上不存在因使用而耗尽的问题。与土地和海洋等资源不同,后者一旦被开发或占用,往往难以恢复原状或重新分配给其他用途。

作为一种具有长期开发利用前景和价值的可持续性资源,合理开发和科学使用能够使低空经济发挥巨大的经济、社会和环境效益。因此,我们应该充分认识到低空空域资源的重要性,积极推动其开发利用工作的深入开展。

2. 以低空飞行活动为牵引

目前的低空飞行活动涵盖了广泛的内容,不仅包括传统民事飞行活动,如通用航空和无人机应用,也包括警用、海关等国家航空器的各类飞行活动,如警察部门的空中巡逻、交通监控、紧急救援活动,海关部门的边境巡逻、缉私查私等活动。在整个低空经济中,飞行活动起着"牵引"作用,其辐射带动制造、保障等上下游产业和其他相关产业的发展。

在范恒山关于低空经济的定义中,其表述是"以各类飞行活动为牵引"。定义中为何采用"牵引"一词，而非"载体"等表述？郭辰阳、敖万忠和吕宜宏的研究指出，"牵引"与"载体"有很大的不同，"载体"就像一个筐，什么都要往里装，但若这个载体是航空器，则只能承载飞行，承载不下整个低空产业链，而"牵引"就像一个火车头，具有带动作用，能带动更多、更大的经济空间和经济业态。低空飞行活动的增加直接推动了飞行器制造、零部件生产、维修保养、机场建设等产业链上下游环节的发展。这些环节相互关联、相互促进，形成了一个完整的产业链体系。随着低空经济的不断壮大，产业链上下游的各个环节都将迎来更多的发展机遇和市场空间。此外，低空飞行活动也促进了低空空域安全管控、低空智联网、反无人机等新兴领域的发展，推动了科技创新、人才培养、公共安全、生态环境保护等方面的进步。这些领域的相互融合、相互促进将推动低空经济不断向前发展。

因此，相对于"载体"，在定义中采用"牵引"一词，能更丰富、全面地反映低空飞行活动对多个领域的带动作用。

3. 综合性经济形态

低空经济被视为"综合性经济形态"，主要基于以下几点原因。

低空经济具有"多领域、跨行业、全链条"的特性。低空经济涉及民用、警用、军用等多个领域，横跨第一、第二、第三产业，涵盖上中下游整个发展链条，孕育以"低空经济+"为基础的广泛的应用蓝图。

低空经济能够产生全面而广泛的影响。低空经济不仅对经济领域产生了深远的影响，还对社会、环境、政策等方面产生了积极的影响。在经济方面，低空经济促进了相关产业的发展和就业的增加；在社会方面，低空经济的发展提升了公共安全水平，促进了科技创新和人才培养；在环境方面，低空经济推动了绿色航空的发展，促进了生态环境保护；在政策方面，低空经济的发展促使政府出台相关政策来规范和管理低空空域。

经济学家范恒山指出，低空经济既继承了传统通用航空业态，又融合了以无人机为支撑的新型低空生产服务方式，依赖信息化、数字化管理技术赋能，形成了一种容纳并推动多领域协调发展的极具活力和创造力的综合经济形态。

二、低空经济的构成

从产业构成来看，低空经济作为前景广阔的战略性新兴产业，主要由低空制造产业、低空飞行产业、低空保障产业以及综合服务产业构成。

在低空经济的构成中，低空制造是低空经济的基础，低空飞行是低空经济的核心。低空经济可视作通用航空的升格，涉及低空飞行、制造、保障等多项产业。从应用场景来看，低空经济涉及军用、政用、商用、民用全方位场景；从产品角度来看，主要包含低空内飞行的无人机、私人飞机、eVTOL等航空器；从产业构成来看，主要包括低空制造、低空飞行、低空保障、低空基础设施和综合服务等产业。简单来看，低空经济可刻画为"低空空域全产品＋地面相关产业链条＋相关衍生服务"。

1. 低空制造产业

低空制造产业是指面向通用、警用、海关和部分军用航空器的研发制造类产业，主要包括各种有人驾驶和无人驾驶航空器及其零部件和机载设备的研发、制造、销售、进出口等产业。

从消费级无人机到工业级无人机，从载货运输到载人飞行，无人机技术的创新与突破为低空经济创造了良好的发展机遇，带来了巨大的商业机会和发展空间。

在热播电视剧《玫瑰的故事》中，可以看到通用飞机、通用机场以及飞机驾驶员培训学校等大量低空经济元素。这部剧的取景地正是位于北京市延庆区的八达岭机场。在《玫瑰的故事》中多次出现的阿若拉 SA60L，是一款由山河星航自主研制的单发双座、常规布局、全碳纤维复合材料飞机，是我国首个获得中国民用航空局（以下简称中国民航局）适航认证的轻型运动飞机。该机型可完全满足飞行培训、旅游观光、运动娱乐使用需求，也可改装完成航拍摄影、农林应用等任务。此外，该飞机还可搭载双油门操纵、整机救生、夜航等系统，作为空军飞行员初次遴选和初级训练机应用；可搭载激光、爆闪灯等设备，应用于军用机场驱鸟；还可作为遥感航测飞机，执行侦察、地形测绘、公安缉毒、海关监视等军事或准军事任务。

2. 低空飞行产业

低空飞行产业是低空经济的核心产业，是低空经济发展的核心驱动力，不仅引领着整个低空经济领域的蓬勃发展，还通过其广泛的辐射效应，促进了相关产业链的深化与拓展。该产业可细致划分为生产作业类、公共服务类及航空消费类等多个维度。在生产作业领域，低空飞行产业广泛服务于工农林牧渔等行业，执行多样化的飞行任务，涵盖农林植保喷洒、畜牧业监测与管理、渔业资源勘探、航空地质勘探、石油勘探支持、电力线路巡检等关键作业，为传统产业的现代化转型提供了强有力的空中支持。转向公共服务范畴，该产业致力于满足政府机构、企事业单位乃至全体社会公众的紧急与日常需求，提供包括应急救援响应、医疗空中转运、短途航空运输、高效航空物流、警务巡逻与执法、海关监管飞行、政府公务飞行等在内的全方位航空服务，显著提升了社会服务的效率与质量。至于航空消费领域，低空飞行产业则聚焦于满足多元化消费群体的个性化需求，如专业飞行技能培训、空中观光之旅、私人飞行服务、航空体育运动以及娱乐飞行项目，极大地丰富了人们的休闲生活方式，推动了航空文化的普及与发展。

3. 低空保障产业

低空保障产业是指为空域安全和低空飞行提供服务保障的各类产业，主要包括低空空域管控系统、通用机场、飞行营地、直升机起降点、飞行服务站、无人机飞行信息系统、无人机反制系统以及通信、导航、气象、油料、维修等相关产业。中国民航局有关负责人介绍，近年来我国已建成 32 个省市级飞行服务站，并开辟应急、抢险、救援等特殊情形飞行计划审批"绿色通道"，进一步完善低空航行服务保障体系。

近年来，随着政策的支持和市场的扩大，中国通用航空机场的数量和规模持续增长。通用航空机场，简称"通用机场"，是指为民用航空器从事公共航空运输以外的民用航空活动提供起飞、降落、滑行和停放等服务的机场。通用机场更接近停车场的概念，里面停放各类私家车、单位用车，也经常有滴滴出行等平台的车辆来"客串"，还有拖车、吊车之类的工具车。这类机场的特点是飞行任务不像公交车那么繁忙，停的远比飞的多。

我国 A1 级通用机场八达岭机场（见图 1-1），建于 2003 年，起初供通用航空公司做飞行训练。2018 年起，北京市延庆区开始布局低空经济；2020 年 10 月，延庆区入选全国首批"民用无人驾驶航空试验基地（试验区）"，成为北京市唯一入选地区。拥有 374 平方千米空域的八达岭机场，成为延庆低空经济的大本营，不仅可以供各类大小型飞机起降，也支持有人机、无人机的各类低空飞行活动。

图 1-1　八达岭机场
资料来源：中科筑航（北京）规划设计有限公司。

随着低空经济的不断发展和政策环境的持续优化，通用航空机场将迎来更加广阔的发展前景。未来，通用航空机场将在促进地方经济发展、提升应急救援能力、推动旅游产业升级等方面发挥更加重要的作用。如 2023 年我国投入使用的深圳大鹏新区首座森防无人机机场，在各种恶劣天气下均可作业，轻松应对各类复杂环境，无人机"归舱"后还能够自动充电，真正实现了人机分离、智慧操控，为应急救援、森林火灾扑救等工作提供数据支持，极大地提高了救援效率和抢险能力。

2024 年 3 月 29 日，在中国民航局举行的新闻发布会上，民航局运输司副司长商可佳介绍，自推进通用机场行业管理改革以来，机场数量得到快速增长，由《国务院办公厅关于促进通用航空业发展的指导意见》发布前的 61 个，发展到目前的 453 个，改革成效明显。下一阶段民航局将协助各地方政府，进一步明确通用机场公共基础设施的属性，加大通用机场规划布局数量，提高机场选址的科学性，因地制宜建设简易型通用机场，降低机场建设投资和运行成本，并加快明确机场建设审批程序。

4. 综合服务产业

综合服务产业是指支持和辅助低空经济发展的各类地面服务性产

业，涵盖了航空会展、广告咨询、金融服务等多个方面。这些服务不仅为低空经济的参与者提供了信息交流、市场推广等平台，还促进了低空经济与其他产业的深度融合。随着低空经济的不断发展，综合服务的内涵和外延也将不断拓展，为低空经济的多元化发展提供更多可能性。

八达岭机场的综合服务产业就"玩"出了新花样：除了与电视剧主角玫瑰同款的飞行体验、驾照培训，还有空中游览、高空跳伞、动力伞飞行、低空研学、无人机飞手培训等。登上直升机，游客化身"空中旅人"，雄伟的八达岭长城铺展在脚下，野鸭湖、官厅水库湛蓝如海，康西草原一碧万顷。不仅游客喜欢，剧组也成了"自来水"。2023年9月，在多方考察后，《玫瑰的故事》剧组将拍摄地选在了八达岭机场，"一是机型、场地、机队资质符合拍摄需求，二是我们之前有过拍网剧的经验"。剧组邀请马林忠担任飞行编剧和技术导演，而他主打一个字：真。"剧情不是无中生有，而是真实场景呈现学飞机的日常：放单飞突破自我，遇阵雨到机库躲雨，成功单飞后举行泼水仪式。"这次"露脸"成功，极大地帮助八达岭机场打开了影视市场，2024年7月，综艺节目《全力以赴的行动派》第三季也来到八达岭机场拍摄取景。

作为2020年获批的中国民航局首批民用无人驾驶航空试验区，北京市延庆区依托丰富的低空资源、多元化的应用场景以及一系列扶持政策，成功举办了三届低空安全盛会，并于2024年9月25日举办了第四届八达岭低空安全发展大会。本次大会以"构建低空安全体系服务低空经济发展"为核心主题，旨在通过多维度、深层次的交流探讨，聚焦于低空经济的安全与发展，为低空经济的未来发展注入新的动力。大会邀请行业顶尖院士及权威专家发表主旨演讲，深度剖析低空经济发展的现状与未来趋势，并发布北京市无人驾驶航空示范区的最新成果与重要举措，为低空经济行业提供新的思路和方向。

三、低空经济的特征

作为战略性新兴产业的低空经济具有空间立体性、区域依赖性、数字生态性、产业融合性、辐射带动性以及创新驱动性等特征。

1. 空间立体性

低空经济以低空空域为活动空间，不是仅仅局限于地面或空中某个单一维度，而是将经济活动由地面向空中延伸，由"平面经济"向"立体经济"转变，表现为一种三维空间的立体经济形态。低空经济的许多作业都是"飞行在空中，作用在地面"，空地之间的衔接十分紧密。这种紧密性使得低空经济能够充分利用三维空间资源，实现更高效、更灵活的作业方式。

2. 区域依赖性

低空经济的发展高度依赖于区域内的低空资源条件，包括空域资源、地形地貌、气候条件等。不同地区的空域开放程度、空域管理能力以及空域使用效率会存在差异，这直接影响到低空经济在该区域的发展潜力和速度，具有明显的地域性和区域性特征。我国低空经济在对地区经济发展产生带动效应的同时，也受当地环境条件的影响和制约。我国西藏地区由于受地理环境和交通条件的限制，航空产业曾是制约其经济社会发展的瓶颈。立足于区域特征，国家正积极谋划在西藏建立无人机高原型研发测试基地。

低空经济的发展还受到市场需求的驱动。不同地区的市场需求存在差异，这直接影响到低空经济在该区域的应用场景和发展方向。例如，在一些旅游资源丰富的地区，低空旅游市场需求旺盛，推动了低空经济在该领域的快速发展；而在一些工业基础雄厚、对物流运输需求大的地区，低空物流则成为低空经济的重要发展方向。

作为一种综合性经济形态，低空经济的发展需要高度聚集的地区产业集群作为支撑。这些产业集群不仅包括通用航空产业本身，还包括与之相关的制造业、服务业、科技研发等多个领域。只有在产业集群效应明显的区域，低空经济才能形成完整的产业链，实现上下游企业的协同发展，从而推动整个行业的快速增长。不同地区政府在低空经济领域采取的政策导向、支持力度以及监管模式也会导致区域间低空经济发展的差异化。

3. 数字生态性

低空经济是由低空飞行器制造、低空飞行运营和市场应用等核心企业、基础设施、配套服务等多主体构成的开放式数字生态系统。依托低空经济产业链，各主体通过数据、信息的交流与共享，建立相互依赖的合作机制，实现产业生态系统内数据、资源、技术的共享与协作。

三大通信运营商通过不同的方式和技术手段，在低空经济领域进行了布局与谋划。中国移动联合合作伙伴共同发布了十大低空网联应用场景，这些场景涵盖了低空经济的多个方面，如无人机物流、低空旅游、环境监测等。这一举措展示了中国移动在低空通信领域的深厚积累和技术实力，也为低空经济的实际应用提供了丰富的案例和参考。2024年6月17日，中国电信发布了"低空领航者"行动计划，旨在推动低空经济的创新与发展，为行业树立新标杆。计划包括在业内率先发起低空智联实验室、强化技术联合攻关、推动制定低空经济接口标准等多项举措。这些举措将有助于提高低空经济的整体技术水平和标准化程度，为低空经济的长期发展奠定坚实基础。中国联通表示将不断探索通感一体、天地一体等创新技术方案，以支持低空经济的发展和实现空间立体无缝覆盖。这些创新技术方案将有助于提高低空通信的可靠性和覆盖范围，为低空经济的各类应用提供更加稳定和高效的网络支持。

4. 产业融合性

低空经济的产业融合性体现在低空经济与其他产业的相互渗透、相互促进和共同发展上，具有跨界性，主要体现为"运行模式上的融合性"。例如，低空经济可以与农业、林业、电力、公安、医疗、体育等多个产业进行深度融合，形成"低空＋农林""低空＋电力""低空＋公安""低空＋医疗""低空＋体育"等融合模式。这些融合模式不仅拓展了低空经济的应用场景，也促进了相关产业的转型升级和高质量发展。此外，空域使用需要军民融合、飞行保障需要空地融合、有人机与无人机需要融合运行等，也从不同侧面反映出低空经济的融合性特征。低空经济的融合性还催生了一批新生业态，如低空旅游、低空物流、城市空中交通等。

5. 辐射带动性

低空经济与临空经济、航空经济、枢纽经济相似，具有由局部的点向广域的"核"转变的辐射带动性。

一方面，低空经济涉及基础设施、飞行器制造、应用场景、服务保障等领域，无人驾驶飞行、低空智联网等技术与空域、市场等要素相互作用，带动低空基础设施、低空飞行器制造、低空运营服务和低空飞行保障等领域发展，形成生态价值共同体。

另一方面，低空经济对周边地区产业的扩散与带动作用。低空经济利用经济枢纽强大的资源吸附能力，可加速各生产要素资源的汇集，在技术的交互作用下促进枢纽、产业和区域同频共振，构建功能完善的产业生态圈，辐射带动农业、工业和服务业等产业高质量发展，实现多方价值共创，重构价值创造过程。

6.创新驱动性

随着信息通信、北斗导航、高精导航、人工智能等高新技术的广泛应用，低空经济在航空器制造、低空通信、导航、监视、识别、反制以及低空数据管理和使用等领域取得了显著的技术突破。

例如，eVTOL 的研发和试飞成功，为城市低空载人飞行提供了重要的技术支撑；中国科学院大连化学物理研究所研发的高比能氢混动力电源，为无人机提供了更优动能；浙江一家企业研发的 9 座混动飞机，能够降低 70% 的燃油消耗和尾气排放；多家企业推出的无人机芯片，可提升飞行可靠性、复杂环境适应性；商用 5G 网络在带宽、时延、定位等方面促进了低空飞行所需基础设施的完善；AI（人工智能）等新兴技术为实现复杂的空中交通管制提供了核心技术支撑。

四、与通用航空经济相比，低空经济的优势

低空经济与通用航空经济（简称通航经济）的最主要区别在于增加了"低空"的范围限定。相比通航经济，低空经济具有以下几个方面的优势。

第一，"低空"引发新技术应用，低空经济技术经济性更高。

通航经济主要依赖于传统的通用航空技术，包括通用航空器的研发、制造、市场运营和综合保障等。低空经济则更加突出新技术的应用，尤其是新能源航空动力技术、无人驾驶航空技术和新一代信息技术的融合创新。无人机、eVTOL、飞行汽车等创新型航空器成为主要载体。这些新型航空器不仅具备更高的技术含量，还能够适应更多样化的应用场景。

第二，"低空"引发新需求创造、新消费牵引、新供给培育，低空经济产业经济性更强。

通航经济的应用场景相对较为固定，主要集中在载人、载货的公共航空运输以及农林渔业、抢险救灾等专项用途。相比公务机、私人飞机等传统航空器，低空经济能够赋能千行百业，涵盖城市智慧管理、公共服务、新型消费、生产作业等多个领域，其应用场景更加广泛且多样化，能产生更高的经济价值，有助于在消费端形成新需求，推动消费提质升级，进而牵引带动飞行器研发和制造、基础设施建设、飞行保障、综合服务厂商等各产业领域。这种生态系统不仅能促进产业链上下游的协同发展，还能提高整个产业的创新能力和竞争力。

第三，"低空"引发新生态构建，低空经济融合经济性更广。

低空空域作为一种可重复利用的自然资源，蕴藏着巨大的经济价值，具备巨大的开发利用潜力，有助于将多个维度的各种经济活动整合在一个经济领域，促进资源要素的自由流动和相互赋能，为微观层面培育形成产业发展的新模式新业态、宏观层面构建"低空＋地面"高水平融合联动的经济生态创造了条件，为建立新的价值生成和循环模式提供了契机。

因此，总体上可以认为，低空经济是在传统通用航空经济基础上的进一步拓展延伸，这种拓展延伸体现在技术、应用领域、市场和产业链等多个方面。

低空经济：新质生产力新引擎

一、新质生产力是低空经济的重要支撑

1. 新质生产力的内涵

2023年9月7日，习近平总书记在新时代推动东北全面振兴座谈

会上强调:"积极培育新能源、新材料、先进制造、电子信息等战略性新兴产业,积极培育未来产业,加快形成新质生产力,增强发展新动能。"新质生产力,这一经济领域的崭新概念,自提出以来便成为学术界关注的焦点。它代表着生产力演进过程中的一种新型质态,集中体现为应用新技术、重塑新动能、培育新产业。新质生产力不仅是先进生产力的跃迁方向,更是推动经济高质量发展的新动力。

新质生产力的内涵主要体现在其对创新的强调上。它以"创新驱动"与"质量牵引"为核心,通过技术革命性突破、生产要素创新性配置、产业深度转型升级,催生出具有高科技、高效能、高质量的先进生产力。创新驱动作为推动新质生产力发展的核心要素,主要依赖于科技创新来促进生产力质的提升。这种驱动力的本质,在于新技术应用、新型经济模式探索以及新兴业态的创造。在新质生产力的构建中,创新不仅局限于技术层面的突破,更涵盖了管理上的创新和模式上的革新。这些创新共同作用于生产方式及组织形态的根本性变革。此外,创新驱动的效应也表现在传统产业的转型升级上,即通过引入先进技术与新型模式,提升生产效率与产品质量,进而促使产业向更高层次和现代化方向迈进。质量牵引代表了新质生产力对高标准、高品质的追求,它要求在生产过程中不断提升产品和服务的质量,满足市场和消费者的高标准需求。这种牵引力促使企业关注产品的精细化、个性化和定制化,通过提高生产过程的精确度和控制能力,实现高质量的产出。同时,质量牵引还涉及对生产环境和生产关系的优化,包括提高资源利用效率、减少环境污染、增强可持续发展能力,以实现经济与环境的和谐发展。

总之,这一概念不仅标志着生产力质的飞跃,也是对传统生产力理论的创新和发展。同时,新质生产力强调技术的重要性,尤其是关键技术和颠覆性技术的突破。这些技术的应用,通过技术扩散、结构优化等,为经济高质量发展筑牢了创新基础。

正是在这样的宏观背景下，低空经济的兴起显得尤为重要，它作为新质生产力的典型代表和实践场域，通过集成先进技术和创新模式，正在开辟经济增长和社会进步的新路径。低空经济的发展不仅体现了技术革命性突破的直接成果，更是推动产业深度转型升级、实现经济高质量增长的关键力量。

2. 新质生产力是低空经济发展的基础保障

新质生产力是以科技创新为主导，实现关键性、颠覆性技术突破而产生的生产力。从技术层面透视新质生产力可知，新质生产力强调的是技术革命性突破和生产要素的创新性配置，这直接促进了低空经济中的关键技术发展，如eVTOL、无人机等，并使之在续航能力、载重性能、智能控制等方面取得显著进展。此外，低空经济以低空飞行活动为牵引，依托有人驾驶和无人驾驶航空器，通过技术创新和模式创新，推动了相关产业的融合发展，形成了一个新型综合性经济形态。这些技术的应用不仅提升了低空飞行器的性能和安全性，而且降低了运营成本，提高了服务效率，为低空经济的多元化应用提供了技术保障。可见，在当今快速发展的科技时代，新质生产力以其创新驱动和质量牵引的特点，为低空经济提供了强大的技术支撑和广阔的应用前景，其带来的政策效应也为低空经济的健康发展提供了有力保障。

二、云端"机"遇：低空经济激发新质生产力新潜力

1. 低空经济：新质生产力发展的新领域

低空经济作为一种新兴产业，将为新质生产力发展提供新动能，其发展潜力是巨大的。此外，低空经济产业涉及多个领域，产业链长，可以创造大量就业机会，促进消费与投资，为经济增长注入新活力。由于低空经济具有的空间立体性，其经济活动拓展到三维领域，

空域资源利用率越高，经济价值越大。政府重视对低空经济的发展。2024年以来，全国已有超过25个省（自治区、直辖市）在各地政府工作报告中提及低空经济，为低空经济的发展保驾护航。在需求、资本、政策三个方面因素的驱动下，低空经济市场将保持高速增长态势，远期规模有望突破万亿元，已成为我国实现中国式现代化、抢占发展机遇的全新领域。

低空经济是新能源、人工智能、数字化、互联网等产业与技术融合发展的产物，涉及的应用领域广泛，例如城市管理、医疗救援领域等。低空经济的发展对于推动产业升级、技术创新、促进相关产业融合发展具有重大意义。例如，低空经济能在文旅、物流等领域提供快速、高效的空中服务，提升人民的幸福感，促进社会消费，从而带动整个经济的高速发展。此外，我国地域辽阔，地貌复杂，铁路公路的建设投资巨大，成本较高。而航空是对土地资源占用最少的运输方式，可以极大地降低交通设施建设、地面运输费用等成本；特别地，对于低空旅游领域，游客还能够全方位观赏到地面的风景，对游客更具有吸引力，能进一步促进文旅方面的发展。

低空经济激发新质生产力发展潜力的又一大表现是，其所打造的交通新模式。虽然我国已经建成世界上最庞大的高速公路网和高速铁路网，但是面对日益增长的社会需求，仍然无法满足经济社会发展需要。尤其在经济发达地区与中心城市，交通拥堵成为常态。而低空经济则可以提供更加灵活、高效的短途运输服务。低空经济是在三维空间上的经济活动，可以有效避开地面交通拥堵，缩短运输时间；此外，还可以发挥其辐射带动作用，促进区域协调发展，为构建综合交通系统提供新路径与新模式，实现社会的高质量发展。

2.低空经济：新质生产力发展的新机遇

第一，低空经济将带动行业蓬勃发展，从而促进新质生产力的进一步发展。低空经济作为一种新兴模式，不仅与制造业紧密相关，还与数字经济、新消费业态等领域有着密切联系。具体到通用航空业，低空经济的发展将促进航空器研发、制造、维修保养以及航空运营等相关产业的繁荣。此外，低空经济的兴起还将催生短途运输、城市空中交通等新型航空运输方式，为航空运输业带来新的增长点。

第二，低空经济将带动区域经济繁荣，从而促进新质生产力的进一步发展。由于低空经济具有区域依赖性与辐射带动性，低空经济的快速发展同样为区域经济注入新活力，推动经济多元化、高效化发展。它不仅带动了航空制造业、维修服务业、物流运输业等相关产业的繁荣，丰富了区域产业结构，还通过提高交通运输效率、缩短交通运输时间，促进区域间的经济交流与合作，从而促进区域均衡发展，提高整个社会的福利水平。

第三，低空经济将为整个社会带来经济效益，从而促进新质生产力的进一步发展。低空经济的发展显著提升了社会效益。它提高了社会的交通效率，为人们提供快捷灵活的出行方式，缩短出行时间，从而提升社会整体运行效率。同时，低空经济的兴起创造了众多就业岗位，尤其在航空制造业、维修服务业、航空运营等领域。例如，通过低空经济，通用航空能够在自然灾害和突发事件中快速响应，提供及时的救援支持，提供救援物资与人员运输，保障人民群众的生命财产安全。

3.低空经济：新质生产力发展的新路径

第一，带动科技创新与产业创新。低空经济以技术创新为核心，推动了航空器设计、制造技术、通信技术、导航技术等方面的进步。这些技术的应用不仅提升了航空器的性能和安全性，而且降低了运营成本，提高了服务效率。低空经济的这一高科技特征与新质生产力的创新性相吻合，共同推动了产业和技术的进步和升级。因此，应充分利用好、发挥好新一代信息通信技术、数字技术、智能技术、人工智能等实用技术，加速低空智联技术攻关和模式创新，进而促进新质生产力发展。

第二，促进可持续的高质量发展。低空经济在推动经济社会发展的同时，注重环保、节能和低碳，体现了新质生产力的高质量追求。通过采用先进的航空器设计理念和制造技术，低空经济有效降低了能源消耗和环境污染，推动了相关产业向绿色、低碳、环保方向发展。这种对高质量发展的追求，不仅提升了产业的可持续性，也为经济社会的全面发展贡献了积极力量。

第三，加大低空经济领域的人才培养。人才在推动低空经济发展方面起着至关重要的作用。因此，加强对专业人才的培养，既对低空经济的发展具有重要意义，也是推动产业创新、技术进步、促进可持续发展的关键所在。因此，高等院校、科研院所等应当充分发挥教育、科技、人才优势，在培养人才的过程中积极改革创新，以适应低空经济发展的需求。

三、低空经济推动新质生产力的创新实践

1. 创新驱动：技术突破与场景应用

（1）技术突破

低空经济的发展依赖于技术创新，尤其是航空器设计、制造技术、通信技术、导航技术等方面的进步，这些技术的提升不仅增强了航空器的性能和安全性，而且降低了运营成本，提高了服务效率。这些创新直接促进了新质生产力的发展，为传统产业的转型升级和新兴产业的培育提供了强有力的技术支撑，从而推动新质生产力发展。

【案例】

悟空火了！无人机三维建模助力游戏创作

在游戏圈，流传着这样一句话："我未曾谋面的故乡。"它道出了玩家对游戏中神秘地域的憧憬。如今，它不再是遥不可及的梦想。

2024年8月20日，"首款国产3A游戏"《黑神话：悟空》发布，其实景三维重建等新兴技术，让中国传统古建筑在游戏中焕发新生，带玩家开启一场跨越时空的文化之旅！

传统游戏模型受限于技术，还原效果不佳，模型往往显得生硬而缺乏灵魂，加上建模工作量巨大，一个项目常常需要以年为单位完成建模工作，消耗惊人的成本。

而不断发展的无人机航测技术，给了游戏建模全新的解题思路。无人机实景三维建模无须手绘，技术门槛较低，依靠拍照便能建模，其模型不仅更全面、更精细，而且能1∶1还原真实场景的纹理。大疆行业应用飞行平台凭借数据采集、重建、修模的完整方案，可以让游戏世界的构建成本更低、精度更高、沉浸感更强。

古老的应县木塔、细腻精美的大足石刻、气势恢宏的云冈石窟、险峻独特的悬空寺、云雾缭绕的梵净山……相较于传统游戏建模，实景三维重建技术大幅提高了建模效率，降低了游戏建模成本，让玩家得以沉浸式体验前所未有的真实感，无论是徜徉在古老寺庙中，还是仰望着巍峨的佛像，都能被深深震撼。

资料来源：低空行业，《低空经济助力〈黑神话：悟空〉爆火！》，2024年8月24日。

（2）场景应用

低空经济的场景应用涵盖了多个领域，它通过技术创新拓展了传统行业的服务边界和效率。在物流领域，低空经济利用无人机进行快递配送，提高了物流效率并降低了运输成本，尤其在偏远地区或交通不便的地区。农业方面，无人机的植保应用，如喷洒农药和对作物的监测，提升了农业生产的精准度和效率。旅游行业中，低空飞行活动为游客提供了全新的观光体验，如直升机游览和热气球观光，丰富了旅游产品的种类。此外，低空经济也在城市管理中发挥作用，如通过无人机进行城市巡检和交通监控，提升了城市管理的智能化水平。在应急救援领域，低空飞行器能够快速响应，进行搜救和物资投放，增强了救援的时效性。这些应用场景展示了低空经济在推动新质生产力发展中的重要作用和潜力。

【案例】

低空旅游乘风"腾飞"

八达岭长城南城延长线上的南九城楼，一架无人机载着物资箱徐徐降落，工作人员取出两瓶可乐送到顾客手中。此时距顾客在手机上下单仅过了约20分钟。

2024年8月16日，美团无人机正式在八达岭长城开通无人机配送航线，为降落点附近游客提供防暑降温、应急救援等货物的配送服务。据介绍，这条航线是北京市首次开通常态化无人机配送服务，有助于提高八达岭长城景区游客的体验感，丰富无人机应用场景，助推低空产业发展。

同一天，江西萍乡北站至武功山金顶的直升机低空飞行首飞，实现了萍乡北站到武功山金顶之间的航线互通，乘客可乘直升机欣赏萍乡城区和武功山周边风光。7月底，第四届张掖七彩丹霞热气球嘉年华暨首届张掖七彩丹霞音乐嘉年华在甘肃张掖开幕。来自全国各地的36名热气球运动员驾乘36具热气球，在七彩丹霞景区上空飞翔，成为七彩丹霞的又一景。在云南省文山壮族苗族自治州丘北县普者黑景区，游客坐上热气球，从高空一览普者黑壮美的喀斯特地貌风光。

这些低空旅游项目为游客提供了看景的新视角。"直升机从公园上空飞过，妫水河在脚下缓缓流过，海坨山似触手可及。"曾在北京世园公园乘坐直升机游览的北京游客左驭这样描述当时所见，"从空中俯瞰，我获得了如旅游宣传片一般的'全景式视角'，十分震撼。"

资料来源：低空产业联盟，《低空旅游乘风"腾飞"》，《人民日报》（海外版），2024年。

【案例】

河源：田野上的"低空经济"，变量施肥无人机赋能农业生产

水稻插秧机、变量施肥无人机、无人直播机……2024年7月20日上午，"工厂化农业与智能农机装备专项无人农场服务乡村振兴"现场会在河源市东源县柳城镇下坝村万绿智慧农场举行。现场，农业"黑科技"轮番上阵，田间地头呈现一派忙碌景象。现场作业演示的变量施肥无人机、喷药无人机吸人眼球，田野上的"低空经济"让人眼前一亮。

现场作业展示的变量施肥无人机由华南农业大学自主研发，其搭载了华南农业大学自主研发的传感器，最大特点是支持处方图作业，能实现感算一体，依靠北斗卫星导航系统，根据作物长势变量施肥，同时能实现一机多用。

华南农业大学农业航空团队副教授姜锐介绍，变量施肥无人机在施肥前，工作人员会通过该无人机配套的小飞机对地块进行测绘、遥感，并把得到的变量信息导进无人机系统，无人机在作业过程中就可以根据变量信息进行精准施肥。

"有的地块长得差了，它可以多施点肥料，有的地块长得好了，

它就会给少一点。"姜锐介绍，遥感相当于体检、看病，作业相当于用药，遥感和作业相互协同，充分提高肥料利用率，实现节本增效。

据介绍，变量施肥无人机作业高度为8米，整机载重30千克，撒播范围每亩[①]0~10千克，主要撒播尿素、复合肥等颗粒肥料，变量施肥作业准确率最高达98.39%，作业效率最大达每小时38亩。通过变量施肥无人机，总体可节肥10%~20%，作业效率相比人工施肥提高8倍以上，每小时可施肥50亩。

现场作业展示的第二款无人机为极飞P150喷药无人机，该无人机最大载重70千克，飞行速度7米/秒，喷幅7米，搭载新一代睿喷系统，带来每分钟30升最大流量和均匀雾化效果。

万绿智慧农场飞防队负责人黄志东介绍，该无人机具有自主作业流畅性高、载重量大等特点，可切换睿播、睿喷、吊运三个平台，实现了播种、施肥、喷药、吊运农作物等多种功能，用途广泛。

"在植保行业，目前这个无人机的载重量是最大的。以喷洒农药为例，该无人机一天作业六七个小时，一台机最少能喷洒700亩地，极大地提高了效率。"黄志东说。目前，万绿智慧农场拥有6台这样的无人机。

得益于农业生产效率的大幅度提升，开展无人机"飞防"农业托管服务成为万绿智慧农场的主要业务之一。"我们的无人机'飞防'业务覆盖全市所有县区，全市几十家农作物种植200亩以上的大户与我们有业务合作。"黄志东说。

"农业无人机从一开始只有喷药，到后面有播种、施肥、耕种、管收四个方面，除了'收'，其他基本上都做到了，目前发展已经很成熟。"姜锐表示，作为低空经济在农业领域的应用，农业无人机相比于人工作业，不仅可以省时省力，还能精准施肥、用药，做到降本增效、肥料利用率最大化。

---

① 1亩约合666.667平方米。——编者注

无人机在农业中的实际应用，如图 1-2 所示。

图 1-2　无人机在农业中的实际应用

资料来源：《河源：田野上的"低空经济"，变量施肥无人机赋能农业生产》，2024 年。

2. 产业融合：跨界协同与治理模式

（1）跨界协同

低空经济是融合式经济，具有跨界特征。它促进了不同领域知识的分享与互动，推动了技术间的跨界融合和企业间的跨界合作，形成了组合式经济形态，带动了上中下游相关产业发展。

【案例】

低空经济的"风"，已经吹向了房地产

低空经济在政策和资本市场上广受追捧，部分房企也越来越重视对低空经济领域的布局。据不完全统计，目前已有至少六家房企以不同方式入局。

低空经济在房地产行业一个比较有潜力的发展方向就是产业园，房企以低空经济产业的服务商身份介入该领域。以华夏幸福为例，近期华夏幸福与廊坊临空投资发展有限公司签署"战略合作协议"，双方拟在低空经济领域开展合作。在此之前，华夏幸福与科比特、中国商业股份制企业经济联合会智慧城市工作委员会等合作，以产业园为载体探索低空经济发展。

不过，以产业园为载体的方式也有其自身的局限性，旗下有较多产业园资产的房企更有优势。还有一个更切合房企主业的发展方向，在房地产的建造或产品设计方面引入无人机建造方式或者无人机设计概念。比如，美的置业就通过参股无人机智造企业探索无人机在房地产开发中的运用，华发股份也在新一代的住宅设计中添加了无人机配送相关配套设施。

另外一种方式比较直接，即企业通过股权投资的方式对低空经济公司进行投资，企业获取相关公司发展带来的股权收益，比如碧桂园参股丰翼科技、荣盛发展通过旗下美亚航空介入低空经济，都属于这种方式。

资料来源：通航圈，《低空经济的"风"，已经吹向了房地产》，2024年。

（2）治理模式

低空经济产业采用了一种涵盖多利益相关者的协同管理体系。在此体系中，政府的主导作用凸显，负责制定政策、构建法规，确保低空经济活动的安全性和合规性。例如，2024年8月29日，广州市从化区发布《广州市从化区低空经济发展实施方案（2024—2027年）》，到2027年，从化区低空制造业形成规模、基础设施布局明显改善、场景应用多元丰富、产业生态不断优化、产业集聚效应凸显，成为从化区产业高质量发展的重要增长极。同时，政府鼓励企业加大技术研发力度，推动产业不断优化升级。此外，治理模式亦关注人才培养，以满足该领域对专业技能的迫切需求，并通过搭建信息共享平台，提升产业链内部的协作效能。进一步地，倡导公众广泛参与和国际交流合作，以提升治理的透明度，拓宽全球视野。总体而言，该治理模式志在通过跨领域整合和集群化发展，打造一个安全、高效、创新型的低空经济产业生态，助力经济社会实现高质量发展。

低空经济产业的治理策略，在多元因素的共同推进下，构筑了新质生产力发展的牢固基础与强大动能。该策略涵盖协同治理、技术革新、安全保障、人才培育、信息互通及跨国合作等多个层面，既确保了低空经济活动安全合规，又为产业持续健康发展提供了坚实支撑。同时，该策略激发了企业在核心关键技术上的研发热情，助力产业向技术高端和产业升级迈进。此外，通过专业人才的培养与信息共享平台的搭建，提升了产业链的协作效能与创新能力，加速了知识技术的传播与应用。

四、低空经济与新质生产力的共生发展

低空经济与新质生产力共生发展的长远影响是多维度和深层次的。低空经济通过技术创新，如新能源技术和无人驾驶技术，推动了生产力质的飞跃，同时促进了产业结构的优化和升级。低空经济的跨界融合特性，使其能够与多个行业如农业、物流和旅游等深度结合，形成新的业态和模式，这些新业态不仅提升了全要素生产率，也为经济发展注入了新的活力。

此外，低空经济在推动绿色发展方面与新质生产力的可持续发展目标相契合，强调环保、节能和低碳的生产方式，有助于形成更高效和环保的经济模式。低空经济倡导一种以环境保护、能源节约和低碳排放为核心的发展思路。它依托前沿的航空器设计和制造工艺，显著减少了能源的消耗及对环境的污染。这一绿色的发展路径，不仅促进了经济与生态的协调发展，同时也为相关产业转型升级至可持续之路提供了助力。在基础设施建设方面，低空经济所需的通信、导航和监

视系统等，为新质生产力提供了坚实的物质基础，并推动了相关技术的发展和应用。

低空经济作为新质生产力的典型代表，对区域发展产生了深远影响。它通过促进技术创新和产业升级，为区域经济增长注入了新动力。低空经济的发展带动了无人机、航空服务等高新技术产业的兴起，强化了区域间的经济联系，提高了资源配置效率，提升了区域经济的整体竞争力。同时，低空经济还促进了基础设施建设，改善了偏远地区的可达性，推动了区域经济的均衡发展。

从宏观角度审视，低空经济与新质生产力的共生发展无疑将为未来的经济发展注入崭新活力，它将助力经济架构的精细化调整以及产业层次的全面提升，为经济社会迈向高质量发展之路奠定坚实基础。

第二章

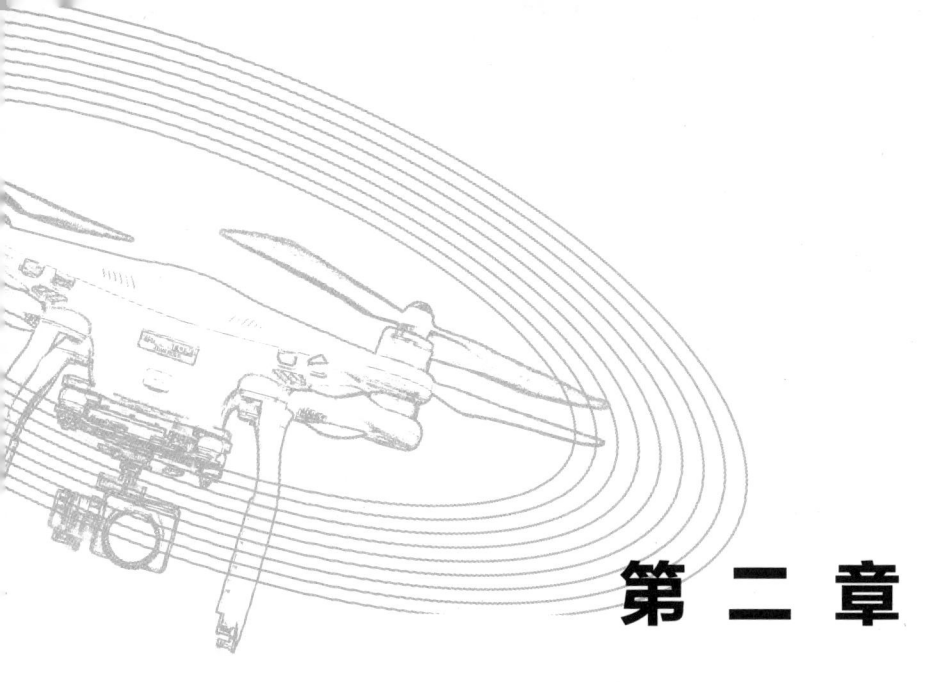

低空经济新产业新态势

当前，人类经济社会的发展已由陆地时代、海洋时代逐渐进入空天时代，积极抢占未来空天产业赛道，完善航空航天优化布局成为中国在新一轮全球经济角逐中夺得先机的战略要求。低空经济作为空天产业发展的重要一环，应用场景和市场前景广阔，是未来中国经济增长的重要引擎，也是加速赋能新质生产力的崭新赛道。

在低空经济领域，创新是推动其持续发展的关键动力。前沿领域的创新活动往往涉及多个复杂且相互依存的主体，包括政策制定者、企业、科研机构、高校以及广大社会公众。各主体在推动低空经济发展过程中的角色分工不同，同时又相互关联、相互影响。因此，需要一种能够全面反映这种复杂关系并促进协同创新的理论框架，部分学者已将三螺旋理论、四螺旋理论、五螺旋理论应用于类低空经济的创新生态与区域协同相关研究。

三螺旋理论最初由亨利·埃茨科威兹和罗伊特·雷德斯多夫提出，强调大学、产业和政府在知识经济时代的新型互动关系，形成持续创新的螺旋上升过程。这一理论为理解区域创新生态系统提供了基础框架，突出了知识生产、传播和应用之间的紧密联系。随着研究的深入，三螺旋理论逐步暴露出合作模式单一、耦合能力缺乏、角色转换趋同的问题。因此，部分学者在三螺旋理论的基础上引入了"社会团体"这一要素，形成了四螺旋理论。这一扩展突破了传统三螺旋理论的桎梏，将利益相关主体由多极化向扁平化推动，强调了公众作为责任共同体的介入对构建区域创新生态的重要影响。五螺旋理论则是在三螺旋理论和四螺旋理论的基础上的进一步衍化，它更加全面地考虑了创新生态系统中的多元主体和复杂关系。具体而言，五螺旋理论通常包括政府、产业、大学、创新环境以及社会团体五个核心要素，而创新环境作为核心要素之一又包含了金融机构与中介机构等主体。这些主体通过知识流动、资源共享、合作创新等机制相互交织，共同推动区域创新生态系统的演进和发展。

将五螺旋理论应用于低空经济中，可归纳出低空经济的六大参与主体。政府通过制定政策、提供支持等方式为其他主体创造有利条件；企业（产业）通过技术创新和市场拓展推动经济发展；科研组织（大学）通过知识创造和技术创新提供智力支持；中介机构利用自身的信息差优势为低空经济企业搭建沟通的桥梁；金融机构紧跟国家重点战略规划，为新兴低空经济企业提供持续稳定的资金来源，助力低空经济产业蓬勃发展；最终用户作为低空经济的消费主体，其认知与参与度的提升可有效达到需求拉动供给的显著效果。

低空经济作为新型综合性经济形态，其发展依赖于政府、企业、科研组织、金融机构、中介机构以及最终用户这六类主体的密切合作与互动。政府支持、产业基础、创新能力、中介信息、金融保障、公众需求相互配合、相互协调，通过多种形式的互动与协作，共同推动低空经济的创新和可持续发展。

多主体合力 打造低空经济可持续发展生态圈

一、政府——制度创新主体

克里斯托夫·弗里曼通过研究日本经济，提出一个国家的创新能力取决于其组成部分（如政府、企业、大学等）之间的互动和学习过程。在低空经济的发展中，政府作为政策制定者、资源调配者与监管保障者，肩负着引导产业方向、推动技术创新、协调各方资源、监督规划发展的重要职责。

作为政策制定者，政府的重要责任之一便是做好顶层设计，为全国低空经济擘画发展蓝图。通过设立低空经济专项基金，提供财政补贴，为航空器制造等无人机企业提供税收优惠等激励措施，通过政府引导基金吸引社会资本投入低空经济领域，最大限度激发市场活力。作为资源调配者，地方政府通过合理配置空域资源，构建超融合空间立体交通体系，加快建设空天地一体化的通信基础设施与低空航线网络，优化空管系统与应急救援机制，提升空地联合与保障能力，为低空经济的发展奠定坚实的物质基础。同时，作为监管保障者，政府应及时监督低空市场的运行秩序，通过制定低空经济相关法规与制度文件，明确飞行安全、空域资源使用要求等细则，严厉打击"黑飞""乱飞"等行为，让低空经济既飞得高又飞得稳。

制定宏观战略规划与具体行动指南。政府需要明确低空经济作为战略性新兴产业的定位，制定国家级的发展战略规划。这个规划应包括低空经济的总体目标与发展路径、关键技术方向与核心技术路线、人才培养计划与基础设施建设、市场准入机制和国际合作策略等方面，并通过统筹协调各主体资源，构建支持创新的生态系统。规划应分阶段设定发展目标，例如，短期内实现空域管理制度的优化，中期推动产业链的形成，长期目标为低空经济的全面成熟和占据全球领先地位。

2024年，全国超过25个省级行政区将低空经济相关内容写入政府工作报告，鼓励加快发展低空经济，以低空经济这一战略性新兴产业赋能新质生产力。多个省份和城市相继发布了低空经济发展规划或实施方案，如《北京市促进低空经济产业高质量发展行动方案（2024—2027年）》《关于加快推动河北省低空制造业高质量发展的若干措施》《广东省推动低空经济高质量发展行动方案（2024—2026年）》

等，一系列措施明确了低空经济产业的发展方向、空间布局和重点项目，不仅为地方政府推动低空经济发展提供了行动指南，也为企业和投资者提供了明确的市场预期和发展空间。

强化空域安全管理。空域资源是低空经济发展的核心要素之一。政府通过加强空域管理，优化空域资源配置，能够为低空飞行活动提供便利条件。然而，如何在低空空域保障合作目标高效有序飞行，同时对非合作目标进行有效识别反制，是低空经济当前的发展痛点。对此，地方政府可从两个方面进行解决。一方面，制定并修订低空经济领域的管理办法、技术标准等，明确低空飞行的管理权限、责任主体和监管要求。另一方面，加强低空飞行安全监管，建立健全低空飞行安全管理体系，确保低空飞行的安全和有序。例如，联动民航局对适航飞行器颁发无人机监管牌照等。此外，加强体制机制创新，强化与民航、公安等相关部门的沟通协调，严格打击"黑飞"、蓄意干扰等不安全行为，形成低空经济监管合力，让低空经济真正"飞"起来。

在未来，政府应继续加强低空空域安全管理，充分利用交通运输等基础设施，整合地面"视频网"与低空"监视网"，打造分级防控、多源协同的立体防护网。

完善基础设施建设与配套。低空经济的发展离不开完善的基础设施支撑。结合深圳市政府、粤港澳大湾区数字经济研究院的分类方式，当前低空的基础设施建设可分为"硬基建"和"软基建"。在硬基建领域，政府多主导完善低空飞行基础设施，包括无人机起降场、低空飞行服务站、起降点、通信导航设施等，提高低空飞行的安全性和便利性。软基建领域则更注重软件服务与数据平台搭建，是低空经济场景搭建的重要支点，高复杂场景必须构建基于数字孪生的数字空域底座和数字化基础设施，应积极开发低空保障服务应用系统，建立低空经济数据平台和信息共享机制，促进低空经济数据的收集、分析和应用，为低空经济产业的安全健康发展提供数据支持。

扩大财政补贴与税收优惠。为了鼓励企业和个体积极参与低空经济产业发展，政府可通过财政补贴和税收优惠等手段提供资金支持。我国多地加大了财政金融支持力度，鼓励设立低空经济发展专项基金，用于支持低空经济项目的研发、试验和示范应用。专项基金涵盖低空经济产业链上下游，包括无人机研发、制造、运营、服务等多个环节。通过"财政拨款为主，社会资本参与为辅"的方式筹措资金，设立低空经济专项金融板块，加大新兴低空经济企业的财政金融支持力度，创造财政支持的乘数效应，为低空经济插上飞行的"翅膀"。

鼓励科技创新，助力人才培养。科技创新是推动低空经济发展的重要动力。政府通过加大科技研发投入、支持科研机构和企业开展技术创新和研发活动等方式，推动低空经济领域的技术进步和产业升级。此外，政府应发挥牵引作用，注重人才培养和引进工作，通过设立人才引进与激励计划、建立人才培训体系等措施，为低空经济领域培养高素质的专业人才。

二、企业——创新活动主体

企业是创新活动的主体，可分为主导企业、跟随企业与新创企业，它们能及时获取社会消费的最新动向，把握技术开发的热点方向，推动知识创新资源向产品与服务转化，创造更高的经济价值、社会价值与用户价值。企业在低空经济中主要扮演技术创新者、市场开拓者、价值创造者等多重角色。作为技术创新者，企业是低空经济领域技术进步的主要驱动力，是低空经济培育的主体力量。企业通过自主研发、合作研发等方式，聚焦关键技术突破，不断提升低空经济的自主创新能力和底层核心竞争力。作为市场开拓者，企业积极挖掘市场需求，不断开发应用场景，与高校、科研院所等展开深度合作，共同拓展低空经济的市场空间，通过产学研一体化和跨界融合等方式，提升产业链整体效能。此外，作为价值创造者，企业通过提供高质量的产品和服务，以开放竞争、兼并重组、战略合作等方式整合资源，形成优势互补、协调发展的健康行业生态，满足市场需求，创造经济价值和社会价值。

开展技术创新与产品研发。企业是市场的主体，更是自主创新的不竭力量之源。在低空经济领域，企业聚焦材料、芯片、飞控、通信导航等关键技术的研发与应用，致力于构建完善的研发体系，通过自主研发和产学研合作，不断探索新技术、新材料和新工艺，推动低空经济领域的技术革新，包括无人机平台的优化、智能导航与控制系统的升级、高效能动力系统的研发以及低空通信与数据链技术的创新等。企业通过创新，推动了低空经济的技术迭代，并将这些技术应用于实际场景，如物流运输、空中监测、城市管理等，从而实现了技术的商业化和产业化，推动低空经济将来向更智能化、自主化、高效能的方向发展，为企业创造更多的市场机遇。

更新应用场景，拓展市场空间。企业可以通过开发颠覆性技术或商业模式，进入新的市场领域或改变现有市场结构。在载人领域，企业研发 eVTOL，探索城市空中出行的新模式；在载物领域，企业利用无人机执行物流配送、医疗急救等任务，提高物流效率和应急响应速度。中通、圆通、申通、韵达等企业在多地自然村开通无人机航线，将快件直投自然村，大大提升了农村的投送时效。美团在深圳、上海等城市密集区开展常态化送餐、文旅体验送餐服务，大受欢迎，实现了外卖、生鲜、急救药品等物品的快速送达，显著提升了用户体验。据统计，企业无人机配送业务的年均增长率超过30%，市场份额逐步扩大，具有广阔的市场空间。

推动产业链整合与深度转型升级。从全国的低空经济产业层面来看，当前低空经济产业的优势重点集中在上游和中游，即研发、关键材料及零部件、载荷、低空装备及地面处理系统，下游的产品孵化与产业融合部分表现欠佳。而以无人机企业为代表的低空经济企业可精准把握下游市场环境，通过上下游协作、跨界融合等方式，加强与原材料供应商、零部件制造商、服务提供商等产业链上下游企业的合作，优化资源配置，提升产业链整体效能。

在具体的应用场景方面，无人机企业在商贸物流领域呈现高速发展态势，特别是针对短途、小体积商品的配送，如外卖餐饮、紧急药品及急需的电子产品，实现了"30分钟内送达"的极速体验。在地理条件复杂或交通不便的岛屿、山区，无人机则扮演"空中桥梁"的角色，不惧山海阻隔，实现"天堑变通途"的跨越。低空经济企业正以其独特的优势，立足下游终端市场，推动农业、工业和服务业深刻革新，助力产业链整合与产业的深度转型升级。

三、科研组织——原始创新的主体

科研组织通常包括研究型高校与科研机构，是前沿技术、基础研究的主力。高校与科研机构作为"学"与"研"的主体，扮演着知识创造、技术创新、人才培养的重要角色。它们紧跟低空经济发展趋势，优化学科布局，加强基础研究与创新成果转化，肩负起为低空经济培养高素质人才，提供前沿核心技术支撑的重任。

高校与科研机构在低空经济中主要扮演着知识创新者、技术研发者、人才培养与沟通者的角色。作为知识创新者，高校与科研机构是低空经济领域前沿理论研究的引领者，通过不断探索新的科学问题和技术难题，为低空经济的发展提供理论支撑和智力支持。作为技术研发者，它们致力于无人机、低空通信、智能导航等关键技术的研发与突破，推动低空经济领域的技术革新。大学与科研机构还是人才培养和国际沟通交流合作的平台，高校与科研机构通过设立相关专业、开展课程教学、提供实习实训等方式与企业紧密合作，共建研发中心、实验室等创新平台，促进科技成果转化和产业化应用，为低空经济产业输送高素质的专业人才。

促进技术研发与产学研成果转化。技术研发与成果转化是高校与科研机构参与低空经济的一大重要途径。高校与科研机构往往围绕低空飞行器的气动设计、控制算法、通信导航等核心问题开展深入研究，不断提出新的理论模型、算法和方法。它们通过建立科研平台、组建跨学科团队、申请科研项目、开展田野调查与假期实践等方式，不断推动低空经济领域的技术研发与成果转化。2024年9月5日，四川绵阳低空经济产业学院正式揭牌。作为全国第二家低空经济产业研究院，该学院紧密对接行业需求，围绕无人机技术、低空旅游、通用航空服务管理等领域设置前沿专业课程，联合企业开展定制化人才培养，积极探索校企合作、产教融合的新路径。校企双方共建低空经济应用创新中心，建设校外实训基地，真正实现人才培养、人才输送、成果孵化的产学研深度融合，成为低空经济产学研合作的良好典范。

加强人才培养与队伍建设。人才培养与队伍建设是高校与科研机构推动低空经济发展的基础性工作。它们通过设立相关专业、制订人才培养方案、加强实践教学等方式，培养了一大批具备扎实理论基础和实践能力的低空经济专业人才。北京航空航天大学作为推动低空经济发展的重要力量，近年来在人才培养方面做出了积极的探索与努力。北京航空航天大学顺应空天领域科技发展新趋势，精心布局和谋划学科结构，打造校企共建与人才输送这一完整体系。学校积极整合校友资源，校领导牵头走进多彩硅谷产业园（被深圳市坪山区授牌为低空经济产业园）、深圳智航无人机有限公司等企业，开展关于eVTOL、工业无人机和智能制造装备领域的校企针对性合作项目，强化高校人才培养与队伍建设。重庆驼航科技有限公司（简称驼航科技）作为新创的重载无人直升机企业，其核心团队成员均来自北京航空航天大学。驼航科技专研特种运输需求的重载无人直升机，在地质勘探、应急消防救援、农林业植保、科研挂飞等领域做出了重大贡献，实现"低空经济+"多应用场景的突破，经济效益显著。

国际合作与交流。国际合作与交流是高校与科研机构推动低空经济全球化发展的重要手段。它们通过参加国际学术会议、开展国际合作项目、邀请国际知名学者访问等方式，加强同国外高校与科研机构的合作和交流。科研机构则在国际合作方面起到桥梁作用，通过与国外机构的合作，引入先进的技术和管理经验，推动本土技术的国际化发展。据统计，高校与科研机构近年来与国际合作伙伴共同承担的科研项目数量逐年增加，积极培养定向科研人才，为低空经济的全球化发展做出了积极贡献。

四、中介机构——创新服务主体

在低空经济这一新兴且快速发展的领域中，中介机构作为联结政府、企业、高校与科研机构等多方参与主体的桥梁与纽带，扮演着至关重要的角色。它们的核心定位在于提供高效、精准的信息服务，促进资源优化配置，加速技术创新与成果转化，以及推动市场机制的完善与成熟。具体而言，中介机构在低空经济中既是信息的集散地，也是合作的催化剂，更是创新的加速器。

提供信息服务，加强资源整合。中介机构通过收集、整理、分析低空经济领域的各类信息，包括政策动态、市场需求、技术进展、项目信息等，为各方参与主体提供全面、及时、准确的信息服务。这些信息不仅有助于企业把握市场脉搏，制定科学的发展战略，还能促进政府决策的科学化、民主化。同时，中介机构还通过搭建信息交流平台，促进资源在不同主体间的有效流动与优化配置，降低交易成本，提高市场效率。

促进技术创新与成果转化。中介机构作为知识与技术转移的促进者，通过组织学术会议、专业培训和咨询服务，促进大学、政府与企业间的协同合作，推动知识与技术的有效流转，使研究成果能够被企业界了解并应用于实践，加速创新的市场化进程，将研究成果转化为实际应用。埃茨科威兹和雷德斯多夫在其三螺旋模型中提出，中介机构通过联结大学、企业和政府，促进知识的流通和技术的商业化。中国的官方中介机构如科学技术部下属的技术转移中心遍布全国，专门负责将科研成果转化为产业应用，推动地方经济发展。以北京市技术转移促进中心为例，在过去几年，该机构通过与北京多所高校和科研机构合作，成功促成了包括无人机配送和监测系统在内的多项新技术在低空运输领域的应用。

促进市场培育与拓展。中介机构在低空经济市场的培育与拓展方面也扮演着重要角色。它们通过市场调研、需求分析等手段，帮助企业了解市场需求，明确产品定位，制定有效的营销策略。同时，中介机构还通过组织展览展示、宣传推广等活动，提升低空经济产业的知名度和影响力，吸引更多投资者和消费者的关注。此外，中介机构还积极参与国际交流与合作，推动低空经济产业的国际化发展。

提供政策咨询与法律服务。中介机构还为企业提供政策咨询和法律服务，帮助企业了解并遵守相关法律法规和政策要求，降低合规风险。它们通过解读政策文件、分析政策趋势等方式，为企业提供专业的政策咨询建议。此外，中介机构还为企业提供合同审查、知识产权保护等法律服务，有力防止新创低空经济企业遭遇垄断或商业欺诈问题，保障相关企业持续发展。

五、金融机构——创新投入主体

在金融支持低空经济发展的进程中，金融机构作为资本与市场的桥梁，扮演着至关重要的角色。其核心定位在于为低空经济企业提供多元化的信贷服务，满足其不同发展阶段的资金需求，促进低空经济产业的快速发展与升级。金融机构通过创新金融产品和服务，优化信贷结构，降低融资成本，为低空经济企业提供了坚实的资金保障，是推动低空经济高质量发展的关键力量。

信贷资金供给与风险管理。金融机构，特别是风险投资公司，为创新项目提供资金，这对于技术开发和商业化至关重要。美国硅谷的风险投资公司，如红杉资本和凯鹏华盈等，为无人机初创企业提供了关键的资本支持，促进了技术革新和商业模式迭代。金融机构通过为低空经济企业提供定制化的信贷产品，如中长期贷款、信用贷款、融资租赁等，满足其研发、生产、运营等各个环节的资金需求。同时，金融机构利用大数据、人工智能等先进技术，建立科学的风险评估模型和管理体系，对低空经济企业的信用风险、市场风险等进行全面评估，确保信贷资金的安全性和有效性。金融机构通过提供必要的资本和贷款支持，使低空经济相关企业能够承担研发投入和市场扩展。中国国家开发银行提供了专项贷款，支持无人机制造和航空服务企业的发展，通过这些贷款，企业能够覆盖高初始成本和不确定的市场风险。

金融创新与服务优化。金融机构在政策的支持与引导下，开发针对低空经济企业的低息贷款、技术研发贷款等特色产品，利用区块链、物联网等技术提高金融服务效率，实现供应链金融的精准对接；辅助政府提供低空经济专项发展基金，引导社会资本流向低空经济的关键环节和重点企业。此外，金融机构还通过优化服务流程，简化贷款审批程序，提高服务效率，为低空经济企业提供更加便捷、高效的金融服务，发挥财政与金融支持的乘数效应，为低空经济插上飞翔的翅膀。

市场培育与产业引导。金融机构通过信贷资金的投放，不仅解决了低空经济企业的资金问题，还间接促进了市场的培育和产业的引导。一方面，金融机构的信贷支持有助于低空经济企业扩大生产规模，提升产品质量，增强市场竞争力，从而推动整个产业的快速发展。另一方面，金融机构通过信贷政策的调整和优化，引导低空经济企业朝绿色、低碳、智能等方向发展，推动产业结构的优化升级。

政策传导与落实。金融机构作为政府与市场之间的桥梁，还承担着政策传导与落实的重要职责。它们通过解读和执行国家关于低空经济发展的相关政策，如税收优惠、财政补贴等，将政策红利转化为企业发展的动力。德国复兴信贷银行集团通过提供低息贷款支持低空经济领域的中小企业，这些贷款常常与政府的经济支持政策相结合，旨在推动技术创新和市场应用。同时，金融机构还通过自身的信贷政策调整，引导低空经济企业积极响应国家政策导向，推动政策的落地实施。

六、最终用户——市场消费主体

在低空经济这一多元化、快速发展的领域中，最终用户作为产品或服务的直接使用者，其地位至关重要。最终用户的核心定位在于驱动市场需求，引导技术革新，促进产业生态的完善与繁荣。他们的消费选择、需求变化及反馈意见，不仅直接影响低空经济企业的产品开发与市场策略，还间接推动了整个产业链条的优化升级。最终用户通过其实际需求与消费行为，为低空经济注入了源源不断的活力与动力。

需求驱动与市场反馈。最终用户是低空经济市场需求的直接来源。随着科技的进步和社会的发展，无人化、电动化、智能化、绿色化的消费方式备受消费者青睐，人们对于低空领域的应用需求日益增加，包括但不限于空中出行、物流运输、应急救援、环境监测、农业植保等多个方面。以著名电动汽车品牌特斯拉为例，其电动车技术的不断更新迭代很大程度上就是受到公众对环保和高效交通解决方案需求的驱动。在低空经济的具体实践中，用户对产品和服务的多样化需求促使低空经济企业不断创新产品与服务，从而提升用户的消费满意度，助力低空经济获得更大的市场空间。

技术革新推动。最终用户在使用低空经济产品或服务的过程中，往往会提出新的需求或改进建议。这些反馈意见为低空经济企业提供了宝贵的技术革新方向。例如，在无人机领域，最终用户对于飞行稳定性、续航能力、智能化控制等方面的要求不断提升，促使无人机制造商不断投入研发，推出更加先进、高效的产品。这种由最终用户驱动的技术革新，不仅提升了产品的市场竞争力，还推动了整个行业的技术进步。此外，低空经济的部分消费群体来源于农林业和科研方面的专业用户，其对无人机飞行的精确度和操作便捷性的需求推动了技术的快速进步。

政策制定与监管导向。最终用户的声音会通过消费者协会、媒体等渠道传递给政策制定者和监管机构。最终用户对低空经济领域的关注与诉求，往往成为政策制定与监管调整的重要参考依据。例如，针对无人机使用的安全监管问题，最终用户普遍关注飞行安全、隐私保护等方面的问题。这些反馈意见促使政府及相关部门加大监管力度，完善法律法规体系，为低空经济的健康发展提供了有力保障。

低空经济的主体结构与功能情况，如图 2-1 所示。

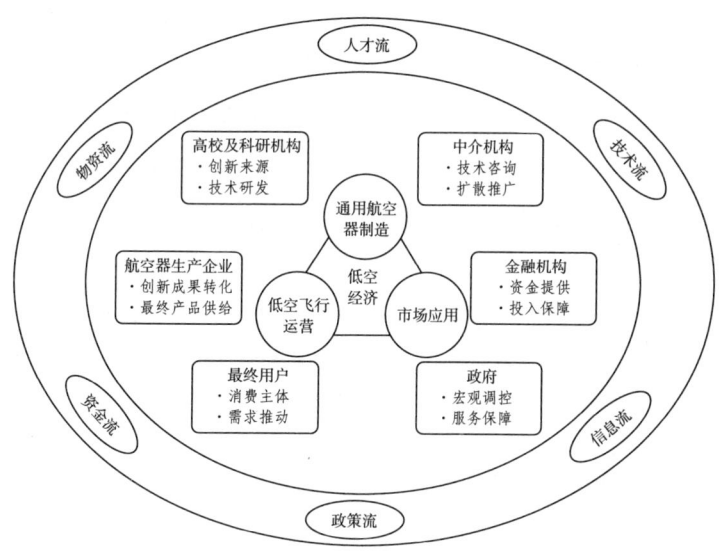

图 2-1　低空经济的主体结构与功能

第二章　低空经济新产业新态势

政企发力　探索低空经济典型产业范式

一、各主体合作助力低空经济发展

低空经济的发展涉及多方合作和复杂的监管环境，交易过程中产生的成本较高，如搜寻信息、谈判、监督和执行合同的成本较高。各主体之间建立长期合作关系和信任机制，有助于降低低空经济的发展成本，提高其发展速度。

政府能够通过完善法规和标准，减少企业在低空经济活动中的不确定性和合规成本；企业间的合作，如联合研发和技术共享，可以分摊研发成本，加速新技术的市场化；高校与科研机构能够通过基础研究和应用研究为产业提供创新思路和技术解决方案，培养专业人才，降低技术转化的成本和风险；中介机构能够通过提供专业服务和信息共享，降低市场参与者的交易成本；金融机构为低空经济提供必要的资金支持和风险管理工具，降低了单一投资者的风险；最终用户通过其消费行为提供市场需求和反馈，指导产业调整产品和服务，帮助产业主体优化资源配置，降低了试错成本。通过这些主体的合作，低空经济能够有效整合资源，降低发展成本，提高整个生态系统的创新能力和竞争力。

二、政府推动型——深圳

截至 2024 年 9 月，深圳无人机企业超过 1 700 家，年产值达 960

亿元，在无人机发展领域独占鳌头，甚至有着"无人机之都"的美称。2024年上半年，深圳无人机飞行里程、载货重量、新增航线数量等数据均居于全国前列。截至2024年6月，深圳已建成低空起降点249个、开通无人机航线207条；多区建成占地超过50万平方米的无人机测试场，具备测试、校验飞行等功能，基础设施服务水平位居全国前列。在趋于成型的低空经济无人机产业链背后，是政府以"看得见的手"协调各方资源、推动各主体合作。

1. 政策制定

早在2018年，深圳便颁布了《深圳地区无人机飞行管理实施办法（暂行）》（简称《实施办法》），通过制定飞行规则，明确无人机飞行的管理要求和操作规范，解决了低空经济领域的安全性和规范性问题，确保无人机及相关产业的健康、有序发展。《实施办法》的出台为无人机企业的运营提供了法律依据和操作规范，降低了企业的运营风险，同时提升了行业的整体安全标准；其中对于无人机技术的规范要求，为高校与科研机构的技术研发提供了明确的方向，有助于提高科研成果的应用性和市场价值；其实施为无人机行业的发展提供了政策保障，增强了金融机构对无人机产业的信心，从而促进资金的投入与产业的进一步发展；无人机操作标准和流程的落实为中介机构在市场准入、行业培训、资质认证等方面的服务提供了依据，增加了中介服务的市场需求。此外，《实施办法》的颁布确保了无人机服务的安全性和合法性，提升了用户对于无人机服务的信任度，促进了市场需求的扩大。

2022年底，深圳发布了《深圳市低空经济产业创新发展实施方案（2022—2025年）》（简称《方案》），明确了深圳低空经济的发展目标、重点领域以及主要发展路径。具体来说，《方案》提出了在未来几年内，深圳要打造全球领先的低空经济产业集群，重点发展无人机运输、低空旅游、低空应急救援等领域。在《关于发展壮大战略性新兴产业集群和培育发展未来产业的意见》中，深圳创造性地提出"20+8"战略性新兴产业集群与未来产业，提出合力打造科技和产业创新高地的计划；《深圳市支持低空经济高质量发展的若干措施》提出了20项具体支持措施，以推动低空经济高质量发展。《方案》为企业提供了明确的产业发展方向和市场预期，鼓励企业在无人机运输等领域加大研发投入，促进技术创新和市场扩展；《方案》中提到的重点发展领域为高校与科研机构的研究方向提供了指导，促使这些机构加大在低空经济相关领域的科研投入，并为产业输送专业人才；《方案》明确了低空经济的重点领域，使得金融机构能够更有针对性地进行投资布局，降低投资风险，提升资本效率；《方案》中对于行业标准和产业联盟的建设要求为中介机构提供了业务拓展的机会，特别是在技术转移、市场对接和咨询服务方面；《方案》的实施将提高低空经济相关服务的质量和多样性，从而满足最终用户的多元化需求，并提升用户体验。

2023年初，深圳将"低空经济"写入政府工作报告。2023年10月，《深圳经济特区低空经济产业促进条例（草案修改一稿征求意见稿）》面向社会公开征询意见，将企业与用户等其他主体的需求纳入政策考量范围。

2023年12月，深圳市第七届人民代表大会常务委员会第二十三次会议通过《深圳经济特区低空经济产业促进条例》（简称《条例》），并于2024年2月正式实施。《条例》设九章，共六十一条，包括总则、基础设施、飞行服务、产业应用、产业支持、技术创新、安全管理、法律责任和附则，涵盖低空经济产业的方方面面，成为全国首部关于低空经济的地方专项法规。

随后，《深圳市培育发展低空经济与空天产业集群行动计划（2024—2025年）》《深圳市支持低空经济高质量发展的若干措施》等政策措施的推行，健全了低空经济相关政策体系，达成低空产业链条和业态的全覆盖。

通过上述系列政策和法规，深圳建立了全国首个低空经济法规框架，健全了产业发展的顶层设计与协同机制，为低空经济的发展提供了法律和政策支持。政策法规在促进技术创新、保障公共安全、提升产业竞争力等方面发挥着至关重要的作用，促进多主体合作生态系统的形成。

2. 基础设施建设与服务提供

基础设施建设能够有效解决企业在无人机运输、低空物流等领域面临的技术和运营障碍，从而加速相关产业的落地和规模化发展。深圳作为中国无人机产业的领军城市，通过建设无人机专用飞行走廊、地面控制站、低空空域管理系统以及无人机起降平台，为低空经济的发展提供了全面的硬件支持。并且，深圳致力于高质量低空运行管理服务体系的建构，为低空经济的发展提供配套软件服务。这些基础设施不仅解决了无人机产业在技术和运营方面的关键障碍，还通过优化空域管理、提高飞行安全性、降低运营成本等手段，加速了无人机产业的规模化发展，推动了低空经济的创新与可持续发展。

深圳率先在我国规划并建设了无人机专用飞行走廊。该走廊的规划以深圳市宝安区为试点，连接了机场物流区与市内多个重要物流节点，为无人机配送、快递等应用场景提供了专用空域。据深圳市交通运输局的数据，至 2023 年底，该飞行走廊已实现了约 1 000 架次的无人机物流试运行，运送货物超过 3 000 吨。飞行走廊为无人机提供了专用的空域通道，极大地减少了无人机与其他航空器之间的空中冲突风险，同时提高了低空空域的利用效率。并且专用飞行走廊不仅为无人机物流、配送等商业应用提供了稳定的运行环境，还为相关企业的技术研发和业务拓展提供了可靠的测试平台，助力无人机产业的规模化和规范化发展。

深圳在推动低空经济发展的过程中，积极建设地面控制站网络，以保障无人机飞行的安全和效率。截至2024年初，深圳已在全市范围内建立了20多个地面控制站点，覆盖了主要的城市空域。这些控制站由深圳低空经济产业公司负责运营，具备实时数据采集、飞行路径规划、无人机远程控制和应急处理等多项功能。根据深圳市无人机行业协会的数据，这些地面控制站已为全市90%以上的无人机飞行活动提供了指挥与监控支持，有效降低了无人机运营的事故率，并提升了城市低空空域的管理水平。

此外，深圳市的低空飞行服务站、无人机起降平台以及低空交通管理系统已初见成效。由深圳低空产业公司运营的深圳低空运行管理中心自2023年启用以来，已为无人机运营企业和飞行员提供了全面的服务支持。该中心通过集成飞行计划申报、飞行数据管理、风险评估与应急指挥等功能，为超过100家无人机运营企业提供了服务，成为全市低空飞行活动的申报窗口、指挥枢纽、信息集散地以及情报核心，推动了深圳实现低空飞行的"一网统管"。

无人机起降平台是深圳低空经济基础设施的重要组成部分，主要分布在城市的核心区域和关键物流节点。据深圳市规划和自然资源局的数据，截至2024年，深圳市已建成30多个标准化无人机起降平台，广泛布局于机场、物流园区、高密度住宅区及商业中心。这些起降平台由深圳机场集团与顺丰速运等企业合作运营，为无人机物流和配送提供了高效、便捷的起降保障。作为无人机执行任务的起点和终点，起降平台的布局直接影响到无人机物流和运输的效率。这一基础设施的建设，为无人机提供了标准化的起降点，优化了飞行任务的执行流程，不仅提升了无人机运营的效率、缩短了无人机的调度时间、降低了运营成本，还提升了无人机物流服务的响应速度和覆盖范围、拓宽了无人机在城市物流和公共服务中的应用场景。

深圳引入了多主体参与的空域管理模式，形成了政府主导，空管部门、企业和研究机构共同参与的空域规划与管理体系，确保了空域资源的合理分配与使用。为推动高质量低空运行管理服务体系的建构，深圳市政府与中国民航局、空军和本地无人机企业合作，部署了智能融合低空系统（Smart Integrated Lower Airspace System，SILAS）。SILAS系统由粤港澳大湾区数字经济研究院开发，具备空域数据实时监控、无人机飞行动态管理、空域冲突预警和空域资源优化配置等功能，能够实时监控无人机的飞行状态、空域使用情况，并对潜在的空中冲突进行预警和干预，是深圳低空经济基础设施体系的核心组成部分。该系统作为一个市域级低空空域数字化管理与服务操作平台，不仅能够支持所有在飞无人机的同时登录，还能汇集全市范围内的各类空域数据并对其进行实时监控与动态调整，被誉为深圳的"低空大脑"。2023年，平台已全面覆盖深圳整个空域，实现了对超过5 000架无人机的实时监控和管理。该系统不仅显著提高了空域资源的利用效率，为无人机的安全运营提供了技术支持，还为政府和监管部门提供了全方位的数据支持，促进了低空空域资源的科学规划和合理配置，助力深圳在低空经济领域保持全球领先地位。

在以技术创新支撑飞行服务保障的基础上，深圳持续以机制改革探索低空空域协同运行，以应用拓展牵引低空产业集聚成势，以标准集成引领低空经济创新发展。

3. 机制健全与产业引导

深圳市政府在低空经济领域的政策与法规制定，不仅为产业的发展提供了强有力的支持，也通过明确的引导和制度保障，促进了其他主体的紧密合作与互动。这种政策驱动的协同创新模式，不仅增强了产业链的竞争力，还加速了低空经济的技术创新和市场扩展，是深圳低空经济快速发展的关键因素之一。

在政府主导下，深圳市低空经济产业联盟汇集了无人机制造商、软件开发商、科研机构及高校等多个主体，形成了一个跨领域的合作平台，实现了低空经济产业链上下游企业的深度协同。这种深度协同不仅包括技术研发，还涉及供应链管理、标准制定和市场推广等多个环节，通过共享技术、市场信息和研发成果，这些主体能够共同应对低空经济发展中的技术瓶颈和市场挑战。深圳市政府在此过程中发挥了核心协调作用，确保了产业链各环节的无缝衔接。以大疆创新为例，其与深圳本地的多家零部件供应商和物流企业建立了紧密的合作关系，通过产业联盟的纽带，共同推动无人机产业的扩展和升级。

2023年12月27日，罗湖区低空经济产业服务中心在罗湖投资控股大厦正式成立。该中心是深圳市首个专注于低空经济的服务机构，由深圳市罗湖投资控股有限公司与深圳市航空业协会联合创立。深圳市航空业协会的前身是成立于2004年的深圳市航空运输业协会，它是中国首家综合性航空业协会。罗湖区低空经济产业服务中心的成立为罗湖区低空经济的全新产业链提供了创新动力，构建了优质的产业生态链，促进了产业结构的升级与优化，进而增强了产业综合竞争力。

在《深圳市罗湖区低空经济创新发展实施方案（2024—2026年）》《深圳市罗湖区促进商旅文低空应用的若干措施》等政策的引导下，2024年，20余家相关企业相继落户罗湖，涵盖零部件制造，以及整机装配、技术服务等环节，推动低空经济产业链的上下游企业深度协同，促进深圳竞飞"无人机之都"。

4.企业创新与市场开拓

以深圳市大疆创新科技有限公司为例，作为全球领先的无人机制造商，大疆在低空经济领域取得了显著成效。该公司自成立以来，始终致力于无人机的技术创新与产品研发，推出了多款具有自主知识产权的无人机产品，广泛应用于航拍、农业、救援等多个领域。统计数据显示，大疆在全球无人机市场的份额超过50%，年销售额持续增长。此外，大疆还积极拓展国际市场，与多个国家和地区的企业和机构建立合作关系，共同推动低空经济的发展。大疆作为全球领先的无人机制造商，成功研发出具有超长续航、高精度定位能力的无人机产品，广泛应用于农业植保、环境监测、航拍等领域，显著提升了作业效率和质量。据统计，该企业在低空经济领域的研发投入年均增长率超过15%，专利申请量持续攀升，实现了经济效益与社会效益的统一。

综上所述，深圳市通过政府主导的产业联盟和协同创新中心，成功整合了低空经济发展中的各主体资源，形成了一个高效协同的产业生态系统。这些措施不仅加速了技术创新和市场扩展，还显著提升了深圳市低空经济的国际竞争力，推动了该领域的可持续发展。目前，深圳在低空经济领域已形成结合低空制造、低空飞行、低空保障和综合服务的全产业链体系。在此基础上，深圳将加快打造低空经济总部研发中心、高端智造中心、全场景示范验证中心和一站式解决方案供给中心等"四大中心"，提升低空经济科技硬核力、产业竞争力。未来，随着政策的不断完善和各主体之间协作的深化，深圳的低空经济有望继续引领全国乃至全球的行业发展。

三、核心产业引领型——上海

上海作为中国民用航空产业的"第一城"，吸引了大量创新企业集聚，包括峰飞航空科技、时的科技、沃兰特航空和御风未来四家eVTOL领域的头部企业，形成了完整的低空产业链。上海通过建设专门的产业园区，扩大企业在技术研发、产业链整合和市场推广等方面的优势，实现了资源整合与创新驱动，在各个主体的合作组织和低空空域协同管理机制的建设中，发挥了关键作用。

上海在低空经济发展中的战略布局和实际操作，特别是在 eVTOL 研发方面，展示了非凡的协同创新能力。御风未来研发出我国首架自主研发、全国产化的 2 吨级电动垂直起降飞行器，时的科技完成中国首个倾转旋翼载人电动飞机的首轮试飞，沃兰特航空 VE25 是目前世界上已知载重能力最强、空间最大、研制等级最高的载人航空器。这些企业不仅在电动飞行器的设计和制造方面进行了深入的技术创新，还在关键零部件的研发、新材料的应用以及智能飞控系统的开发上取得了重要突破。

1. 技术创新与产业引领——以峰飞航空科技为例

峰飞航空科技作为上海市 eVTOL 领域的领军企业，在技术创新方面表现突出。该公司在高效电池管理系统和轻量化材料应用上取得了显著成果，这不仅提升了电动飞行器的性能，还推动了相关技术在其他低空经济领域的应用和扩展。该公司自主研发的 eVTOL 机型，在高效电池管理系统、智能飞控系统以及新材料应用上均有重大突破。这些技术创新不仅提高了产品性能，还在降低运营成本和提升飞行安全性方面取得了显著进展。峰飞航空科技通过与复旦大学和同济大学等顶尖高校合作，形成了产学研一体化的创新模式。这种模式加快了技术的研发与转化进程，推动了上海在全球 eVTOL 领域占据领先地位。

峰飞航空科技的技术创新还带来了显著的外溢效应。其研发成果不仅应用于自身产品，还通过技术授权和产业合作扩展到其他低空经济领域，如无人机物流和城市空中交通（UAM）。这种外溢效应进一步推动了上海市低空经济的技术进步和产业扩展，增强了区域经济的竞争力。

2. 资源整合与链条构建——以时的科技为例

时的科技在低空经济发展中,积极与各类主体合作,推动技术创新和市场开拓。该公司与上海交通大学合作,开展了智能飞行控制系统的研发项目,并与政府部门合作,推动了无人机在城市管理中的应用。时的科技不仅为高校提供了研发支持,还通过与研究人员的合作,将实验室中的前沿技术快速转化为实际产品。这种多主体合作模式,不仅提升了企业的技术水平和市场竞争力,还通过项目的实施,推动了低空经济的实际应用和普及。在与高校合作开发的新型智能控制系统上市后,时的科技迅速占领了市场,销售额在短期内实现了大幅增长。通过这种产学研联合,时的科技有效地缩短了从技术研发到市场应用的周期,增强了企业的创新能力和市场竞争力,也为高校的科研成果转化提供了有效渠道,进一步推动了低空经济的整体发展。

时的科技通过与金融机构合作,获得了低空经济专项基金的支持,成功地将研发成果转化为商业产品。这些产品被广泛应用于物流配送、城市安防和环保监测等领域,推动了低空经济的市场化进程。这种从研发到市场的全链条合作模式,是产业主导型低空经济模式的典型体现。

3. 主体协同与产业园区——以虹桥产业园为例

上海市低空经济的发展,依赖于各个主体之间的密切合作。企业和产业园区通过建立合作组织,推动了资源的高效整合与协同创新。2022年9月,上海市发布《上海打造未来产业创新高地发展壮大未来产业集群行动方案》,提出在浦东、杨浦、闵行、金山、松江、青浦、崇明等区域,打造一批先进的产业集群,建设低空经济研产教融合服务基地,扩大交流与合作,培育和拓展面向政府、企业和大众的低空应用场景,加速突破产业创新。其中,浦东新区长三角低空经济虹桥产业园发展迅速，已成为上海市低空经济发展的重要载体。该产业园区的建设，不仅为低空经济提供了必要的物质基础，还通过政策引导、资源配置和服务支持，促进了各个主体的协同合作，在推动低空经济各细分领域的发展中发挥了关键作用。

虹桥产业园聚焦于低空经济的多个细分领域，包括电动飞行器制造、新材料研发、无人机研发制造以及飞机发动机维修与养护等。这种细分领域的专业化布局，有助于集聚行业内的优势资源，实现技术的深度融合和跨界创新。例如，在新材料研发领域，园区内的企业和研究机构通过合作，成功开发出了多种高强度、轻量化复合材料，显著提升了 eVTOL 的性能和安全性。这种专业化的产业集聚效应，为上海市低空经济的发展奠定了坚实的基础。在无人机芯片研发方面，园区内的企业通过与本地高校及国际芯片厂商的合作，开发了适用于低空飞行器的高性能芯片。这些芯片不仅提升了 eVTOL 的运行效率，还为其他低空经济应用场景提供了支持，促进了低空经济的整体技术水平的提高。

园区通过政府的政策支持和服务体系，为企业发展提供了全方位的保障。浦东新区政府通过设立专项资金、提供税收优惠以及制定产业扶持政策，鼓励企业在低空经济领域进行创新研发。同时，园区还提供了一系列配套服务，如融资支持、市场推广、人才引进等，帮助企业更快实现技术转化和市场扩展。这种政府与企业之间的紧密合作，增强了低空经济的整体竞争力。

在低空空域管理方面，虹桥产业园与上海市的企业共同推动了协同管理机制的建立。园区通过与上海市交通管理部门和空管单位的合作，开发了低空空域管理系统，该系统集成了实时监控、动态调整和多方协调等功能。这种协同管理机制不仅提高了空域资源的利用效率，还通过数据共享和智能化调度，确保了低空经济活动的安全性和可控性。

企业和产业园区积极参与并主导了多个产业联盟和创新联盟的组建。这些联盟汇集了政府、企业、高校与科研机构等各方力量，形成了一个开放的创新平台。例如，峰飞航空科技与复旦大学、同济大学等高校合作，成立了电动飞行器技术创新联盟，集中攻关电动飞行器在飞行控制、能量管理和安全保障等方面的关键技术，并且建立了统一的技术标准和测试平台。这种合作组织通过整合多方资源，不仅促进了知识和技术的跨界融合，还加快了创新成果的产业化进程，显著提升了上海市低空经济的整体竞争力。

四、企业主体带动型

1. 大疆创新

作为全球领先的无人机制造商，大疆创新通过政产学研用金深度融合，不仅实现了自身的技术突破，还推动了整个无人机产业链的协同发展，可谓低空经济发展模式的典范。

（1）产政合作：政策支持与空域管理创新

大疆与深圳市政府在多方面保持紧密合作，特别是在推动无人机产业的政策制定与创新平台建设上。深圳市作为中国的创新中心之一，积极推动无人机行业的发展，制定了《深圳经济特区低空经济产业促进条例》，大力支持无人机企业的发展。深圳市政府为大疆提供了包括土地资源、研发资金和税收优惠等一系列政策支持，帮助大疆迅速成长为全球领先的无人机制造商。

此外，深圳市政府还通过与大疆合作，建立了多个产业创新基地和技术孵化中心，为初创企业提供技术支持和产业链资源。大疆作为龙头企业，积极参与了这些创新平台的建设，并通过技术共享和产业指导，推动了整个无人机行业的协同创新。

在空域管理方面，大疆与中国民航局及地方政府合作，参与了多个无人机低空空域管理试点项目。以《深圳地区无人机飞行管理实施办法（暂行）》为例，该政策为无人机的飞行和操作提供了明确的法规指引，大幅降低了企业在市场操作中的合规成本。

大疆还与中国民航局合作，参与了低空空域实时监控系统的开发与测试。通过这一合作，大疆在多个地区进行无人机低空飞行测试，积累了丰富的飞行数据，并帮助政府完善了低空空域管理机制。这种政府与企业的合作模式，不仅确保了无人机运营的安全性，还推动了低空经济的标准化和规范化发展。

（2）产学合作：创新人才培养与技术研发的结合

高校在基础研究与创新人才培养中具有无可替代的作用。大疆深谙这一点，选择与国内外顶尖高校建立合作，旨在通过校企合作，推动技术创新与人才培养的有机结合。其中，与香港科技大学的合作是一个典型案例。

大疆创新的创始人汪滔毕业于香港科技大学，在校期间接受了自动控制与飞行控制系统的理论教育。大疆成立初期，香港科技大学电子与计算机工程系教授李泽湘为其提供了核心的技术支持。大疆与香港科技大学的合作并未局限于技术研发，双方还在人才培养方面紧密合作。通过设立联合实验室，香港科技大学的师生可以参与大疆的研发项目，直接将前沿技术应用于产品开发中。这种双向互动不仅为大疆输送了大量高素质技术人才，也让香港科技大学的研究成果迅速实现了产业化应用。

双方的合作不仅在大疆早期的飞行控制系统开发方面起到了至关重要的作用，还通过不断深化的合作推动了无人机智能化技术的突破。例如，基于香港科技大学的研究成果，大疆在图像识别、机器学习和自动化飞行方面实现了多个关键技术创新。这种校企合作模式为大疆后续产品的智能化和功能性奠定了坚实的技术基础，同时为低空经济的发展提供了创新动能。

(3) 产研合作：加速技术转化的关键

除了与高校合作，大疆还与国内领先的科研机构合作，以加速技术从实验室到市场的转化。在与中国科学院深圳先进技术研究院的合作中，大疆通过共建联合实验室，专注于无人机的智能控制系统、视觉计算和人工智能技术的研发。

中国科学院深圳先进技术研究院作为中国顶尖的科研机构，拥有丰富的技术储备和强大的研发能力。大疆通过这一合作，能够迅速将科研成果转化为实际应用。双方合作的成果之一就是大疆的"御"Mavic系列无人机，其核心技术智能避障功能即来源于深圳先进技术研究院的计算机视觉研究。通过这一合作，大疆不仅解决了无人机安全飞行中的核心问题，还提升了其产品的竞争力和市场接受度。

这一模式体现了政产学研用金合作的另一个关键优势，即科研机构在技术转化中的重要作用。研究机构提供前沿技术，大疆通过其强大的市场能力和应用开发能力，将这些技术应用于实际产品中，实现了科技与市场的无缝对接。这一合作模式加快了技术的市场化应用，为低空经济的技术升级提供了有力支撑。

(4) 产金合作：资金支持与全球市场开拓

在企业发展过程中，资金支持与金融服务对新兴技术型企业的成长至关重要。大疆在融资方面的成功合作，为其全球扩展提供了关键助力。2015年，大疆获得了由硅谷知名风险投资公司Accel Partners领投的1.05亿美元。这次融资不仅为大疆提供了充足的资金支持，还为其打开了全球市场的大门。

Accel Partners作为全球知名的风险投资机构，投资过多家全球科技巨头。在与大疆的合作中，Accel Partners不仅为其提供资金，还通过全球资源网络，帮助大疆在欧美市场扩展业务。这种合作展示了政产学研用金合作中的金融维度，金融机构通过资金注入与全球市场网络，帮助技术企业扩大市场份额、降低市场风险。

这一合作帮助大疆迅速进入了北美、欧洲等高端市场，并开发了面向专业用户的高端无人机产品，如"悟"Inspire系列和"经纬"Matrice系列。这些产品满足了影视制作、测绘、农业和能源等领域的需求。通过与金融机构合作，大疆不仅实现了产品和市场的双重突破，还增强了其在国际市场中的影响力。

（5）产中（中介）合作：标准化与行业规范的制定

标准化和行业规范对低空经济的发展至关重要。作为无人机行业的领导者，大疆不仅在技术创新上占据领先地位，还积极参与行业标准的制定，与中介机构共同推动无人机行业的规范化发展。

大疆参与了多个行业标准的制定。通过与中国民航局以及工业和信息化部等政府机构及行业协会的合作，大疆推动了无人机在安全操作、飞行管理和数据处理等多个方面的规范化。这不仅降低了行业发展的不确定性，也为无人机的商业化应用提供了法律和技术保障。

通过参与标准制定，大疆不仅规范了行业行为，还有效推动了低空经济的健康有序发展。标准的制定为产业链上下游提供了明确的技术和管理指引，减少了企业的合规成本与市场风险，同时也增强了中国无人机行业在全球范围内的竞争力。

（6）产用互动：需求反馈与产品优化

终端用户在政产学研用金合作中同样扮演着关键角色。通过与消费者的直接互动，大疆能够及时获取市场需求反馈，并迅速进行产品迭代。2018年推出的"御"Mavic Air无人机就是大疆基于消费者反馈开发的代表性产品。

大疆通过全球用户社区和社交媒体平台，收集了大量用户的反馈信息。这些反馈帮助大疆明确了消费者对便携性、功能性和价格的需求。在"御"Mavic Air的开发过程中，大疆结合了智能避障、4K摄像头和高便携性的特点，满足了市场对消费级无人机的多元需求。通过这种用户反馈驱动的产品开发模式，大疆能够快速响应市场变化，并保持其产品的竞争力。

大疆创新的政产学研用金合作模式为其持续创新与全球扩展提供了强大动力。通过与高校、研究机构、金融机构和中介组织的紧密合作，大疆成功地实现了技术创新、市场扩展与行业标准的引领。这种多主体协同合作模式不仅推动了大疆自身的发展，也为低空经济的持续繁荣和竞争力提升提供了有力支持。未来，随着低空经济的进一步发展，政产学研用金合作模式将在技术创新和产业发展中发挥更加重要的作用。

2. 沃兰特

上海沃兰特航空技术有限责任公司成立于2021年6月，是一家专业从事eVTOL研制的高科技公司。沃兰特以客运级eVTOL技术研发、设计、制造为核心业务，公司拥有业内顶尖水平的专业团队，VE25型eVTOL是其主力产品，该产品技术参数、性能都居于国内领先水平。

（1）产政合作：推动行业发展

沃兰特着力营造新通航生态，积极与地方政府合作，推动行业规范建设。2023年11月17日，沃兰特与自贡市人民政府建立战略合作关系，并签署系列协议以共建eVTOL智能制造基地，包括与自贡市人民政府签署的战略合作协议、与自贡创新资本投资有限公司签署的投资及发展合作协议、与贡井区人民政府签署的项目建设协议。协议签署的各方将在资本投入、起降基地建设、飞机租赁等方面深入合作，共同建设电动垂直起降载人航空器智能制造基地项目。同时，作为中国航空运输协会会员、中国交通运输协会通用航空产业促进分会会员常务理事单位，沃兰特为推动行业发展，先后在中国航空应急救援大会、飞机航空电子国际论坛等知名论坛，分享其在产品研制、技术革新、商业化方面的洞见。与此同时，公司与多个企业联合发布行业白皮书，例如，2023年以来，公司与南航通航联合发布了《客运

eVTOL 应用与市场白皮书》，为 eVTOL 市场化进程、应用场景等方面提供指引；与翔翼、安胜（天津）联合发布《"新"空中出行/电动垂直起降航空器飞行员培训白皮书》，以共同推进 eVTOL 飞行员培训规范与体系建设。在行业协作方面，公司还积极配合民航局推动适航审定工作。2021 年 9 月，沃兰特航空完成了 VE25-100 的 1∶3 缩比验证机 Tiny 的首次飞行测试；2022 年 8 月，VE25 全尺寸技术验证机成功下线；2023 年 1 月，VE25 顺利完成首轮试飞，研制效率位于全球前列；2023 年 9 月完成场内转换飞行，并于当月获得民航华东局型号合格证申请受理。沃兰特航空成为华东地区首家获得载人 eVTOL 适航受理的企业。

（2）产学研合作：技术研发与人才培养

沃兰特航空拥有业内顶尖水平的专业团队，创始人兼首席执行官董明毕业于武汉理工大学工业自动化系，曾任职于中航工业、通用电气、罗克韦尔柯林斯、昂际航电等知名企业，深度参与 ARJ21-700、C919、CR929 等国家重大型号的研制工作。沃兰特的核心团队来自中国商飞、通用电气、霍尼韦尔等全球一流航空企业，拥有丰富的民航飞机研发、适航审定和商业化经验。首席技术官张宝柱，毕业于西北工业大学，从事民用飞机研发事业超过 26 年，曾担任中航工业沈飞设计师、沈飞民机总体室主任、副总设计师、中电科芜湖钻石飞机副总工程师、钻石 CA42 型号总师和万丰飞机工业集团总工程师、全球工程中心主任等职务，是民用飞机总体、结构及整机研制专家。公司的合伙人、高级副总裁和首席营销官黄小飞，是电子科技大学（中国）—里斯本大学学院（葡萄牙）合作管理学博士，通航/支线运营、民机维修领域的连续创业者，主管对外融资和公司战略。主管人力的副总裁栾健春，曾在通用电气服务超过 15 年，专注于人才的加速培养。沃兰特合伙团队建制完备且高度互补。顶尖的研发与管理团队使得沃兰特能够在激烈的市场竞争中保持领先地位。

在发展过程中，沃兰特对于飞行器座舱创新体验设计、人机工程与可用性研究等的需求日益迫切，2024年9月，其与上海电机学院设计与艺术学院开展了产学研合作对接会，就人才培养、实验室共享等关键领域展开合作。此外，沃兰特还计划通过技术授权等方式，与全球范围内的合作伙伴共同推动eVTOL技术的发展和应用。

（3）产金合作：金融助力

2021年7月，沃兰特完成数百万美元种子轮融资，由顺为资本领投，Ventech China跟投。2022年1月，完成近亿元天使轮融资，由明势资本领投，青松基金和微光创投跟投。2023年5月，完成数百万美元Pre-A轮融资，由老股东顺为资本、明势资本、微光创投追加投资。2024年2月，完成亿元A轮融资，由鼎晖百孚、自贡创新资本领投，老股东青松基金跟投。2024年4月，完成A+轮融资，投资方为华强资本与晶凯资本。2024年6月11日，完成亿元级A++轮融资，由啟赋资本领投，南山战新投和敦鸿资产跟投，老股东微光创投持续追加投资。本轮融资将用于继续推动VE25 X1验证机试飞、试验，以及产品机AC101研发与制造，加速型号发展并开拓商用客运市场。2024年7月5日，完成1亿元A+++轮融资，由君联资本独家投资。本轮融资将继续助力推动VE25验证机的试飞、试验，产品机AC101的研发与制造，推动VE25-100型号适航取证，并尽快实现商业化。在融资方面，沃兰特采取"小步快跑"的融资策略，即在短时间内多轮融资。公司合伙人、高级副总裁黄小飞表示，融资的过程也是融智、融通的过程，多轮融资能够为低空经济行业释放信心窗口，也为沃兰特的可持续发展提供了有力保障。

（4）产产合作：产业生态构建

成立三年多来，沃兰特着力营造新通航生态，公司周边凝聚了航空公司、维修单位、基建单位、租赁公司等一批航空重要参与者，形成了覆盖整个航空产业链的生态。公司与南航通航、华夏飞滴科技、中航材航空救援、亚捷航空等知名企业签订战略合作及意向订单，涉及飞机700余架、意向订单金额150亿元，完整覆盖低空观光、培训、短途运输、货运、应急救援、城市出行等六大类eVTOL应用全场景，以多元化的市场布局提升整体竞争力。

对于供应链体系的构建，沃兰特首席执行官董明很重视自主可控，他认为，当前国内航空供应链体系仍在发展中，与国际先进产业链在成熟度和完备度上都存在一定差距，但这也是机会所在。沃兰特将以开放的供应体系，快速有效地推进eVTOL形成商业闭环，从而推进eVTOL产业和国内供应链体系的发展。未来，沃兰特将与山东朗进、华明航电、中航复材、珠海领航、海特高新等企业，以VE25 eVTOL项目合作为契机，深化产业链多领域合作，共同推动行业整体发展。同时，沃兰特也在积极探索民用市场和其他前沿科技领域。在人工智能层面，董明和其团队提出了"AI for aviation"的概念，并正在进行相关技术的研究和探索。

（5）产用互动：市场成功的保障

沃兰特对产品的定位是商用客运级eVTOL。为更好匹配低空经济市场，公司从产品整体定位、具体的功能定位，到如何匹配市场中各类客户的实际需求等，充分进行了市场调研，与行业中的顶尖公司合作，共同打磨和研发低空领域航空器。安全、皮实、好用，是沃兰特创始人董明为产品定义的关键词。安全是航空业永恒的主题，也是行业得到发展的基础，而皮实（少故障、少维护）、好用（场景适应广、用户体验好）则关系到产品的市场接受度。作为低空经济领域最具颠覆性创新机会的eVTOL，用电机取代传统的涡轮发动机，以碳纤维复合材料取代高温合金材料，以十倍的安全提升、效率提升，十倍级成本的降低，可以更好地满足人民生活需求，提高社会运行效率。沃兰特首款产品VE25采用复合翼构型，起飞重量达到2.5吨，可搭载1名驾驶员和5名乘客，兼顾效率和安全性，是目前世界范围内起飞重量最大、客舱空间最为宽的载人 eVTOL 之一。此外，沃兰特采用了创新的 SVO（Simplified Vehicle Operations，简化飞行操纵）理念，通过同一套飞行操纵输入实现飞行全状态控制，从而极大地降低了飞行员执行飞行任务的复杂性和难度。沃兰特持续投入研发资源，不断优化产品性能，使其在低空经济市场上保持着领先地位，为投资者提供了巨大的信心和潜力预期。其产品不仅安全、皮实、好用，而且经济。"5 分钟飞 20 千米，单座成本 60 元。"这是对未来低空客运的美好畅想，更是沃兰特前进的方向。沃兰特始终秉持着"以科技之力丈量天地"的核心理念，不断探索与突破，绘制着未来低空经济的新蓝图。

3. 万丰奥特

万丰奥特控股集团创立于 1994 年，是以大交通领域先进制造为核心的国际化企业集团，产业涉足汽车部件、航空工业、智能装备等领域，致力成为"全球汽车金属部件轻量化推动者"和"通用飞机创新制造企业的全球领跑者"。万丰以"改变人类出行方式"为愿景，通过跨国并购成为全球第一的通用活塞式固定翼飞机制造商，形成了以飞机整机及关键零部件研发制造为核心，集机场管理、通航运营、航校培训、低空保障、航空俱乐部等于一体的通航全产业链发展模式，并在国内建设万丰航空小镇和飞机研发制造基地，已成为全球首屈一指的国际化布局的通用飞机制造全产业链企业。

（1）产政合作：推动通航产业发展

一是争当国内低空经济政策的推动者。早在 2014 年决定进军通航产业之初，万丰集团董事长兼总裁陈滨就率队专门拜访了工业和信息化部、国家发展和改革委员会等国家有关部委以及中央空中交通管理委员会，咨询有关方针政策，汇报通航产业发展思路，建立了定期沟通汇报机制，得到了相关部门的支持和指导。2021 年 5 月，受国务院、中央军委委托，由国务院督查室、中央军委办公厅秘书局牵头的通航发展军地联合督查调研组到万丰航空小镇调研通航产业发展情况。督查组表示，像万丰这样优秀的通航龙头企业，国家将予以重点扶持，并将万丰提出的有关产业发展需求和建议纳入调研报告，成为定点联系企业，为及时解决万丰在通航发展中面临的困难与问题搭建起了高效沟通的平台。

二是致力于推动低空空域管理改革试点工作。2017年3月，浙江省发展和改革委员会牵头在万丰集团召开了浙江省首届军民融合低空空域管理改革研讨会，会议确定建立军方、民航局、浙江省三方工作联络协调机制。根据会议精神，万丰于2018年投资建设了低空服务保障系统，并建立了以机场为基础、空域为支点、航路为条件、低空飞行服务保障体系为依托的环省低空目视航线和低空目视飞行空域。2018年8月，万丰航空的低空飞行服务系统建成并通过了航空管制部门专家组的验收，正式投入运行，信息终端已接入相应军民航管制部门。2021年7月，民航空管局发文将万丰低空服务站作为全国首家低空飞行服务保障体系二、三级联网试点单位，明确了万丰飞行服务站作为试点单位受理浙江省内通航飞行计划的职责。作为一家民营企业，万丰以超前的发展意识和战略，努力为中国低空空域管理改革和通用航空产业发展探索新的发展模式。万丰低空服务站建设起到了良好的表率和示范作用，阶段性地引领了低空空域管理改革和低空飞行服务保障体系建设，为中国低空空域管理改革和飞行服务保障体系建设做出了重要贡献。

三是与地方政府深化合作，建立飞机制造基地，带动当地低空经济高质量发展。2018年，在当地政府的大力支持下，万丰建成了占地2 000多亩的航空小镇，飞机整机制造工厂、飞机交付中心、通用机场、航校、航空俱乐部、科技博物馆等设施一应俱全，助力绍兴成为全国通航产业综合示范区首批试点城市。2020年9月，万丰航空开始布局青岛，与青岛莱西政府合作，建设万丰莱西航空产业园，生产DA50飞机，助力青岛莱西成为新的通用产业制造高地。

四是适航取证能力在全球同业中处于领先地位。2022年10月，万丰钻石DA50飞机通过中国民航局技术验证，完成VTC（中国型号认可证）取证；2023年5月，第一架DA50飞机在青岛莱西正式下线并完成试飞；同年8月7日，万丰钻石DA50飞机获中国民航局华东地区管理局颁发的生产许可证。截至2024年9月，万丰钻石已获取中国民航局颁发的DA40NG、DA50RG飞机生产许可证以及DA62、DA42、DA40、DA20、DA50等多款飞机的VTC（见图2-2）。

图2-2　万丰钻石部分已获民航局认证的各类许可证

（2）产学研合作：打造核心竞争力

万丰坚持"科技创新是企业发展的永恒主题"，在行业内率先建立了首家国家级技术中心、院士工作站、博士后工作站，组织实施了国家"863"计划项目、国际合作专项、国家重点研发专项、国家工业强基、省重点研发专项等科研项目，拥有专利2 000余项，获得多项国际创新大奖，并成功创建轻型通用飞机浙江省工程研究中心，大力引进并培养国家和省级"百千万人才工程"及海外高层次专家人才，研发新产品、新技术、新工艺。目前，万丰正在国内打造飞行器研究院，将建设六大研发平台、六大实验室。

万丰钻石飞机拥有加拿大、奥地利、捷克三大钻石飞机设计研发中心和一个飞机制造省级工程研究中心，以及奥地利、加拿大、中国（两个）四大飞机制造基地，并取得了欧洲航空安全局和加拿大运输部民航局颁发的航空飞机设计生产组织认证证书，以及中国民航局颁发的飞机生产许可证；持有4个系列、8个基本型、18个机型和多款飞机发动机知识产权。近年来，万丰努力构建以航空器制造为核心的低空经济新业态，大力实施"技术至上"战略，推动产品持续更新，致力于引领低空产业前沿科技和产业变革，已在混合动力、电动飞机、特殊科目飞机、垂直起降等方面取得了众多成果。研发制造了DA40、DA50、DA62等多款高性能新机型，一经问世就荣获了多项国际大奖。

此外，在绿色民用航空的赛道上，万丰也走在了行业前列。2018年，万丰钻石与西门子合作推出了世界首架双发混合动力飞机（HEMEP）。2021年11月，万丰钻石和维也纳大学联合完成包括HVO（氢化植物油）在内的SAF（可再生航空燃料），并使用该燃料完成演示飞行。2022年，万丰钻石推出了计划按CS23取证的纯电动飞机。2023年7月，万丰奥地利钻石飞机公司研制的eDA40电动飞机在奥地利首飞，为绿色民用航空体系提供了强有力的保障。万丰正在加快eVTOL、无人机等新型航空器的研发进度，积极打造垂直起降、低碳低噪、智能化、网联化、可持续发展的绿色飞机和智能飞机，构建低空经济新制造、新模式、新业态。

（3）产融结合：助力企业快速壮大

万丰从起步到壮大离不开金融的加持。中国银行新昌支行为万丰定制融资授信的综合服务方案，提供企业自身发展及采购原材料等所需的资金，并提供开立海外账户及企业海外航空公司授信等方面的支持。交通银行绍兴分行十余年来共为万丰提供表内外贷款资金数亿元，大力支持万丰总部、上市公司及相关产业子公司等多元化发展需求。2018年，杭州银行的10亿元授信为万丰注入新活力。次年，证监会批准了万丰奥威的15亿元公司债券发行，进一步彰显了资本市场的信心。同年，中国农业银行浙江分行的30亿元意向性信用额度，预示着其对万丰集团未来发展的看好。

为打造通航业"航空母舰"，2016年5月，位于浙江新昌的万丰航空小镇正式开工建设；2017年7月，第一架拥有自主知识产权、以"万丰"命名的飞机在这个航空小镇下线；2018年9月25日，历经五年筹划、三年建设的新昌万丰航空小镇正式开园。如今，占地2 000多亩的万丰航空小镇被列入国家级空中游览基地、国家级通航产业综合示范区、国家级体育产业示范单位、中国航空运动协会航空飞行营地，集通航运营、观光旅游、航空运动、飞行体验及驾照培训于一身，构筑了一幅独特的航空蓝图（见图2-3）。

图 2-3 万丰航空小镇

在2021年初，万丰与青岛城投集团深化合作，携手引入了新机型，同步推进了股权结构的持续优化。1月，双方订立了《股权转让协议》，万丰出让了飞机工业35%的股权予青岛城投集团。6月，万丰再展宏图，接纳了中国航空发动机集团主导的产业投资基金，后者受让了万丰飞机工业10%的股权。本次交易凸显了央企专业产业投资基金对万丰钻石飞机技术实力和盈利模式的认可。自此，万丰飞机工业的股权结构演变为万丰奥威控持55%，青岛城投集团持35%，航发基金持10%。通过股权结构演变，三方共同构建了万丰集团的股权蓝图。地方国企与央企资本的注入，无疑为万丰的未来擘画了更广阔的愿景。

（4）产产合作：构建国产化通用飞机制造产业链

低空经济发展的重点是要打造业态，建立生态。目前，万丰正在实施1个总部、4个飞机制造基地、7个交付中心的战略布局，将参照现有的民航管理规则，计划在七大区域建立相应的飞机交付中心，并力求在国家的扶持下，开辟飞机制造基地与交付中心之间的低空航路，以畅通无阻的运输网络驱动行业发展（见图2-4）。

图2-4 万丰通用飞机制造产业链布局

为推动我国通航制造产业链全面发展，2016年，万丰在浙江牵头成立了浙江省通用航空产业协会（联盟）并担任会长单位；2022年，在万丰的推动下，工业和信息化部牵头成立了中国低空产业联盟，万丰荣誉出任首任主席单位。联盟以加快推动通航产业高质量发展为目标，以构建通用航空产业生态为方向，集合国内通航整机制造企业、零部件制造商、维修改装企业、用户单位和科研机构等产学研用相关单位，共同推动通用航空产业链、供应链现代化水平提升。

万丰正在有计划、有步骤地将各类先进机型和技术引入中国，并着眼于国内通航产业生态系统的构建，将以规模化整机制造为牵引，以中国低空产业联盟平台为支撑，与联盟企业共同建立完整的通用飞机零部件国产化产业链，并在工业和信息化部等部门的支持下创建国家级通用飞机和发动机研发创新平台。

（5）产用互动：开拓国内国外大市场

万丰已构建起以奥地利、加拿大和中国为主要制造基地，遍及五大洲的全球销售网络，在超过90个国家设有192个服务中心，拥有超过40个长期合作的销售代理商，能及时响应客户需求，铸就了一体化的国际市场布局。

万丰钻石飞机品牌在全球具有较高知名度和认同度，客户遍布欧洲、北美洲、亚太和中东等地区，国内外市场供不应求，创造了双发飞机市场占有率世界第一、活塞飞机市场占有率世界前三的成绩。未来，万丰计划进一步从海外引进专业人才，培育一批低空经济高技能产业人才队伍，升级低空飞行服务站，完善地面保障设施，扩建万丰机场跑道，打造数字化、智能化、网联化的低空保障服务网，不断丰富和扩大低空应用场景，在低空旅游、短途运输、航拍测绘、快递物流等领域加速布局，构建低空经济领域"产融互动、共生发展"的良好格局，让低空经济产业成为大交通领域面向未来新的战略支撑。

4. 雁翔和泰

雁翔和泰（深圳）科技有限公司，曾参与编制第一个热气球国家标准，是中国第一家取得热气球适航证的民营高科技企业。自成立以来，其专注于热气球的研发、生产和运营，以独特的创新理念和卓越的实践成果，成为中国"通航新兴消费业态产业经济"的璀璨明星。

（1）产学合作：创新驱动的源泉

产学合作是推动企业技术创新和人才培养的重要途径，雁翔和泰积极与国内外知名高校与科研机构建立紧密的合作关系，通过共建实验室、联合研发项目、人才培养和交流等多种形式，实现了在热气球领域的多项突破。

雁翔和泰联合中南大学、苏州大学等多所高校的20多位教授、博士，组成了一支强大的科研团队，集中对轻量化防水防油热气球球囊绸布复合材料、高性能第二代节气燃烧器、热气球飞行员培训模拟器等产品进行技术攻关。例如，在轻量化防水防油热气球球囊绸布复合材料的研发中，雁翔和泰与苏州大学携手合作，参考英国卡梅伦公司的热气球材料要求，成功推出了重量仅约40克/米^{2}的新型材料。相比常规材料，其重量降低了约1/3，且具有双面涂胶、柔软、色泽鲜艳、防水防油等诸多优点，各项指标均达到了热气球使用的高标准。这一领先世界的创新成果，不仅通过了苏州大学丝绸国家重点实验室和中南计量站的耐温试验、盐雾试验、太阳辐射试验、加速老化试验和霉菌试验检测，还获得了中国民航局中南地区管理局的批准，顺利通过了复合材料适航审定。

（2）产研结合：技术引领的基石

雁翔和泰组建了国内顶尖的热气球产品研发团队，成员均来自央企中航工业集团。他们怀揣"航空报国"的理想与初心，传承老一辈航空科技工作者的拼搏精神，潜心科研，取得多项科技创新成果。团队研发生产了首款热气球安全飞行智能监测系统。其能够通过计算机数据和视频，对热气球飞行过程中的所有数据及操作进行监控，包括国籍编号、机长身份、起飞重量、飞行时间、速度、航向、风速、气液泄漏检测等，并设定了数据的安全范围，一旦超出安全范围立即报警，提醒飞行员进行调整操作，必要时可智能干预，代替飞行员操作，脱离危险范围，大大提高了飞行安全系数。

此外，雁翔和泰拥有中国最为出色的热气球适航取证团队。通过这个团队的不懈努力，雁翔和泰在热气球适航取证方面取得了显著成就，成为中国通航企业中热气球型号适航取证最多、门类最齐全、科技含量最高的民营高科技企业。其完成了第一代五个型号热气球适航取证、第二代五个型号高性能热气球适航取证以及异形热气球适航取证，为中国热气球产业的合法合规发展树立了标杆；团队还精心编制了中国首个热气球国家标准，实现了中国热气球生产的标准化，填补了行业空白。

（3）产旅融合：拓展市场的蓝海

雁翔和泰以热气球制造业为切入点，积极打造"通航制造业＋通航旅游产业"的创新发展平台。公司利用热气球的独特魅力，为旅游观光、空中摄影、高空作业等领域提供了全新的解决方案。在湖北襄阳长寿岛国家湿地公园、湖北恩施腾龙洞景区、重庆永川乐和乐都景区、广东清远英西峰林风景区、广西柳州克里湾欢乐世界、广西靖西鹅泉风景区、云南普者黑景区等，雁翔和泰的热气球项目成为吸引游客的亮点之一。游客乘坐热气球升空，俯瞰壮丽景色，体验飞翔的乐趣，极大地提升了旅游体验的丰富性和多样性；在湖北襄阳，雁翔和泰让南瓜、玉米、西瓜形状的热气球成功升空（见图2-5），这些独具创意的异形热气球不仅外观引人注目，更承载着助力乡村振兴旅游的重要使命。雁翔和泰紧紧抓住实施乡村振兴的战略机遇，与各地政府及行业协会签订了在全国打造100个乡村热气球观光基地的合作协议。

图 2-5　湖北襄阳的南瓜、玉米、西瓜热气球

在旅游应用场景发展的过程中，雁翔和泰逐步形成"政府引领、企业协同、民众参与"的航旅一体化发展模式，能够有效发挥对优质航空旅游资源的聚合效应，从而带动全国航空旅游产业融合发展。

（4）国际交流：拓宽视野的桥梁

雁翔和泰积极寻求与国际同行的交流和合作机会，共同推动热气球产业的国际化发展。其与国际知名企业开展跨国合作，共同开发新产品、新技术和新市场。例如，公司与土耳其航空航天大学等国外机构建立了紧密的合作关系，双方共同举办了热气球产业峰会论坛等活动，就热气球产业的未来发展进行了深入探讨和交流。这不仅促进了双方在技术和市场上的互补优势发挥，还为中国热气球产业走向世界提供了有力支持。

为了推动中国热气球产业的蓬勃发展，雁翔和泰积极组建中国首个热气球产业发展"智库"——深圳无人机行业协会热气球专业技术委员会。通过借鉴大疆创新在无人机行业空域申报系统、飞手培训体系、竞赛、投融资等方面的成熟模式，雁翔和泰为热气球产业的发展注入了新的活力和思路。依托这一强大的"智库"和行业协会的支持，雁翔和泰积极推进产业人才引智和国际合作。在充分消化吸收国际先进制造业和运营经验的基础上，雁翔和泰凭借自身的创新能力和对市场的精准把握，实现了弯道超车，成功参与国际市场的激烈竞争。雁翔和泰的目标不仅仅是走向世界，更是引领世界，为中国热气球产业树立新的标杆。

"建一流团队，创一流业绩。"雁翔和泰秉持永远以科技创新引领产业发展的理念，帮助人们以全新的高度、角度和视野去发现和分享世界的美，不断推动中国热气球产业的高质量发展，为实现人们的飞天梦想贡献更多力量。

优化既有模式　赋能产业加速发展

一、经验总结

作为政策制定者和监管者，政府在经济业态发展中起着引导和规范的作用。因此，政府应当通过制度设计和合作机制，通过制定法律法规、产业政策、财政政策和金融政策等手段，挖掘企业和市场在组织经济活动中的优势，引导企业参与合作，为产业发展提供政策支持和保障，降低交易成本，提高效率。一方面，低空经济作为经济增长的新引擎，在新兴产业发展中居于核心地位。另一方面，由于低空经济以物理与信息基建及知识作为发展基础，具有一定公共与通用属性。因此，中国的低空经济发展模式主要体现在政府主导下的政策制定和产业布局。

产业以企业为主体。在低空经济的发展过程中，以企业为核心推动力成为部分省市，尤其是经济发达地区的主要特征。企业充分发挥在市场中的主导作用及其市场敏感性和创新能力，通过与政府、高校、科研机构、金融机构、中介机构及最终用户紧密合作，形成了一个高度协同的生态系统，推动了低空经济的快速发展和可持续进步，对低空经济的创新发展产生了深远影响。

中国多个省份和头部企业已经在低空经济，特别是无人机和其他航空相关技术的发展上展示了各有特色的多主体协同发展模式，为低空经济的腾飞提供了参考案例。

深圳在低空经济的发展中，突出强调了政策引导、基础设施建设与产业链整合。深圳市政府在低空经济发展中扮演着关键的引导角色，通过政策制定、法规出台和基础设施建设，为企业提供了良好的发展环境。深圳通过建设无人机专用飞行走廊、地面控制站和低空空域管理系统，为低空经济企业提供了必要的硬件支持。这种基础设施的建设，有效解决了企业在无人机运输和低空物流等领域面临的技术和运营障碍，从而加速了相关产业的落地和规模化发展。深圳的企业，如大疆，在低空经济的发展中扮演了主导角色。通过技术创新和市场扩展，大疆不仅在全球市场中占据了主导地位，还通过技术溢出效应推动了本地配套产业的发展。企业在市场中发挥主导作用，同时与政府和其他主体形成密切合作，确保了技术的快速应用和市场的扩展。大疆作为无人机产业领域的先行者，通过与高校、科研机构、金融机构、政府及用户的合作，建立了从技术研发、市场推广到政策支持的全方位合作体系。这种合作模式不仅帮助大疆巩固了其在全球无人机行业的领导地位，还为低空经济的发展提供了有力支撑，成为全国乃至全球低空产业的标兵典范。

上海在低空经济发展中采用了多主体协同的创新模式，强调企业在技术创新、产业链整合和产学研合作中的核心作用。上海的低空经济发展依赖于行业龙头企业的带动作用，充分体现了企业在技术创新、产业链整合和市场拓展中的核心作用。上海通过建设专门的产业园区，如浦东新区的长三角低空经济虹桥产业园，促进了企业、高校、科研机构和金融机构之间的协同创新。产业园区作为资源整合的平台，不仅为企业提供了研发和生产的基础设施，还通过政策引导和融资支持，推动了产学研合作和技术转化。通过企业与产业园区的密切合作，以及在产业联盟和协同管理机制中的积极参与，上海成功构建了一个多主体协同的低空经济生态系统。

二、模式优化

通过借鉴深圳、上海等地区和大疆创新、雁翔和泰等公司的成功经验，低空经济的创新发展模式应以多主体协同创新为核心，强调企业在技术创新和市场拓展中的主导作用，同时通过政府引导、科研支撑、金融支持和标准化建设，形成一个高效协同的生态系统。这一模式不仅能够推动低空经济的快速发展，还将确保其可持续进步，为全球低空经济的发展提供宝贵的经验和范例。在未来，随着技术的不断进步和市场的不断扩展，这一模式将继续引领低空经济的创新发展，推动这一新兴产业走向更大的国际舞台。

1. 功能多元化与协调化

在功能多元化与协调化的框架下，主体应通过紧密协作，形成技术创新与产业升级的强大合力。政府作为政策制定者，不仅为低空经济提供了法律保障和政策支持，还通过财政补贴、税收优惠等手段激励企业加大研发投入。产业界则积极响应，利用产学研用的深度融合，加速新技术、新工艺和新材料的转化应用，提升产品竞争力。高校与科研机构则通过基础研究与应用研究的结合，为产业界输送前沿科技成果，加速产业升级进程。这种功能的多元化与协调化，使得技术创新与产业升级形成了良性循环，为低空经济的持续健康发展注入了不竭动力。

有效的政策引导和要素保障是试点地区低空经济产业蓬勃发展的关键所在。如湖南省、深圳市等制定的有关低空经济产业发展的实施方案或具体措施，有助于明确低空经济产业发展的目标、重点任务和保障措施，为产业提供清晰的战略指引，有利于企业和投资者制订长期发展计划；不断完善低空飞行管理制度，明确飞行计划申请、飞行作业、航空器适航等方面的要求，确保低空飞行活动有序进行；出台相关政策，鼓励和支持低空经济产业的技术创新和标准制定，提升低空经济产业的核心竞争力，推动产业朝高端化、智能化方向发展；强化低空飞行服务保障；加强起降点、直升机停机坪等基础设施建设，提高低空飞行的便捷度；完善低空通信和导航系统，利用雷达、卫星定位等先进技术手段，确保飞行安全、高效。

2.加强创新生态圈资源融合

低空经济产业发展离不开科技创新支持。应加大低空经济领域产品研发和应用场景的拓展力度，鼓励低空经济企业开发新产品、新服务，不断满足市场需求，推动低空经济产业与各个领域融合发展，提高产业的市场竞争力；不断促进产业协同和集聚发展，试点省份在低空经济产业链上下游企业之间加强协同合作，形成产业联盟或产业集聚区，有利于实现资源共享、优势互补，共同推动产业链的优化和发展。

主体间的互动应当着重加强创新生态圈的资源融合，为市场应用与需求的拓展提供有力支持。政府通过政策引导和市场需求培育，为低空经济营造了良好的市场环境。产业界则依托技术创新和产品升级，不断满足市场需求并开拓新的应用领域。社会团体通过提升公众认知和参与程度，为低空经济构建了广泛的市场基础和用户群体。这种资源的深度融合，不仅提高了创新资源的利用效率，还促进了市场应用的快速扩展和需求的持续增长，为低空经济的快速发展提供了强大动力。

3.优化创新生态圈组织架构

为进一步提升低空经济的产业竞争力和国际影响力，主体应不断优化创新生态圈的组织架构。通过建立高效的沟通机制、协调机制和合作机制，确保各主体之间的信息畅通、决策协调和执行高效。同时，通过构建开放包容的创新生态体系，鼓励跨界合作和协同创新，打破传统壁垒限制，促进创新要素的自由流动和高效配置。这种组织架构的优化，不仅提升了低空经济产业的内部效率，还增强了其与国际先进水平的交流与合作能力，为我国低空经济在国际舞台上占据有利地位奠定了坚实基础。

各方协同　进一步激发市场潜力

作为新兴产业和发展新质生产力的关键，低空经济蕴藏着重构传统空间资源利用方式与深度拓展市场的潜能，拥有巨大的发展价值与深远的战略意义。低空经济的创新式发展，需要积极探索政产学研用金融合发展的新机制、新模式，形成以政府为主导、企业为主体、用户为导向、高校与科研机构为知识辅助、中介机构与金融机构为平台桥梁的多主体、多层次新兴产业。

一、政府：引导与支持

政策引领，助力低空产业在新赛道上取得制胜先机。在深入分析低空经济产业发展现状的基础上，对产业发展进行全局性的布局和规划，明确发展方向、目标和预期效果，引导产业合理、有序地发展。

制定一系列支持政策和激励机制，包括财政支持、税收优惠、融资便利等，有助于吸引更多企业在低空经济领域投资创业。建设与产业发展需求相匹配的基础设施，如起降场地、通用机场、通信导航设施等，为低空飞行器提供安全、高效的运行环境，推动低空经济产业快速发展。发挥信息技术优势，建设低空智能信息管理平台。

1. 政府与高校院所的互动——学科建设与技术攻关

根据人力资本理论，教育投资是提高劳动生产率和促进经济增长的重要途径。政府应通过教育政策和资金支持，推动高校的学科建设和人才培养。通过制定教育政策，鼓励高校设置与低空经济相关的专业，如航空工程、智能制造和数据科学，或是支持推动跨学科的融合教育，通过结合航空工程与数据科学等专业方向，培育适应未来需求的复合型人才。通过奖学金、研究项目、人才培育计划的创立，培养具有创新能力和实践经验的学生，为低空经济输送高素质人才。政府还应推动高校与企业合作的"产学研"模式，通过建立联合实验室或技术创新中心，促进科研成果的转化。

以北京航空航天大学为例，作为成果唯一完成单位，学校近年来顺应空天领域科技发展新趋势，精心筹划并优化了学科布局与专业结构。在动力工程及工程热物理这一顶级学科框架下，北京航空航天大学聚焦于航空电推进与智能控制的前沿方向，在动力工程及工程热物理一级学科下，凝练航空电推进与智能控制学科方向，在能源与动力工程学院新设电推进系，并牵头增设空天智能电推进技术本科专业，填补该领域高等教育的空白。电推进系秉持教育、科技、人才深度融合的发展理念，构建了学科、平台与团队三位一体的建设模式，同时，积极推动教学、科研与思政工作的全面协同，强化力学、电学、控制理论与人工智能等多学科交叉融合，形成了一套由学术导师领航，涵盖科研课堂、暑期科研实践、课程设计与毕业设计在内的全链条、一体化科研训练体系。2024年以来北京航空航天大学已连续在《自然》《自然·通讯》等国际顶级综合性期刊发表高水平论文3篇，自主研发推进/冷却融合设计的氢能全电航空发动机北航氢动一号并成功首飞，助力学校以低空经济为切入点大力发展新质生产力，推动新型工业化建设蓬勃发展，争做空天信领域的排头兵。

2024年7月17日，北京航空航天大学能源与动力工程学院漆明净、闫晓军课题组研发出太阳能动力微型无人机的相关成果，以研究论文（Article）的形式在线发表于《自然》杂志，并同时获《自然》和《科学》杂志官网首页推荐。

根据创新链条理论，科研机构作为创新链条中的关键环节，负责将基础研究转化为具体的技术应用。政府可以通过设立专项科研基金和进行相关项目招标，资助科研机构在低空经济领域的技术攻关，并推动技术标准的制定和推广。同时，政府应引导产学研合作，促进科研机构与企业的合作，并且为科研机构提供技术成果转化的支持，包括知识产权保护、市场准入政策以及成果推广平台的建设，从而促进科研成果的产业化。

2. 政府与产业界的互动——产业扶持与市场规范

根据技术创新系统理论，政府应构建和维护技术创新系统，促进产业界的技术创新和市场应用。政府应出台产业扶持政策，如税收减免、创新券发放等，鼓励企业加大在低空经济领域的投资。政府还需建立严格的市场准入和退出机制，确保市场的公平竞争和健康发展，防止技术垄断和市场操控。政府通过制定政策、法规和标准，涵盖空域管理、市场准入、技术标准化等方面，为低空经济的产业发展提供宏观指导。特别是在科技创新方面，政府还可以通过财政补贴、税收优惠等政策激励措施，支持关键技术的研发和市场化应用，鼓励产业界进行技术创新和市场开拓，并推动跨行业的技术融合和协同创新，形成完整的产业链和技术生态系统。

3. 政府与金融机构的互动——金融创新与风险规避

金融机构在低空经济中的角色至关重要，根据金融发展理论，政府应通过金融政策和市场引导，推动金融机构对低空经济的支持。政府可以设立低空经济发展基金或引导基金，鼓励金融机构投资低空经济项目，尤其是早期和高风险的技术创新企业。政府还应推动金融创新，通过政策引导金融机构开发适合低空经济发展的金融产品，如风险投资、绿色债券、创新型企业融资方案，支持企业的技术研发和市场扩展。

此外，政府应建立风险保障机制，通过政府担保基金或保险计划，降低金融机构对低空经济项目投资的风险，促进金融机构对低空经济企业的投资和支持，降低产业融资成本。

4. 政府与中介机构的互动——信息流通与技术推广

在低空经济中，中介机构可以充当政府、企业和科研机构之间的桥梁，推动技术推广、市场研究和政策落实，因此，政府可以通过中介机构加大政策执行的力度。政府应当支持中介机构的建设，通过授权和资助中介机构，提升其在信息传播、资源整合、技术评估等方面的能力，加强整个产业链的沟通与合作，确保低空经济生态系统的有效运作。例如，通过设立行业协会和技术服务平台，促进政府政策、科研成果、市场需求等信息在各主体之间的高效传递。同时，中介机构还可以作为政府与市场之间的桥梁，推动产业标准化和国际合作。

5. 政府与最终用户的互动——公众参与与需求导向

政府应重视最终用户在低空经济发展中的作用，并根据需求导向创新理论，推动用户需求引导技术创新。政府可以通过用户调研、公众咨询、意见征集和试点项目，让低空经济的发展规划和政策制定具备需求导向的特质。政府还应推动企业和科研机构关注用户反馈，根据用户对低空经济产品和服务的需求调整产品设计和服务内容，从而提升用户体验和市场接受度，将这些需求转化为技术开发和市场推广的驱动力。此外，政府还应关注最终用户的安全与隐私，通过立法和政策调控，保障最终用户的权益。

二、产学研深度融合

高速高质量发展低空经济，必须强化产学研合作，建立科技成果转化平台，促进企业与科研机构的有效对接，加快技术更新换代，推动低空科技成果的产业化进程。应当聚焦关键环节，构建产业链的核心竞争力。遵循"强化优势、弥补劣势"的原则，制订地方低空经济产业高质量发展方案，实施产业链图谱招商策略。为促进低空经济产业链的发展，提供税收减免、财政资助等政策扶持，引导企业在关键领域进行合理配置。基于地方低空经济的上下游产业链，培育一批具有领导地位的低空经济链核心企业，增强无人机、直升机等低空经济产业的核心材料和零部件供应商的实力。加强人才支持体系建设，借助地方高等院校资源，增设低空经济领域的技术和管理专业，为低空经济产业的发展提供关键技术与高级人才，全面提升产业链的创新力。

1. 科技创新与研发

为进一步促进高校、科研机构与企业之间的深入合作，构建产学研协同创新机制显得尤为关键。此类机制有助于优化资源配置，实现各方优势互补，进而加快科技创新和成果转化的步伐。应鼓励对低空经济关键技术的研究与突破，包括 eVTOL、无人机技术、低空通信导航技术等，以增强低空经济的核心竞争力。这些技术的进步不仅能推动相关产业的升级，还能为社会带来更多的便利和经济效益。

企业应专注于核心技术的研发，特别是在无人机技术、低空物流、空中监测等领域进行深入研究。通过与高校与科研机构的合作，企业能够加速技术的转化，开发出满足市场需求的产品和服务。这种合作模式不仅能够提升企业的研发实力，还能为高校与科研机构提供实践平台，促进学术成果的转化和应用。

同时，企业应重视市场需求分析，积极开拓新兴市场，如城市空中交通、智慧农业等。这些新兴市场拥有巨大的发展潜力和广阔的应用前景，能够为企业带来新的增长机遇。通过深入研究市场需求，企业可以更好地掌握市场动态，制定科学的发展战略，从而在激烈的市场竞争中占据有利位置。

2. 创新平台与生态

建立低空经济创新支持平台，包括创新基金、创业孵化器、技术转移中心等，为低空经济的创新提供全方位的支持。通过提供技术支持、知识产权保护、市场开拓等服务，加速科技成果的转化与应用。

加强低空经济与相关产业的融合发展，如与物流、旅游、农业等领域的深度融合。通过拓展低空经济的应用场景和市场空间，促进相关产业的共同发展。例如，无人机物流可以应用于城市"最后一公里"配送、偏远地区配送以及特殊物品运输等场景；无人机植保则可以提高农业生产的效率和质量。加强低空经济产业链上下游企业的培育和引进，形成完整的产业体系与产业生态。鼓励企业加大研发投入，推动技术创新和产品升级，提高低空经济的核心竞争力。同时，推动产业链上下游企业之间的合作与交流，实现资源共享和优势互补。

3. 人才培养与引进

加大对低空经济领域人才的培养和引进力度。通过设立专门的低空经济人才培训计划、提供奖学金和资助等方式，吸引更多优秀人才加入低空经济领域。同时，加强与高校和科研机构的合作，培养具备跨学科知识和创新能力的复合型人才。高校应调整教育体系，培养适应低空经济需求的跨学科复合型人才。这包括航空工程、智能制造、数据科学等领域的专业人才，为产业界提供持续的人才支持。

4. 知识共享与科技成果转化

高校与科研机构应专注于低空经济相关的基础研究和前沿技术探索，如空中交通控制算法、低空网络通信技术、人工智能在低空经济中的应用等。通过产学研结合，高校与科研机构可以推动理论研究成果的产业化应用。

加强低空经济领域的国际合作与交流，共同推动低空经济的全球发展。通过开展合作项目、交流经验和技术，提升我国低空经济在国际市场的竞争力。同时，鼓励企业"走出去"，拓展海外市场，寻求更多合作机会。

5. 成功案例剖析

在军民融合的背景下，多主体共同发展低空经济的意义更加突出。2023年起，南开大学人工智能飞控科研型技术团队便开始筹备与襄阳职业技术学院、湖北文理学院智慧交通研究院应用技术科研团队合作开展伞翼无人机项目。2024年，三方共同向中国民航局申请全球首款HTSY-1型和HTSY-2型伞翼无人机适航取证。

适航取证是无人机进入合法市场的关键环节，对产品的安全性、可靠性提出了极高要求。HTSY-1型和HTSY-2型伞翼无人机的独特设计和性能为其适航取证带来了技术挑战，特别是在飞行稳定性、应急处置和长期运行安全性等方面。为克服技术难题，合作汇聚了来自学术界、科研机构和技术团队的优势资源，各方团队分工协作，发挥了各自的专长与技术储备，形成了多维度的合作网络。

南开大学的科研团队在人工智能及飞控技术方面具有深厚的研究基础与前沿技术积累。该团队为伞翼无人机的智能化飞行控制系统提供了技术支撑，重点解决了无人机飞行中的自动导航、实时监测和智能避障等关键问题。凭借在人工智能和控制算法方面的优势，南开大学为伞翼无人机的核心技术开发奠定了坚实的基础。

湖北文理学院智慧交通研究院专注于交通领域的应用技术研究，其团队在无人机在智慧交通领域的应用方面有着丰富的经验。该团队的应用研究为伞翼无人机在侦察、监测、物流运输等实际场景中的应用提供了切实可行的解决方案。他们的研究重点是如何将伞翼无人机与智慧交通系统有效结合，以提升交通管理、物流配送等领域的效率。

襄阳职业技术学院则侧重于实践操作能力的培养，其团队在无人机生产制造与操作实践中积累了丰富的技术经验。该团队通过实操技术为伞翼无人机的制造工艺、装配流程及操作规范提供支持，确保无人机从设计到量产的全过程符合行业标准与军工要求，推动伞翼无人机的规模化生产与市场推广。

除了民用市场的适航取证，合作团队还致力于将伞翼无人机推向智能航空军工装备市场。军工市场对产品的要求极为严格，不仅需要满足国家军用标准，还要具备高可靠性和高耐久性。合作团队制定了严格的研发、生产和测试流程，以确保伞翼无人机在军工领域的应用能够满足国防需求。南开大学的科研团队通过引入军工领域的技术标准，优化无人机的飞控系统，使其在侦察、监测、军事运输等任务中具备更强的适应性和稳定性。湖北文理学院的智慧交通研究院则提供了伞翼无人机在军用物流领域的应用方案，提升了其在复杂地形和恶劣气候条件下的作业能力。

深圳无人机行业协会也在此次合作中发挥了重要作用。杨金才院士作为行业协会的代表，通过多年的产业经验和资源整合能力，与南开大学人工智能学院的孙青林教授共同完成了资源的调度协商与合作的发展推动。他们还在政策对接和行业标准制定中起到了重要作用，为伞翼无人机的适航取证工作提供了政策咨询与指导。

杨金才院士在总结此次合作时表示："这次合作是产学研用深度融合的一次重要实践，旨在充分发挥各团队的专长，推动我国无人机技术的发展，为军民两用市场提供高性能、高可靠性的产品。"通过结合军民两用技术的优势，此次合作不仅推动了低空经济和军民融合战略的持续繁荣，还为我国无人机产业发展与智能航空装备领域树立了新的标杆。在未来的低空经济发展中，这种多方合作模式将为无人机产业及相关技术领域的创新提供更多可能。

三、平台机构辅助

1. 中介机构

中介机构在低空经济领域扮演着至关重要的角色，其核心职能在于信息的整合与传播。它们为各类主体，包括企业、高等院校、科研机构以及金融机构等，提供关键的行业信息和市场动向。鉴于低空经济作为一个新兴且充满活力的产业，市场波动性较大，中介机构通过定期发布市场分析报告和对技术前景预测，助力各方主体把握行业的最新发展脉络。

此外，中介机构在促进产学研合作和技术转移方面发挥着不可或缺的作用，它们加速了创新成果的市场化进程。技术创新是低空经济发展的核心驱动力，中介机构通过技术转移中心和知识产权服务，向企业提供技术引进、知识产权管理以及专利运营等关键服务。这一过程不仅确保了对创新成果的保护，还推动了技术的普及和应用。

中介机构还能够整合科研设备、技术平台和产业资源信息，并通过举办研讨会、展示会等活动，协助相关企业与科研机构实现资源对接，从而促进产业链的协同效应。它们还搭建产学研合作平台，组织企业与高校、科研机构之间的交流活动，推动联合研究与开发。例如，通过行业协会或技术转移中心的协调，定期举办低空经济技术论坛，邀请企业和高校展示其最新技术成果，进而推动科研成果向产业界的转化和应用。

2. 金融机构

鉴于低空经济领域独特的运营环境与技术创新，该领域通常伴随着较高的不确定性与技术风险。因此，金融机构在涉足低空经济领域时，必须构建并完善一套全面的风险管理体系。该体系应包括对投融资风险的评估、财务审计的严格监督以及信用评级的精确评定等多个维度。通过这些措施，金融机构能够更有效地识别与管理潜在风险，确保资金的安全与投资的稳健。

同时，考虑到低空经济的特殊性，金融机构还应开发一系列专门针对该领域的保险产品。例如，无人机责任保险与低空物流保险等，这些产品能够为企业在运营过程中可能遭遇的各种风险提供保障，从而降低企业的运营风险与潜在损失。借助这些保险产品的支持，企业能够更加自信地投身低空经济的开发与运营。

为了进一步促进低空经济的发展，建议地方政府与金融机构共同设立专门的低空经济产业基金。这些产业基金将为低空经济项目提供必要的资金支持，助力这些项目顺利孵化并实现产业化发展。通过产业基金的投资引导作用，可以有效推动低空经济的创新与成长，加速相关技术的商业化进程。

此外，吸引社会资本参与低空经济的投资亦至关重要。通过建立多元化的投融资体系，可以汇集更多资源与资金，为低空经济的发展提供强有力的支持。这不仅有助于分散风险，还能激发市场活力，推动整个行业的繁荣发展。

金融机构还应针对低空经济的特点与需求，开发并提供一系列适应其发展需求的金融产品与服务。例如，可以设立风险投资基金与产业发展基金，为低空经济领域的创新项目提供资金支持。同时，绿色金融产品亦可为环保型低空经济项目提供资金保障。此外，金融机构还可以为低空经济企业提供贷款、担保、保险等金融服务，帮助企业降低融资成本，减轻财务压力，从而更好地进行技术创新与市场拓展。

最后，推动金融科技在低空经济领域的应用亦是不可忽视的一环。通过运用大数据分析与人工智能等先进技术手段，金融机构可以提高投资决策的精准度，降低投资风险。金融科技的应用不仅能够提高金融服务的效率与质量，还能为低空经济的发展提供更加科学与精准的支持。通过这些综合措施，低空经济有望在风险可控的前提下实现健康、可持续的发展。

四、需求导向与应用拓展

产业界应探索多元化的商业模式，如平台经济、共享经济等，通过构建开放的创新平台，整合多方资源，提供综合性的低空经济解决方案。企业还应积极参与全球市场竞争，通过技术出口和跨国合作，提升国际竞争力。

1. 拓展市场需求

进一步发展低空经济，同时在供需两端发力，持续拓宽市场边界。在供给端，不断延伸产业链，实现低空经济在多个领域的同步发展，丰富特色服务产品供给。借助地方丰富的旅游资源，开发观光飞行等业务，推出一系列具有地方特色的低空经济服务项目。加强通用机场、飞行服务站、导航设施等低空飞行基础设施的服务和保障能力，提升低空飞行的安全性和可靠性。优化营商环境和政策支持，政府简政放权，通过放宽低空空域限制、提供财政支持、简化审批程序等，营造良好的产业发展氛围。

在需求端，通过政策引导和市场培育，拓展低空经济的应用领域和市场需求。例如，在城市空中交通、环境监测、医疗救援等领域，推广低空经济的应用，提高社会公共服务水平。同时，鼓励企业和个人使用低空经济产品和服务，企业和中介机构应通过宣传和教育活动，提升用户对低空经济相关产品和服务的认知度与接受度，激发市场需求潜力，助力市场的快速培育和规模化发展。在城市空中交通方面，无人机技术的应用预示着城市交通的未来，能够缓解地面交通压力，提高城市运行效率。麦肯锡公司预测，到2030年，城市空中交通市场价值将达到1.5万亿美元。无人机技术的这些应用不仅推动了低空经济的发展，也对相关法规政策提出了新的要求，促使政府和监管机构制定更加完善的管理框架。此外，可以通过社交媒体营销、短视频平台等数字媒体宣传和推广低空经济的优势和应用场景，吸引更多消费者参与，扩大市场需求。

2. 降低市场风险

建立健全低空飞行活动的安全保障和监管体系，确保飞行活动的安全有序进行。加强空域管理和信息化建设，提高空域资源利用效率。同时，加强与国际组织的合作和交流，共同推动低空经济的全球安全发展。

发挥中介机构的桥梁作用，促进政府、企业、高校、科研机构、金融机构和最终用户之间的信息交流与资源整合。通过举办行业论坛、展览会和技术研讨会等活动，中介机构可以推动各方主体互动合作，形成创新合力。此外，中介机构应提供专业服务，如市场调研、技术咨询、法律顾问等，帮助企业应对低空经济中的技术和市场挑战。中介机构还应推动行业标准的制定与推广，提升整个行业的规范化水平。

3. 加强市场引导

近年来，随着电商行业的快速发展和消费者对物流速度要求的提高，无人机物流服务逐渐成为低空经济领域的一个亮点。美团、饿了么等知名外卖平台联合无人机制造商推出了无人机配送服务，实现了对偏远地区的快速配送。据统计，自推出以来，该服务已累计完成数万次配送任务，大大缩短了物流时间，提升了用户体验。最终用户对于这一创新服务的积极反馈，进一步推动了无人机物流服务的广泛应用与发展。

最终用户在低空经济的发展中扮演着需求导向者的角色。通过需求调研和用户参与设计，企业可以精准定位市场需求，开发出符合用户需求的产品和服务。用户的反馈可以帮助企业不断优化产品，提升市场竞争力，形成用户驱动的市场模式。

第三章

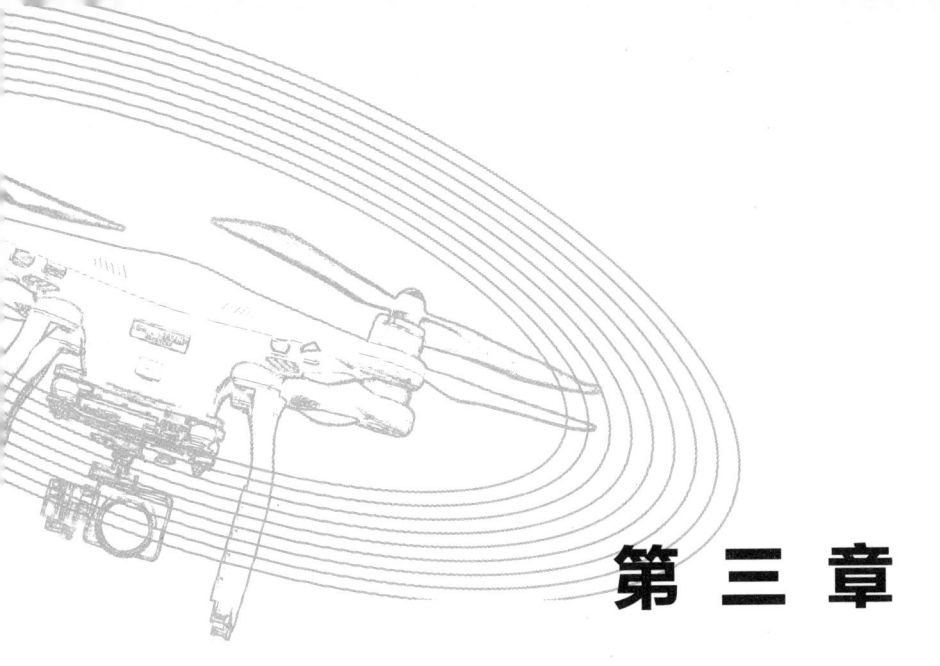

蓬勃兴起的中国低空经济

加速改革布局　行业前景未来可期

一、空域改革深入推进，试点经验助力发展

低空空域改革是为满足低空飞行需要，国家在低空空域管理方面采取了一系列完善管理法规、加强监控手段和评估监督体系建设的措施。国家空管委于 2023 年 12 月 21 日组织制定了《国家空域基础分类方法》，为通用航空划定了合法的低空空域——G 空域和 W 空域。这一举措标志着我国空域管理进入了一个新的阶段，为低空产业的发展提供了更加明确的指导方向。

随着改革政策的逐步推进、落地实施，各地的低空空域也在陆续全面放开，我国低空空域改革取得了显著成效。2024 年，江西省放开的低空空域面积较 2023 年增长 61.5%，基本覆盖了全省主要城市、景区及相关重点区域；四川省形成了环成都和贯通川南、川北的低空飞行网络，协同管理空域由 6 600 平方千米拓展到 7 800 平方千米，同时新增空域还包括成都彭州、绵阳北川两个无人机专用试飞空域；湖南省空域已实现全域无缝衔接，总规划面积达到 24.1 万平方千米；海南省建成了覆盖省级区域的低空空域空管服务保障示范区和军民航双认证的通航飞行服务站。随着城市空中交通试点的逐步确立，低空空域要素的供给将进一步扩大，带动低空经济实现大规模发展。这些举措将进一步推动低空经济的发展，为相关产业提供更多的发展机遇。

二、新质生产力理论指明方向，理论研究成果丰硕

新质生产力理论为低空经济产业的发展提供了坚实的理论支撑和明确的发展方向。新质生产力强调以创新为第一动力，以战略性新兴产业和未来产业为主要载体，以新供给与新需求高水平动态平衡为落脚点，具有高科技、高效能、高质量的特征，是推动高质量发展的内在要求和重要着力点。这一理论不仅是中国式现代化的必然选择，也是应对全球科技革命和产业变革的重要战略。

低空经济作为新质生产力的典型代表，近年来在学术界、经济界、航空界等引起了广泛关注和讨论。国家低空经济融合创新研究中心主任敖万忠的《发挥三大驱动力，打造低空经济新增长引擎》一文，全面阐述了低空经济新质生产力的内涵与特征，为行业发展提供了理论支撑。

三、地方政府加速布局，因地制宜成为共识

当前，低空经济已成为国家聚力发展的产业新赛道，我国各地高度重视低空经济发展并将其视为提升城市竞争力的"新赛道"，企业、资本、政府等多方力量不断加码。

自低空经济被写入政府工作报告以来，深圳、上海、广州、北京、成都、武汉、苏州、无锡等20多个地方的政府围绕低空经济发布相关行动方案和征求意见稿，积极布局和谋划低空经济发展，强调壮大低空经济产业链，加强低空基础设施建设，奋力推进低空经济"振翅高飞"。多个省市的行动方案着重强调要培育、丰富和拓展低空经济应用场景，包括开发低空快递物流、旅游观光、应急救援、城市管理、航空运动等。北京、安徽、苏州等地鼓励发展城市空中交通新业态。重庆、安徽、共青城、苏州、广州、武汉、贵州等地陆续推出低空经济产业基金，激励产业发展，其中，最大的低空经济产业基金

总规模达 200 亿元。各地纷纷出台包括财政支持、税收优惠、土地供应等在内的具体政策措施，为发展低空经济产业提供全方位支持。此间，我国通用航空机场数量和民用无人机市场规模增长超过 10 倍，eVTOL 行业涌现并迅速发展。大疆创新、航发动力、中直股份等公司凭借国家政策支持和技术优势日益壮大，占据了主要市场份额。

深圳是我国低空经济发展的先锋城市。深圳低空经济产业链条完备，拥有成熟的无人机产业链条，聚集了大疆创新、丰翼科技等一批低空经济领域的头部企业。深圳形成了长链条、广辐射的低空产业生态圈，产业链涵盖从上游的原材料与核心零部件生产，到中游的装备制造、配套服务，再到下游的各种应用场景，已覆盖空中通勤、物流配送、城市治理、应急救援等多个领域。2023 年，深圳低空经济总产值达 900 亿元，消费级无人机占全球 70% 的市场份额，工业级无人机占全球 50% 的市场份额，拥有 1 700 多家链上企业，其中完成载货无人机飞行量 61 万架次，飞行规模位居全国第一。

北京作为低空经济"链接力"最强的城市，具有科创资源优势突出等特点。北京市经济和信息化局发布《北京市促进低空经济产业高质量发展行动方案（2024—2027 年）》，将低空经济培育为引领京津冀协同发展的先导示范产业，将北京打造成低空经济产业创新之都、全国低空经济示范区。

上海的 eVTOL 研发优势明显，聚集了峰飞航空科技、时的科技、沃兰特航空和御风未来四家头部 eVTOL 主机厂。金山、松江、杨浦等区积极布局培育低空经济产业。

成都作为西部低空经济中心，聚集了中航无人机、纵横股份、沃飞长空等一批低空经济领军企业。成都的工业无人机产业综合竞争力位居全国前三，始终坚持需求导向，梳理形成 65 个具体应用场景。此外，成都正全力创建全国城市空中交通管理试点，争取 600 米以下低空空域自主管理授权。

四、法律法规陆续出台，发展环境日趋向好

为促进低空经济健康发展，国家层面密集出台了一系列法律法规，包括《无人驾驶航空器飞行管理暂行条例》《国家空域基础分类方法》《中华人民共和国空域管理条例（征求意见稿）》，以及《民用无人驾驶航空器运行安全管理规则》（CCAR-92部）等，为低空经济的规范化管理提供了法律依据。

同时，国家发展改革委、工业和信息化部等部门纷纷发声，明确低空经济的发展路径和政策支持，强调以市场需求为牵引、技术创新为驱动、空域开放为保障，推动低空经济高质量发展。中国民航局更是专题研究低空经济发展，提出要完善相关政策法规体系，加快低空飞行服务保障体系建设。

五、创新成果不断涌现，技术体系逐步完善

打空中的士，乘飞行巴士，这些电影里的科幻场景渐成现实。前段时间，一款eVTOL飞越广东省博物馆、花城广场等地标景观，顺利完成试飞。四川成都低空交通管理服务平台顺利完成城市低空载人出行验证飞行。"低空载人"新消息不断，展现了城市低空交通的无限可能，也彰显着低空经济发展的广阔前景。

低空飞行器推陈出新，离不开新能源技术、无人驾驶技术、新一代信息技术等的保驾护航。中国科学院大连化学物理研究所自主研发的高比能氢混动力电源适配工业级无人机试飞成功，氢混动力电源比能量达每千克600瓦·时，燃料电池稳定输出2 030瓦，具有系统稳定性强、效率高、可靠性高、寿命长等特点，可以让无人机续航时间达到2小时，至少超出普通锂电池4倍；浙江一家企业研发9座混动飞机，能降低70%燃油消耗和尾气排放；多家企业推出无人机芯片，

可提升飞行可靠性、复杂环境适应性。

六、市场规模快速增长，行业前景未来可期

工业和信息化部赛迪研究院2024年4月1日发布的《中国低空经济发展研究报告（2024）》显示，2023年中国低空经济规模达5 059.5亿元，增速为33.8%。乐观预计，到2026年低空经济规模有望突破万亿元。

从市场需求看，当前低空经济与更多经济社会活动相融合，在生产生活中的应用场景日趋多元。有运输场景，如物流配送、空中摆渡、城际通勤等；有作业场景，如农林植保、电力巡检、遥感探测等；还有娱乐场景，如空中观光、飞行体验、特技表演等。低空经济应用端市场需求不断扩大，为低空经济发展注入更多动力，行业前景未来可期。

随着空域管理改革的深化、技术的进步、基础设施的完善以及政策的推动，低空经济在实践中逐步形成并展示出对高质量发展的强劲推动力、支撑力。

"低空经济+"打造多元应用场景

当前，我国低空经济已经形成完整的产业链，其在具体应用场景的实践展开依赖于上中游产业链与下游产业链的融合衔接。在上游产业链，低空经济主要集中于计算机辅助软件开发、关键原材料生产以及零部件制造。作为低空经济产业的核心，中游产业链包括低空产品生产、飞行器载荷研发以及地面系统搭建。通过适航审批、获取空域

资源后，上中游低空经济产业与多领域产业融合发展。

近年来，低空经济已成为中国经济增长的新动力，其应用场景也在不断扩展和创新。2022年8月，由科学技术部等六部门联合印发的《关于加快场景创新以人工智能高水平应用促进经济高质量发展的指导意见》指出："场景创新是以新技术的创造性应用为导向，以供需联动为路径，实现新技术迭代升级和产业快速增长的过程。"以无人机为核心的低空经济正在重塑我们日常生活的方方面面，从物流配送到农田管理，再到空中物资运输，低空经济展现了巨大的潜力和前景。做好低空经济场景创新工作应紧扣国家顶层政策导向，牢牢把握产业发展趋势，统筹规划有组织推进，因地制宜差异化和创新。

以"低空经济+"为基础的具体应用场景如下。

一、"低空经济+旅游"

"低空经济+旅游"，满足新型旅游消费需求。低空旅游，是指在低空空域，依托通用航空运输、通用航空器和低空飞行器所从事的旅游活动，是"低空经济+旅游"场景融合衍生的新消费业态。低空旅游的发展将旅游观光从地面延伸至空中、旅游资源由平面延伸至立体。"低空经济+旅游"能够提供多元化旅游产品，满足消费者不同层次的消费需求。比如，具有高产品附加值的低空旅游交通主要面向中高端消费者，提供景区直航、私人飞行和商务飞行等服务。覆盖客群最广的低空观光主要包括城市低空观光、景区低空游览以及空中主题活动等。娱乐飞行体验主要面向具有专业低空飞行知识的消费者客群，项目主要包括飞行器驾驶、空中娱乐及低空体育运动等。

2024年8月，国务院印发《关于促进服务消费高质量发展的意见》(简称《意见》)，提出6个方面20项重点任务。在旅游消费领域，《意见》提出，推进商旅文体健融合发展，提升项目体验性、互动性，推出多种类型特色旅游产品，鼓励邮轮游艇、房车露营、低空飞行等新业态发展，支持"音乐+旅游""演出+旅游""赛事+旅游"等融合业态发展。自2014年国务院出台《关于促进旅游业改革发展的若干意见》，提出积极发展"低空飞行旅游"以来，经过10年探索，低空旅游日益走进人们的生活，催生了一批旅游消费新场景、新业态，推动旅游业转型升级。作为低空经济的重要应用场景，低空旅游成为旅游消费的热点，有了乘风"腾飞"的态势。

【案例】

美团无人机，飞越长城

在亚欧大陆中部，横亘着一道壮丽的奇观，它是有史以来人类建造的最长防线，这就是中国的万里长城。其中，北京八达岭长城最为家喻户晓，被誉为"北门锁钥"。如今，一条无人机航线与城墙隔空交织，历史和今天在这里相遇。金代诗人刘迎在《晚到八达岭下达旦乃上》写道："车马两山间，上下数百里。"可见古时长城物资运输之难。时光流转，科技之力使昔日达旦乃上的旅途，如今转瞬可达。美团无人机自八达岭长城脚下启航，翩然掠过峻岭，轻盈翻越八达岭南线之巅，短短5分钟，无人机已携带物资飞跃9座烽火台，起伏奔腾之间，抵达八达岭南九城楼。科技与古迹的交融，为古老的城墙增添了一抹独特韵味。万里长城，屹立千年，是先人智慧与创造力的辉煌结晶。今日，我们努力传承这份创造精神，在长城之上，以科技之力，让生活更便利、更美好。

资料来源：改编自《飞越长城丨北京首条常态化无人机配送航线开通》，美团无人机，2024年8月16日。

2024年8月16日，北京开通首条无人机物流配送航线，美团无人机落地长城，这条"空中走廊"可为降落点附近的游客提供防暑降温、应急救援等商品货物的配送服务（见图3-1）。这条航线是北京市首次开通常态化无人机配送服务，有助于提高八达岭长城景区游客的体验感，丰富无人机的应用场景，助推低空产业发展。

图3-1 美团无人机

过去，为了尽量保持该区域内的原始风貌，景区不设任何商业设施，这也让到访此处的游客很难补给饮用水等物资。为解决这一痛点，八达岭长城景区与配送平台合作，开通北京首条无人机物流配送航线。在南九城楼的配送点，游客可通过手机扫码的方式，在外卖平台下单操作，几分钟后就能收到无人机配送的物资。配送平台无人机业务公共事务负责人表示，原本需要步行50分钟的路线，通过无人机5分钟就能把消暑物品、应急物资等送到游客手中。无人机回程的时候，还可以把产生的垃圾带回，极大地节省了长城运维人员的人工成本。安全、便捷、高效是无人机配送的典型特征，在长城等复杂自然环境中，价值尤为凸显。

低空经济与景区场景的结合，是将以无人机配送为代表的科技创新手段，融入文旅产业的转型升级中，从而迎合当前市场日益多元化和品质化的文旅消费需求，切实通过科技创新帮助旅游产业提质增效，也将进一步激发市场消费潜力。

二、"低空经济+农业"

"低空经济+农业"以精细化生产推进农业现代化。准确把握无人机发展前沿态势，拓展低空经济产业链，在乡村全面振兴领域积极开展项目场景应用实践。我国"低空经济+农业"发展较早，应用场景主要体现在四大领域：精准农业、农业植保、农业物流、休闲农业。其重要载体是植保无人机。植保无人机能够在W类空域（低于120米）范围内助力农业生产，在G类空域（120~300米）范围内支持林业管理。通过地面系统的实时监控与指挥，植保无人机能够完成播种、施肥、灭虫、植被保护、火情监控及促雨扑火等一系列农业生产工作，为农业生产者降本增效，为精准农业和智慧农业的战略发展提供有力支持。

2012年4月12日，袁隆平院士在海南三亚利用无人机的下旋气流为杂交水稻制种授粉，取得良好效果。在此之后，罗锡文等农业机械化工程学者不断改进飞机"赶花粉"的技术和方式，如今，采用飞机"赶花粉"已经成为杂交水稻生产的主流方式。2014年，中共中央、国务院印发《关于全面深化农村改革加快推进农业现代化的若干意见》，提出要加强农用航空建设。10年过去，随着低空经济产业的不断发展，农用航空取得了重大进展。

【案例】

"超级农场"：种地像"打游戏"一样轻松

伴随着机器的轰鸣声，水稻田内两台安装了农机自驾仪的插秧机按照设定好的作业程序按部就班地插秧，工作人员只需摆放好秧盘便可在手机上操作剩余步骤，指尖轻点，无人驾驶的插秧机缓缓驶过，车身后是一排排栽种整齐的秧苗。在广州市黄埔区莲塘村的极飞超级农场里，水稻全程"无人化"种植模式已初现雏形。

只需两三个小时，三十余亩的晚造稻自动化插秧工作即可完成，严谨高效的农业无人机大大提升了这块土地的利用率。就像种地游戏那样，玩家在屏幕前动动手指即可经营自己的农场，从播种、植保到收获一气呵成。超级农场运营负责人叶永辉说，极飞科技的终极目标就是要让种地像"打游戏"一样简单，让未来的"新农人"用指尖完成各类农事工作。

与传统农场不同，超级农场的农业场景变得更加科技化、未来化、智慧化，一场农业新质生产力带来的数字变革正在悄然发生。

在极飞科技各类农业机械产品的加持下，即使是种地新手也能像"打游戏"一样种好地。

中商产业研究院的《2024—2029中国无人机行业市场研究及前景预测报告》显示，极飞科技在国内植保无人机行业市场占有率超过37%，位居全国第二。截至2024年6月30日，极飞农业无人机累计提升作物产量1 862万吨，为农业生产节省燃油6.3亿升，节约农业用水超过5 889万吨，助力减少农业生产碳排放168万吨。

"我们将坚持技术创新，推动农业生产方式向数字化、智能化转型，通过数实融合打造新质生产力，构建'低空经济＋农业'的应用标杆。"龚槚钦表示，极飞科技还将探索无人化技术在更多农业生产场景的应用需求，推动农业提质增效。

这场农业数字革命，正铺就一条农业"智"富路，"慧"就现代农业新图景。

资料来源：节选自《农业科技报》，2024年8月22日。

国内知名农业无人机企业极飞科技相关负责人称："一架农用无人机抵得上以前80人的工作量。"在涉足农业领域的10多年里，极飞的足迹已遍布57个国家和地区，为应对农业劳动力短缺和老龄化、种植成本上涨、气候变化等全球性挑战，提供了无人化生产解决方案。极飞的遥感无人机，单人单机每小时航测效率可达8 000亩，其2024年发布的极飞P150农业无人机，更以70千克最大载重、30升/分最大喷洒流量和280千克/分最大播撒推料速度，刷新农业无人机的作业性能。

随着技术的不断进步和政策的持续支持，农业低空经济有望在更广泛的领域得到应用和推广，为农业生产、资源管理、环境保护等多个方面带来积极的变化和深远的影响。当前我国正大力推进农村现代化建设，推动低空航空产业和乡村振兴战略有机结合，这既是"十四五"期间加快农业农村现代化的需要，也是拓展通用航空产业新发展空间的需要。

三、"低空经济+物流"

"低空经济+物流"，即智慧物流服务数字化生活。"低空经济+物流"是目前低空经济商业化应用最广泛的场景。相比传统物流配送方式，无人机配送能够大幅提高效率，降低人力成本与安全隐患。

近年来，顺丰、阿里巴巴、京东等企业纷纷依据自身业务特点，抢先布局低空物流。截至2023年底，顺丰旗下丰翼科技全国累计飞行400余万千米，货物运输量超过1 500吨，累计运输货物近300万件，全国运输飞机突破80万架。自低空经济被确定为国家战略以来，短短8个月，邮政快递物流无人机快速、大面积、多场景应用呈现出爆发式增长。仅顺丰一家，8个月以来就开通了近300条无人机航线，总航线数达到500条，是过去10年开通航线总数（215条）的两倍多，无人机物流开始向规模化发展。美团无人机已经更新到第四代，能够适应97%以上国内城市的自然环境要求。

邮政在乡村开展无人机快递《人民日报》直送到村。韵达、迅蚁在浙江等地用无人机常态化运送血浆，成为医疗保障体系的重要一环。申通、圆通、中通和韵达在桐庐等自然村开通无人机航线，将快件直投自然村，大大提升了农村投送时效。

可以说，低空经济中的无人机产业既是城市数字化配送的"加速器"，也是传统物流升维的"新武器"。

【案例】

湖南株洲"无人机+北斗"——空中快递员

2024年8月13日，全国首个"无人机+北斗"低空综合服务中心在湖南省株洲市正式开展常态化运营。

该服务中心由株洲高科集团与顺丰集团旗下丰翼科技共同注资成立的湖南新翼智能科技有限公司负责运营。新翼智能的成立，将推动城市级低空无人机物流公共服务平台和低空综合监管服务平台的建设，同时促进低空无人机物流及其他相关应用场景的商业运营，以及低空经济数字化基建的快速发展。

在服务中心的启动仪式上，一场精彩的航线起飞仪式吸引了众多目光。随着操作人员按下指令键，携带着快递包裹的方舟40无人机腾空而起，几分钟后便成功将包裹送达4千米外的顺丰速运天元集散中心。在这一过程中，方舟40无人机凭借出色的性能——单次飞行载重量达10千克、飞行速度14米/秒，以及厘米级的降落精度，完美展现了其作为"空中快递员"的高效与精准。

除了方舟40无人机，新翼智能还拥有载重量达到50千克的方舟150无人机以及高德红外巡检无人机等多种机型。这些无人机在医疗运输、快递配送、农特产品运输、巡检及应急物资运输等多个领域展现出了巨大潜力。例如，在医疗运输方面，当医院血液告急时，通过无人机从血站紧急配送血液仅需3~4分钟，极大地提高了救援效率。在农特产品运输方面，方舟150无人机已经成功应用于炎陵黄桃的运输，实现了农产品的快速下山，做到既快捷又安全。

此外，高德红外巡检无人机也展现出了强大的应用场景适应能力，广泛应用于交通、警务、林业、河道、油气、应急、消防等多个行业，为各类巡检工作提供了高效、便捷的解决方案。

株洲作为全国唯一的中小航空发动机研制基地、湖南唯一的国家通航产业综合示范区以及湖南全域低空空域管理改革的试验田，其低空领域的产业基础和优势不言而喻。此次"无人机+北斗"低空综合服务中心的成立，将进一步推动株洲在农业、物流、救援、医疗等领域的全面数字化进程，释放出巨大的市场发展潜力。

资料来源：节选自潘东晓，《从天而降，"空中快递员"在株洲入职》，《株洲日报》，2024。

【案例】

巫山脆李"飞越"大山

重庆市巫山县地处山区，交通不便，物流运输一直是制约当地脆李外销的瓶颈。为此，顺丰速运联合当地政府和果农，采用无人机与低空货运相结合的方式，打造了一条全新的物流通道。

在小型货机运输环节，顺丰计划用新引入的1.5吨塞斯纳208B货机作为巫山脆李运输专机。通过与航空公司的紧密合作，优化航线规划和运输流程，将货机从巫山飞往重庆渝北的整个过程由以前陆运的7小时缩短到1.5小时，效率提升近80%。在重庆的集散中心，脆李将被再次分拣、打包，然后通过顺丰的快递网络发往全国各地。通过这种全新的物流方式，巫山脆李的运输时间大大缩短，新鲜度得到了有效保障。

顺丰速运此次采用无人机与低空货运相结合的方式运输巫山脆李，不仅展示了其物流实力和技术创新能力，也为当地特色农产品的外销开辟了新的道路，体现了低空经济的数字生态性、产业融合性、辐射带动性和创新驱动性。

资料来源：节选自人民网，《顺丰无人机与低空货运协同 助力巫山脆李直达全国》，2024年7月1日。

低空物流的创新正在成为各地、各行业、各场景不约而同探索的方向。今时今日，无论是全球范围内的航空和远洋航线，还是城市的立体交通体系，物流系统都日趋完善。然而，基于城市地面空间错综复杂、越来越拥堵的交通情况，在城市范围内的"最后一公里"配送始终难以突破，多靠人力实现。而无人机的出现，可以无视城市地面的复杂情况，无须"修路建桥"搭建运输网络，只需利用"低空"场景，就可实现物流新突破。由此可见，"城市低空"是一片广阔的市场蓝海，发展低空经济更是迎来了全新的重大机遇。

四、"低空经济+城市管理"

"低空经济+城市管理"模式有助于扩大城市管理边界，提升城市管理效率和安保效果。在城市低空调度中心的指挥下，无人飞行器能够与区块链技术、AI技术、GPS（全球定位系统）技术相结合，完成化工厂、电力电网、高速公路等场景的运营监测、流量管理等工作。此外，该模式是通过数字技术应用实现城市精细化管理的重要途径。在低空经济的助力下，城市各区域间要素调度效率将不断提升，空间交流成本将持续下降。无人机在应急救援、城市安防、电力巡检、国土测绘、农林植保、消防等场景展现出广泛的应用前景，商业模式已基本跑通。无人机城市管理不断拓宽城市管理边界，提升城市管理效率，全方位保障城市运行安全。

【案例】

智慧低空：让城市治理更"立体"

旅游旺季，一架四旋翼无人机徐徐升空，沿着栈桥周边开展全方位智能扫描，并通过语音喊话引导市民游客注意安全；厂房上空，无人机梭巡检视，迅速"锁定"违章建筑，并将画面实时传回后台，半小时内，所在区市城管部门工作人员赶到现场核实情况，并对违章建筑展开处理；重大项目建设现场，小巧灵活的无人机在高空拍摄全景照片，工作人员足不出户就可以将项目完成情况"尽收眼底"……

在青岛，城市治理的"高度"和"广度"正借由无人机等低空飞行设备持续拓展。让城市治理更加"立体"，不仅是空间层次上的跃升，更是治理体系上的"升级"。作为战略性新兴产业之一的低空经济，前景广阔，发展潜力巨大。

近年来，青岛市大数据发展管理局结合"双12"重点项目建设，聚焦推动低空数字化与智慧城市深度融合，强化低空基础设施统筹共享，着力挖掘低空数据价值和潜能，打造了全市"智慧低空"一体化共享平台，将从前独立、松散的低空数据使用需求进行集约式管理，推动低空数字化在智慧城市各领域的创新应用。目前，全市"智慧低空"一体化共享平台、50余个无人值守全自动机场以及26个无人机专业服务站点已全部建设完成并投入试用。

低空智能与智慧城市的深度融合，是智慧城市建设向"空天地"立体化发展的创新演进。当前，蓝天与地面之间，以无人机为代表的低空经济"腾空而起"，成为各方逐鹿的经济产业黄金赛道。"低空智联、数聚赋能"已成为新一轮转型升级的热点。

无人机航拍具有机动性好、时效性强、巡查范围广、不受空间和地形制约等优点，通过无人机在低空领域高精度、高频次、全自动、立体化监测，能够为城市治理带来全新的低空智能感知数据源，有效弥补视频监控设备在视觉感知范围上的局限性。

此外，无人机采集的低空感知数据，能够丰富完善城市云脑数字底座，探索低空数据、视频数据、物联感知数据深度融合利用的"空天地网"立体化城市管理模式，创新构筑新型城市治理的数字化应用场景，能够实现高效巡查、协同处置、精准治理，让市容脏乱差、违章搭建、垃圾死角、绿化盲点等城市乱象无所遁形。

通过无人机自动巡查和人工定向巡查相结合的方式，相关部门工作人员不再需要花费大量的时间和精力现场踏勘，可以先结合视频、图像等初步研判现场情况，再根据实际情况进行动态、科学的决策。

全市"智慧低空"一体化共享平台的建立完成，有效整合了低空飞行的供给端和需求端，同时，通过无人机拍摄成果的共享复用，也改变了从前各职能部门"各自为政"造成的资源浪费。以市南区某在建项目为例，作为城市更新和城市建设的重点项目之一，集合了全市多个部门的工作力量。借助"智慧低空"一体化共享平台，只需一个部门提出飞行申请，就可以使用无人机对该项目建设进行全方位、多角度的拍摄，而其他部门都能够通过此次拍摄传回的图像对项目建设情况开展对比分析。

"无人机的引入能够加强监管人员对项目进度的流程管理，对人工无法或难以巡查的区域实施监督检查，加强施工安全和扬尘管控力度。对于一些施工中的违规行为，拍摄中所包含的时间、地点等信息，也能更好地固定证据，方便有关部门的后续处理。"市大数据局平台安全处工作人员说。

从应用角度来看，将低空航拍应用于城市治理，并在全市形成低空智联"一张网"的模式，在全国尚属首次。2023年，青岛市获批建设以海岛场景综合应用为目标的民用无人驾驶航空试验基地，先后印发《青岛市民用无人驾驶航空试验基地建设发展规划（2023—2030年）》《关于加强全市"智慧低空"一体化工作统筹管理的通知》等顶层设计文件，积极推动无人机低空应用发展。

强化科技创新之"进"，拓宽产业创新之路，青岛正加速布局低空经济新的增长点。下一步，青岛市还将聚焦城市治理，不断拓展低空应用场景，深入挖掘有飞行服务资质的行业企业潜力，出台相关标准，规范提升航线飞行服务，拉动各行业、各领域对低空业务的需求，助推数字经济高质量健康发展。

资料来源：节选自蔺君妍，《青岛建成一体化共享平台，在全市形成低空智联"一张网"模式——智慧低空：让城市治理更"立体"》，《青岛日报》，2024年3月24日，第1版。

【案例】

城市管理有了"千里眼"，公共服务提质增效

西接太湖、东注黄浦江的太浦河，是长三角生态绿色一体化发展的"大动脉"，由于覆盖范围广，一直难以实现实时跟踪监测。2024年4月，一座智慧环境监管无人机机场在太浦河北岸建成，利用视野广、机动性好、时效性强、巡查范围广的无人机，太浦河生态环境监管有了"千里眼"。无人机携带高清镜头和红外热成像镜头，可通过设置时间和航线自动起降，对河道、企业雨水排口、闸站等开展巡查，进行拍照和录像，实现对太浦河黎里至汾湖段16千米全天候日常巡查。

低空经济应用场景主要包括生产作业、公共服务、航空消费三大类。考虑到空域、安全、成本等因素，当前各地以政府部门为主体率先探索无人机在公共服务领域的应用，提升城市管理效能。据介绍，

苏州公安、水务、交通等部门已广泛使用无人机开展业务。例如，苏州市水务局利用无人机对太湖、吴淞江等开展河湖监管巡查，6月共巡查1 360架次、巡查里程5 174.3千米。太仓提出打造低空经济十大应用场景，包括水利及海事、交通、环保、电网等巡查应用。

根据《苏州市低空经济高质量发展实施方案（2024—2026年）》，苏州将推动低空场景走向多元，到2026年，围绕物流配送、载人飞行、旅游消费、应急救援、城市管理等领域打造一批示范应用场景。在公共服务领域，鼓励相关部门加大无人机、直升机等应用。

资料来源：节选自王梦菲、李优，《苏州："低空+"应用新实践持续涌现》，新华网，2024。

五、"低空经济+交通"

"低空经济+交通"，即搭建先进低空交通网络。无人机的航拍功能可以帮助巡查路况，如利用警用无人机的航拍功能对易拥堵路段、复杂路况的道路通行情况、车流状况进行高空巡查。喊话功能有助于指导交通，通过喊话对违规驾驶、随意乱停乱放、长期占用应急车道等违法行为进行警告。无人机还可以及时提醒拥堵路段车辆驾驶员前方的路况信息，引导拥堵车辆优化行驶路线，避开拥堵路段。不仅如此，当车辆在警力无法到达现场的路段发生交通事故时，无人机还可以通过搭载专业设备，实现事故现场快速勘测建模，自动生成勘察数据，以此来帮助事故处置更加高效、快捷和直观。

利用eVOTL"点对点"运送人员及货物的先进空中交通，是搭建城市或城际低空交通网络的关键形态。比如，粤港澳大湾区正在率先搭建城市群低空交通网络。此外，空中交通走廊的搭建能够实现核心城市与县域乡村的连接，为区域融合发展提供现实桥梁。从经济发展的角度来看，低空经济能够赋能交通运输平台经济、枢纽经济、通道经济等多种业态。从绿色发展角度来看，空中交通将是解决空气污染等问题的重要方案。

当前，我国低空经济已初具规模，无人机物流、低空旅游、城市空中交通等新兴业态方兴未艾，展现出强大的发展潜力和广阔的市场前景。低空经济的蓬勃发展，标志着我国正加速迈入"陆海空天"四维交通新时代，为我国交通运输版图绘制出更加辽阔的蓝图。

【案例】

深圳"空中的士"

2024年8月15日，央视《朝闻天下》播出的《城市飞翔"飞"出新风潮》系列报道，关注了深圳的低空经济。继2023年"City Walk"（城市漫步）爆火之后，"City Fly"（城市飞翔）正在引领新的风潮，而这其实指的就是低空经济。

2024年6月底，一架承载着10名旅客的东部通航AW139型直升机从深圳北站接驳机场腾空而起，这是国内首个"低空+轨道"空铁联运项目，由深圳市属国企深铁集团和东部通航联合推出。深圳北站枢纽空铁联运项目坐落于东广场C1单体处，现场设有314平方米的先进直升机坪，可向市民提供业内高水准空中的士包机运输服务。该联运服务分别设有城际航线和市内航线，以实际行动构建立体交通网络。以中山市为例的城际航线，飞行25分钟即可抵达，市内航线则可飞往深圳各区。此外，深圳北站空铁联运项目还可面向市民提供航空应急救援服务，突破地面交通的限制，为城市应急提供保障。深圳北站空铁联运项目的顺利开航构建了以深圳北站为中心，连通湾区的低空交通网络，可望实现1小时内到达湾区90%以上地区，使空铁联运旅客出行"最后一公里"更加顺畅。

后续，深铁集团将根据乘客和市民的出行需求，多角度探索低空经济业务发展场景，拓展低空全方位生活体验方式，持续扩大"低空＋轨道"应用场景生态圈。

近年来，深圳持续加码低空赛道，布局"天空之城"。2024年初，深圳实施全国首部低空经济立法《深圳经济特区低空经济产业促进条例》，积极创新低空经济发展机制，拓展低空经济发展内涵。未来，深铁集团将继续搭建城市立体交通体系，积极开发低空全方位生活体验方式，建设具有深圳特色、深圳优势的"低空＋轨道"立体交通产业集群，为打造粤港澳大湾区立体交通出行网络贡献力量。

资料来源：改编自央视新闻·独特，《深圳"City Fly"又上央视啦！》，2024年8月15日。

【案例】

无人机配送高考录取通知书

"人在家中坐，offer（录取通知）天上来！"2024年7月15日，四份高考录取通知书"乘坐"无人机降落广州某小区，这是我国首次使用无人机全程配送高考录取通知书。人们感慨"喜从天降"之余，也感受到低空经济正加速渗透日常生活。

资料来源：节选自光明网，2024年7月15日。

六、"低空经济＋警务"

"低空经济＋警务"用来保障国家和人民安全。随着社会的进步和科技的发展，警用无人机市场需求不断增长。基于社会治安形势日渐复杂、警务工作压力不断加大的时代背景，警用无人机将成为警务工作的重要辅助工具。随着传感器、通信、航空运力等技术的不断成熟，以及政策支持和应用场景的不断拓展，无人机的性能也在不断提升，将更加智能化和自主化。未来，警用无人机通过集成先进的自主导航系统和避障技术，可以在复杂环境中自主飞行，减少人为干预，提高安全性和可靠性。

无人机在禁毒缉毒方面大有作为，利用无人机等高科技手段加强源头打击、精准打击是维护社会稳定、保障人民健康的有效途径。具体来讲，无人机能够助力疑犯追踪，警用无人机搭载的人脸识别和监控系统，能够非常及时高效地识别犯罪嫌疑人的活动轨迹，侦查监视制毒贩毒窝点，对周围环境进行勘察，监控跟踪贩毒人员毒品交易。除此之外，将能够识别罂粟等多种植物形态的芯片植入无人机，载有可分辨种植毒品植物状态的空中扫毒能手，能发现毒品种植点，从源头清断毒品。

无人机在反恐防暴中应用广泛且重要，提高了情报搜集和目标侦察的效率和可靠性。无人机搭载相应设备，对恐怖分子或组织的基地设施进行精准打击；配备激光指示系统，对恐怖分子进行追踪搜捕；还可以用于在反恐防暴行动中的驱散和制暴。

在应对突发事件和紧急搜救领域，无人机也能发挥作用。无人机可以搭载救援工具快速进入现场，提供全面的现场情况，帮助警方快速制订应对方案，挂载高音喇叭、催泪瓦斯发射器、救援绳索等装置，对现场进行有效处置，确保事件得到及时处理。

【案例】

科技兴警——警务无人机新应用

"向科技要警力、要战斗力，为维护社会稳定做出积极贡献。"2024年以来，宁夏回族自治区中卫市海原县公安局聚焦改革强警、科技兴警，坚持服务工作大局、贴近警务实战的原则，积极探索智慧警务运行新模式，丰富无人机服务警务实战的场景应用，从安全宣传、应急救助、治安管理、禁种铲毒等方面加快推动无人机应用与公安业务的有机融合，有效解决传统警务工作中的诸多痛点难点，持续深化科技赋能，助力夏季治安打击整治行动走深走实，着力构建全方位、全覆盖、全时空的平安防护网，加快形成和提升新质公安战斗力。

"这里是海原县公安局警用无人机广播，正在执行空中交通巡逻任务。骑行电动自行车，请佩戴安全头盔……"这是海原县公安局正在利用警用无人机参与交通"空中执勤"。依托警用无人机视野开阔、机动灵活等特点，民警对道路进行实时监控，搭配喊话设备引导广大驾乘人员自觉遵守交通法规，共同维护辖区的道路交通安全。

警用无人机搭载高音喇叭装置，起飞后就能有效形成范围广阔的"立体式"宣传区，除了在交通安全知识宣传中发挥作用，也在反电诈宣传方面得到广泛应用。"居民朋友们，海原公安提醒您，凡是垫付资金兼职刷单，都是诈骗。凡是宣称稳赚不赔高额回报，都是诈骗……"在海原县的大街小巷、广场公园，这样的无人机喊话频次逐步增多。以"智慧警务"为抓手，海原公安创新打造以地上反诈民警宣传为主力，天上无人机广播宣传为补充的"空地联动"反诈宣传新模式。目前，海原公安警用无人机在重点地区平均每周会进行1~2次反诈宣传，取得了较为良好的社会反响。

"嗡嗡嗡……"随着螺旋桨的轰鸣声，一架搭载着喊话器的警用无人机从三河派出所出发，前往辖区橡胶坝进行安全巡查。"请注意，这里是三河派出所，现在我们用无人机对你进行喊话，在水坝边玩耍，请注意安全。请远离危险水域，不要私自下水游泳……"入夏以来，网安大队充分发挥警用无人机的优势，联合三河派出所，常态化开展"无人机+防溺水"宣传工作，充分利用警用无人机，帮助民警快速发现和掌握辖区涉水区域状况，有效弥补人工排查局限性，减少工作盲区，做到"天上、地下"协同配合，全面、无死角地构筑安全屏障，严防溺水事故的发生。

警用无人机已经成为海原公安创新升级警务模式、完善立体化社会治安防控体系不可或缺的重要组成部分。

资料来源：澎湃新闻·澎湃号·政务，《海原公安：科技赋能，探索构建"无人机+"警务实战应用新格局》，2024年7月31日。

七、"低空经济＋军事"

"低空经济＋军事"，使无人机作战能力不断增强。以我国军用无人机"战斧H16"为例，其采用模块化设计，能够搭载多达20余种任务模块，包括激光制导炸弹、高空发射枪、空中网枪、36倍变焦侦察摄像机、干粉灭火弹等。我国军用无人机载重量不断增加，续航时间不断延长，适应能力不断提高，能够在高原等各种复杂地形持续作战。

【案例】

H16-V12察打一体无人机

如今的H16-V12察打一体无人机，也是"战斧"无人机的一种，最初亮相时，配备的是YT-SGG转膛榴弹发射器，射程只有200米，主要用于警用防爆，经过升级后，多项性能再次得到了加强，机腹可以安装一个六管的小型垂直发射器。

除了发射催泪弹、生化弹、爆震弹等榴弹，还能发射制导导弹，使这个空中无人平台的威力更上一层楼。解放军曾装备该无人机参加演习，在榴弹发射器之间挂载了一枚小型空地导弹，与地面装甲部队配合行动，强悍的火力无疑使其成为战场上的"好帮手"。

H16-V12察打一体无人机是哈瓦国际设计的顶级产品，最大续航时间达到了1小时，载重25千克，在−40~85℃的环境中全天候作战。

第三章　蓬勃兴起的中国低空经济　　127

此外，该无人机受外部环境影响较小，能够防雨、防尘，抵抗7级大风。

由于续航时间长、载重量大，因此，H16-V12察打一体无人机可以通过携带各种不同的模块，执行不同类型的任务，例如侦察、抓捕、排爆等。该无人机的火力配件自由度高，既能执行特战侦察、防爆任务，还能伴随装甲侦察部队行进，它本身的特性，使其非常适合在高原上使用。

众所周知，高原环境恶劣，地形复杂，大大增加了作战训练以及后勤保障的难度。而无人机的出现能够很好地解决这种问题。首先，无人机既可以侦察敌情，还能在高空执行打击任务，具备作战灵活、便捷的优势。其次，无人机还能为高原部队运送补给，此前，解放军就曾使用车辆和无人机结合的方式向山顶的作战部队运送生活物资和武器弹药，实现对作战部队的全方位保障。

资料来源：节选自空天力量，《中国军用无人机：续航时间长，能抗7级大风，火力堪比轻型武直》，2023年10月14日。

八、"低空经济＋医疗"

医疗救护是低空经济重要的应用场景。在医疗领域，将低空经济与紧急救援结合起来，可实现快速转移病患、无人机传递医疗物品等。运用智慧化、数字化及5G，结合低空物流科技，将"人跑＋物品跑"改为"无人机跑＋物品跑"，开启医疗运输空中时代。

除了应急救援领域，低空医疗配送还将助力打通基层医疗资源限制，在标本检验、治疗诊断等环节提供跨院合作的新思路。随着医疗飞行航线的开通、信息通路的打通，常见多发病的检查在基层也能铺开。

【案例】

空中生命线

2024年3月29日下午，一架搭载着"标本专用恒温箱"的无人机从广州开发区医院南岗院区平稳升空，飞往5千米外的广州开发区医院西区院区。7分钟后，无人机稳稳降落，标本迅速被送到医院检验科进行检验。这是广州市首条城市医疗集团低空医疗配送快线首航仪式上的一幕，标志着广州医疗物资运输进入"空中速递"时代。

此条医疗飞行航线经相关部门审批，是广州市第一条常态化运行的空中医疗快线。未来它将主要服务于医疗物资运输、标本样本检测等环节，以低成本、高效率的优势，提升诊疗效率和服务水平，更好地满足辖区居民多元化、多层次的健康需求。

该航线选取了广州开发区医院西区院区与南岗院区作为试点。据悉，两个院区间的地面通勤时间正常为20分钟，在交通拥堵等情况下可能导致运输时间延长。改用无人机后飞行时间仅需7分钟，大大缩短了物流运输时间。

"时效性与低成本是无人机运输的最大优势。"据无人机运营方卡沃航空总经理杜冠杰介绍，本次首飞的无人机飞行时速可以达到60千米。机体载重达到了4.5千克，结合冷链技术可以达到零下摄氏度标准的运输环境，配送包括血液、应急药品、手术工具等医疗物资，最多能搭载400根试管飞往目的地，往返一趟的成本大约为20元。

此次首航成功是黄埔区对"低空经济+医疗"发展模式的成功探索，不仅为黄埔区开辟了一条空中绿色生命通道，也标志着黄埔区低空经济的医疗应用场景迈出了坚实的一步。

资料来源：节选自卢佳圳、许晓娟、于敏，《首飞成功！广州首条"空中生命线"开通，医疗运输进入"空中速递"时代》，羊城派，2024年3月29日。

九、"低空经济＋基建"

"低空经济＋基建"催生数字经济新业态。飞速发展的低空经济将与数字经济深入结合,数字经济将为低空智联网发展提供基础。低空智联网是在低空空域运用网络化、智能化、数字化技术构建的智能化数字网络体系,也是低空飞行器畅通运营的条件。在低空经济产业不断发展的背景下,前沿技术将赋能天地一体化网络基础设施建设与无人机自组网技术研发。随着数字化低空基础设施的完善,无人机产业将加速突破技术瓶颈,面向国民经济各领域应用发展。

【案例】

深圳无人机创新照亮巴黎夜空:奥运科技盛宴与埃菲尔铁塔的空中交响

巴黎奥运会期间,来自深圳龙岗高巨创新的千架无人机编队在埃菲尔铁塔、凡尔赛宫上空精彩表演,在空中绘制出一幅幅科技动感的奥运画卷。

2024年7月14日,在巴黎奥运会火种抵达法国的庆祝活动中,龙岗国家级专精特新"小巨人"企业高巨创新以其创新的无人机编队表演惊艳全场(该公司相关展示见图3-2)。1 100架EMO无人机(升级款)腾空而起,结合埃菲尔铁塔造型,挂载绽放的烟花,变换出多种奥运元素图案,上演了一场震撼的"赛博烟花"秀,献礼巴黎奥运。深圳市无人机企业研发执行总监胡斯衔介绍,本次巴黎的无人机表演秀,使用了其公司制造的升级款最新机型,可以同时呈现无人机灯光秀和无人机挂载烟火秀。这家企业目前已实现自主研发和生产,形成完整的研发生产体系。

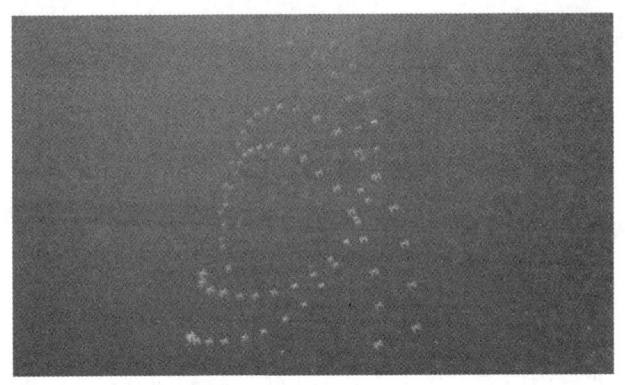

图 3-2　高巨创新的无人机演出

资料来源：节选自上观新闻，《巴黎天空上演中国无人机秀，"中国制造"借奥运东风出海》，2024 年 7 月 26 日。

因地制宜　各显神通的地方实践

在低空经济大蓝图之下，我国各地可谓"八仙过海，各显神通"。

一、深圳："无人机之都"

深圳市无人机产业规模庞大，发展低空经济基础雄厚。深圳引进、培育了一批全球低空经济领域领军企业，目前拥有超过2 500家低空经济相关企业，主要包括大疆创新、丰翼科技、道通智能、天鹰装备、一电科技、科比特、科卫泰、哈瓦国际等，覆盖生产制造、技术研发、软件开发等诸多环节，产业链完备度处于世界领先水平。

从消费级应用看，作为全球无人机领域的领军企业，大疆创新在消费级无人机市场占据主导地位，已经跃升为全球消费级无人机市场的主要供应商和该领域的行业领导者；从工业级应用看，深圳处于国内领先地位，依托于强大的供应链体系，工业级民用无人机产值占到全国六成左右，拥有一电科技、科比特、科卫泰、哈瓦国际等几十家工业级无人机生产商。此外，深圳的低空产业并不局限于无人机，还涉及低空制造、飞行、保障、综合服务等多个方面，同时广泛应用于旅游、物流、巡检等多个低空应用场景，构筑了一个产业链完整、辐射广泛的低空产业生态体系，深圳已然成为当之无愧的"无人机之都"。

在2021第五届世界无人机大会上，工业和信息化部装备工业司原副司长、中国欧洲经济技术合作协会欧盟工作委员会会长杨拴昌称："不出南山区，就能够造出一架完整的无人机。"可见深圳无人机产业链的完备程度之高。

近年来，深圳全面发力低空经济新赛道，低空飞行规模处于全国领先地位，并持续在空域协同运行、建立健全政策法规体系、强化产业服务能力等方面加大投入力度。2024年初，深圳制定全国首部低空经济立法——《深圳经济特区低空经济产业促进条例》，深圳市委、市政府在总结产业集群发展规律的基础上，结合深圳发展实际，滚动完善、持续提升深圳市"20+8"产业集群体系，新增低空经济与空天产业集群，进一步完善低空经济产业发展顶层设计、协同机制和政策举措。

2023年，深圳低空经济年产值已超过900亿元，同比增长20%；2023年，深圳新开通无人机航线77条，新建无人机起降点73个，完成载货无人机飞行量60万架次，飞行规模位居全国第一，消费级无人机占全球70%的市场份额，工业级无人机占全球50%的市场份额；直升机飞行量超过2万架次，飞行规模处于全国领先水平。

聚焦深圳各区，在低空经济产业上也形成了各自的优势和特色。

南山区重点发展中大型工业无人机，行业应用无人机，载物与载人eVTOL航空器，以及航电飞控、动力能源、机体材料、任务载荷等关键零部件和原材料，聚集超过500家低空经济企业，形成了集研发、制造、运营、服务于一体的完整的无人机产业链。

福田区汇聚了深圳一电科技、航天科工等一批低空经济链上企业，以及粤港澳大湾区数字经济研究院、香港城市大学深圳研究院等科研平台，拥有倾转旋翼无人机智能技术国家地方联合工程实验室。计划到2025年，低空经济总部及研发基地基本形成，产业创新能力位于世界前列，支撑多类型、高频次、大容量低空智能融合飞行的基础设施初具规模，协同监管机制持续健全，空天一体"一张网"规划及应用场景不断丰富。

龙华区的低空经济相关企业近360家，拥有美团、大漠大、哈瓦国际、翼飞鸿天、多翼创新等多家头部企业。重点发展eVTOL、大型无人驾驶航空器、中型无人驾驶航空器、低空航空器、低空文旅、低空应用基础设施，具备成熟的低空制造、飞行、保障等产业链。

宝安区聚集600多家无人机及低空经济关联企业，坐拥粤港澳大湾区唯一"六位一体"交通枢纽，承担了"海陆空全空间无人系统"和"城市无人机物流配送项目"两项国家级试点任务。着力构建低空经济"1+3+N"产业生态体系，在深中通道门户区、燕罗片区、大铲湾片区分别规划布局了低空经济总部集聚区、制造集聚区和公共服务中心，大力培育全空域、全产业、全链条的低空经济发展生态，打造面向大湾区的低空经济创新发展标杆城区。

龙岗区重点发展主控芯片、核心传感器/连接器、精密器件碳纤维机体材料、低空物流航线服务、低空载人航线服务、低空金融服务。规划建设无人机测试基地等产业配套基础设施，加大电动eVTOL产业链企业招商力度，打造全国低空经济产业示范区。

坪山区则以工业无人机、eVTOL的整机研发制造为核心，打造"感知系统""轻量化材料"两大制造业细分领域集群以及"检验检测""低空飞行运营"两大生产性服务业细分领域集群，大力招引飞控系统、主控芯片、核心传感器、摄像头等核心零部件的上下游企业。

盐田区大力发展以eVTOL为主的城际飞行、跨境飞行、空中摆渡、联程接驳、商务出行、空中通勤等城市空中交通新业态，同时加大无人机、直升机在应急救援、城市管理等领域的应用，深度参与城市管理。

罗湖区聚焦"商旅文应用"推动低空经济与商贸、文旅、珠宝等传统优势产业融合发展，同时聚焦"服务配套"，为低空场景应用提供各种保障。

二、北京：独辟蹊径错位孵化

《城市低空经济"链接力"指数报告（2024）》显示，北京在企业聚集度、资本活跃度和创新聚集度指标上领跑全国，相比其他地区，北京独辟蹊径错位孵化，以研发为导向，充分发挥区域优势，在飞不起来的地方让低空经济"飞起来"。

根据《北京市促进低空经济产业高质量发展行动方案（2024—2027年）（征求意见稿）》[①]，北京将充分发挥科技、人才、政策等优势，把低空经济培育为引领京津冀协同发展的先导示范产业，将北京打造成低空经济产业创新之都、全国低空经济示范区。其中提出，通过3年时间，低空经济相关企业数量突破5 000家，在技术创新、标准政策、应用需求、安防反制等领域形成全国引领示范，带动全市经济增长超过1 000亿元。到2027年，培育10亿元级龙头企业10家，过亿元产业链核心环节配套企业50家、技术服务企业100家。围绕应急救援、物流配送、空中摆渡、城际通勤、特色文旅等，新增10个以上应用场景，开通3条以上面向周边地区的低空航线。

其实北京并不具备充足且能灵活使用的低空空域资源，以民用无人驾驶航空器为例，北京绝大多数空域都不属于此类飞行器的适飞空域（高度低于120米）。但北京市在无人机领域的科技创新资源丰富，聚集了航天科技、中航工业、中国航发、中国电科等央企研究院及清华大学、北京航空航天大学、北京理工大学、中国科学院等相关研究院所，智能蜂群、交叉双旋翼、大载重系留等多项先进技术成果在京转化落地。因此，相比于以场景和应用为导向，北京充分发挥科技、人才、政策等优势，以研发为导向，能够助力北京抢占低空经济产业制高点，与全国各地形成错位发展。

---

① 截至本书出版前，已正式印发《北京市促进低空经济产业高质量发展行动方案（2024—2027年）》通知，具体可登录北京市人民政府网查看。

北京市丰台区正在给出可供参考的"丰台样本"。截至2024年，北京从事低空经济的科技服务业主体超过4 000家，包括观典防务、汉飞航空、中飞艾维、天和智航等。其中丰台区聚集了百余家低空经济重点企业，分布在低空制造、低空保障、低空飞行和综合服务等产业链环节，形成了低空经济的初步生态。在飞行器研制领域，丰台区内的航天一院、航天三院在无人机的结构、设计、动力系统及制造工艺等方面已达世界级水平；航天十一院生产的民用长航时固定翼无人机保有量列全国首位，其彩虹系列无人机产品达到国内顶尖水平。丰台区储备了一批战略科技创新力量，拥有全国重点实验室2家、国家级企业技术中心9家，在部分细分方向拥有全球领先的技术储备。目前，航天一院、航天三院、航天十一院、兵器201所已将低空经济纳入重点研究方向，加快推动相关产业布局。基于辖区内的科教优势、产业基础和资源优势，北京市丰台区将以研发为导向，通过设立产业基金、落地产业园区、打造产业生态来吸引企业入驻，扶持和发展低空经济产业。

三、上海："民航第一城"

"民航第一城"上海作为中国最早发展低空经济的城市之一，在低空经济的重要载体——eVTOL方面拥有良好的产业基础，在"三电"（电池、电机和电控系统）方面拥有完整的供应链，这也是上海抢占低空经济高地的底气。

在低空经济中，eVTOL主要瞄准城市内、城市间的短途飞行需求，是基于国内新能源汽车产业逐步发展壮大，切入陆海空三维交通全面电动化，推动新质生产力发展的新兴赛道。作为未来城市先进空中交通的重要解决方案，eVTOL航空器由于具备灵活起降、零碳排放、安静安全、乘坐舒适等优点，适用于城市点对点空中物流和空中出行。对于上海这样的国际超大城市，从机场到市中心的交通接驳是非常典型的应用场景。未来若采用 eVTOL，从浦东国际机场"打飞的"到外滩这样的市中心核心区域只需要 10 分钟，比地面车程缩短 50 分钟以上，并且可缓解地面交通拥堵。

业界公认的 eVTOL 头部企业御风未来、峰飞航空科技、时的科技、沃兰特航空、磐拓，被并称为"eVTOL 五小龙"，单上海就聚集了其中四家头部 eVTOL 主机厂，包括峰飞航空科技、时的科技、沃兰特航空和御风未来。

御风未来自主研发的 2 吨级 M1 首架机已在上海金山成功完成首飞，成为我国首架自主研发、全国产化的 2 吨级电动垂直起降飞行器，在电动系统、飞控系统、复合材料三个核心环节全部实现了国产化，标志着中国企业在全球 eVTOL 赛道上有了里程碑式的突破。

御风未来创始人兼首席执行官谢陵表示，M1 首飞成功验证了企业之前对中国新能源技术和产业链的判断：中国的电池、电机、电控技术的快速发展和迭代完全有能力支撑中国乃至全球未来的航空电动化发展，公司有能力把核心产业链留在中国。2024 年，御风未来将在"人人可享有的空中出行"这一愿景下，一方面持续推进研发试飞和适航取证，让 M1 从"飞起来"向"飞得好"迈进；另一方面也在积极探索 eVTOL 场景试点飞行和常态化运营。不只是御风未来，早在 2023 年 6 月，时的科技就发布了 5 座载人电动飞机 E20。同年 10 月 26 日，E20 eVTOL 完成了首轮飞行测试，这也是中国首个倾转旋翼载人电动飞机的首轮试飞。时的科技创始人兼首席执行官黄雍威向记者表示，eVTOL 具有绿色能源、垂直起降、低噪声和低成本等优势，在解决交通拥堵、推动航空业绿色转型等方面大有可为，对社会长远发展和经济价值都有深远意义。低空经济的核心在于城市场景，城市场景中的核心则在于 eVTOL 载人空中出行，eVTOL 自然而然就成为低空经济中重要的研发方向之一。

上海将在浦东、杨浦、闵行、金山、松江、青浦、崇明等区域，打造未来空间产业集群。其中，在空天利用领域，上海提出突破倾转旋翼、复合翼、智能飞行等技术，研制载人电动垂直起降飞行器，探索空中交通新模式。聚焦智能机载、复合材料、新能源动力创新，研制超声速、翼身融合等新一代商用飞机，推动氢电池、氢涡扇等氢能飞机技术验证示范。研制低成本卫星和可重复使用运载火箭，加快宽带通信卫星发射组网及商业运营，积极利用空间频率和轨道资源，建设陆海空天领域全天候、全球性卫星互联网。

目前，上海金山、松江、杨浦等区正积极布局培育低空经济产业发展。2023年6月，金山区出台《金山区关于推动无人机产业高质量发展暨深化建设华东无人机基地的行动方案（2023—2025年）》，未来将加快无人机体系化、规模化、特色化发展，协同打造长三角世界级无人机产业集群。到2025年，金山区无人机产业项目计划总投资达到100亿元、企业市场估值达到100亿元，形成50项体系化创新成果，打造"100+"应用场景，实现飞行服务"一网统管"，并形成一揽子制度创新。

2023年12月27日，上海中心城区首条美团无人机航线开航仪式在杨浦举行。杨浦区方面表示，美团无人机航线开航标志着杨浦低空经济的起飞成功，下一步，杨浦将抢抓低空经济产业高速发展战略机遇，全力支持企业技术创新，拓宽无人机服务应用场景，构建低空经济融合发展生态，不断塑造发展新动能新优势。

四、成都：打造中国工业无人机第一城

成都市工业无人机产业基础雄厚。成都市依托航天军工产业基础，成为国内无人机产业集聚度最高的地区之一。2023年，成都市政府工作报告提出，成都要聚焦产业建圈强链，加快建设现代化产业体

系，打造中国工业无人机第一城。

自 2021 年起，成都就将工业无人机作为重点发展的产业链。近年来，成都工业无人机产业规模保持年均 20% 以上的增速，大型（军用）无人机位居全国第一，工业无人机产业综合竞争力排名全国前三。据不完全统计，截至 2022 年，成都已聚集工业无人机产业链上下游企业 100 余家，以中航无人机（翼龙系列军用无人机已出口 12 个国家）、纵横股份（工业无人机龙头）、腾盾科技、傲势科技 4 家链主领衔的 9 家整机制造企业实现营收 41 亿元，带动浩孚科技、航维智芯等众多上游载荷制造，以及民航二所、携恩科技、时代星光等下游配套服务企业协同发展。成都市高新区在 2023 年 3 月发布了《成都高新区发展工业无人机产业三年行动计划（2023—2025 年）》（征求意见稿），力争 2025 年工业无人机产业规模达 100 亿元。在 eVTOL 方面，成都市拥有沃飞长空等未来独角兽企业。

在经过多年的探索之后，成都低空空域开放进度已经取得重要突破，其中成都淮州机场向外飞行通道已达 6 条、低空空域面积已达 1 652 平方千米，并构建了 17 个无人机专用空域，实现了有人机与无人机同场飞行。自低空改革试点以来，成都市有人机累计飞行 40 多万架次、8 万多小时，无人机累计飞行 800 多万架次、60 多万小时，飞行量均稳居全国前列，空域资源利用效率大幅提升，空域运行管理新模式的效率与安全性得到充分验证，为城市低空交通发展提供了可靠的运行保障。

五、南京：依托丰富的科教资源

南京低空经济领域科教资源丰富，研发基础力量雄厚，拥有南京航空航天大学、南京理工大学、东南大学以及中国电科 14 所、28 所和融通第 60 所等多所从事航空航天技术研究的高等院校和科研院所；

聚集有南京航空航天大学无人机研究院、南航民航学院、南京智慧航空研究院、南航国际创新港城市空中交通研究院等一批科创平台；在无人机产品研发、制造、应用以及无人机运行管理（空管、安全评估、适航）等领域，具备一流的人才队伍和研发条件，是全省加速推进低空产业创新发展的策源地。

南京市浦口区是南京重点打造的低空经济承载区，也是中国低空经济产业布局较早的区域。2018年，南京航空航天大学就开始在浦口区进行低空经济关键技术的研究和应用。2020年，南京成为全国首批13个民用无人驾驶航空试验区之一。如今，浦口区已集聚无人机相关企业约30家，涵盖研发设计、整机生产、运营服务、行业应用等产业链全环节。2024年5月，《南京市促进低空经济高质量发展的实施方案（2024—2026年）》《南京市关于支持低空经济高质量发展的若干措施（试行）》正式发布，南京力争通过3年建设，全市低空经济产业规模发展超过500亿元。从若干措施来看，南京将进一步完善低空经济配套基础设施，逐步完善全市低空飞行地面基础设施和低空数字智联网。未来3年，南京将建成240个以上低空航空器起降场（点）及配套的信息化基础设施，建成3个以上试飞测试场和操控员培训点，规划建设1~2个通用机场，开通120条以上低空航线，有效满足低空飞行各类需求。

【案例】

江苏经济乘"数"高飞

从南京市公共资源交易中心获悉，"风筝线无人机管理系统"数据产品不久前在南京数据交易平台上架。这是江苏省首个低空经济数据产品，标志着南京在推动数据要素与低空经济产业融合发展上迈出坚实的第一步。

第一个"飞"起来的数据产品，为何花落南京？记者了解到，南京大翼航空科技有限公司深耕无人机行业多年，飞行足迹遍布全国，沉淀了大量的飞行数据和成果数据。大翼航空总经理季鸿介绍，之所以选择在南京上架，"是因为南京在发展低空经济和数据交易平台方面的决心和力度较大，给企业提供了较多的应用场景和服务支撑，我们是双向奔赴"。

这个数据产品是怎么"飞"的？"风筝线无人机管理系统"整合了物联网、互联网和北斗卫星数据信息，支持无人机任务的协同规划与指挥调度，可实现航拍数据的远程实时显示以及飞行记录和无人机地理空间数据（飞行轨迹、禁飞区）的三维可视化展示。

季鸿介绍，未来可以由各地职能部门和企业采购相应的飞行数据服务。"网格化"部署的无人机机库和无人机管理系统由低空经济产业链的相关公司来投入，避免了重复建设。

数据产品交易灵活。可以是一架无人机按天出具数据产品给客户，也可以为一座城市、一个行业提供信息支持。购买方将数据"脱敏"处理后，还可以二次甚至 N 次出售。一定范围的数据共享，将惠及各行各业无人机数据的需求方，进一步活跃数据等相关市场。

聚焦低空经济发展，公司和平台双向奔赴。"为确保首个低空经济产品上架，我们团队多次赴企业，指导企业做好上架前的合规认证等工作。"南京市公共资源交易中心数据交易部门负责人介绍说，作为一家"数据交易超市"，平台并非把产品上架后就撒手不管了，后续还将通过路演、产品跨平台互挂等多种方式，加大产品推介力度，帮助企业提高产品成交率，让数据产品"供得出、流得动、用得好"。

有业内人士表示，作为"低空经济＋数据经济"的一个"试验样本"，有望激励更多企业探索低空经济领域的新机遇，更好地助力江苏低空经济乘"数"高飞。

资料来源：《全省首个低空经济数据产品在南京上架》，《新华日报》，2024 年 8 月 17 日，第 2 版。

六、苏州：多项国家、全球开创性成果已落地

苏州低空经济产业已有一定规模。全球最大的无人运输机、全球首款全域自主感知植保无人机、全国最大的空地一体城市全域巡检信息共享系统等多项开创性成果均出自苏州。2024年4月出台的《苏州市低空经济高质量发展实施方案（2024—2026年）》明确，力争到2026年，将苏州打造成为全国低空经济示范区。

在空天产业链上，苏州已集聚链上企业超过300家，涵盖碳纤维、锂电池、航空发动机、飞控系统、智能装备、无人机整机等领域。

2024年以来，苏州已签约低空经济项目251个，计划总投资超过730亿元。其中，低空制造项目超过150个，计划总投资超过500亿元，还新签约低空经济产业基金16个，总规模超过200亿元。在2024年4月召开的苏州市低空经济发展推进大会上，苏州公布了首批低空经济先导产业园（见表3-1）。

表3-1 苏州首批低空经济先导产业园

园区名称	所在地区
常熟特种无人机产业园	常熟高新技术产业开发区
太仓航空产业园	太仓高新技术产业开发区
太仓港低空经济产业园	太仓港经济技术开发区
苏州低空经济产业园	吴江东太湖度假区
昆山花桥低空经济产业园	昆山市花桥经济开发区
苏州工业园低空经济产业园（新盛里）	苏州工业园长阳街
昆山绿色航空产业园	昆山市淀山湖镇

例如，苏州低空经济产业园旨在打造以"飞行服务+智能制造"为核心的低空经济特色示范园区，加速布局低空智联网，飞行服务监管平台，通用航空器三电系统、零配件及整机生产制造等重点产业方向；苏州工业园区依托特种无人机、无人机库和通用航空运营服务等

领域的产业发展优势，聚焦行业无人机、低空动力、空天地融合产业等重点领域，构建低空经济融合发展生态。

此外，苏州也在政策上持续发力，引导低空经济产业快速发展。《苏州市低空经济发展体系与愿景》《苏州市支持低空经济高质量发展的若干措施》等为低空经济产业发展指明方向并提供资金支持。

【案例】

金融"燃料"驱动低空经济产业增长

2024年4月，由苏州若航交通发展有限公司打造的首期生态观光特色航线正式开通，补齐了"太湖美"3D立体度假的最后一块"拼图"。

据了解，该企业是苏州一家民营通用航空企业，主营机场经营管理、空中旅游观光服务等业务。为响应当地低空经济高质量发展三年规划，企业计划到2026年将航线覆盖无锡、南通、嘉兴及上海，同时拟加入商务接洽、专业训练、城市交通等更多低空场景。

这项发展规划对升级航空耗材、完善基础设施、集聚创新人才等方面提出了更高要求。中国银行苏州分行（简称"苏州中行"）组成专项金融服务小组，根据企业经营特点量身定制授信方案，于3个工作日内落地800万元融资支持，推动企业进一步拓展直升机应用市场。

近年来，苏州大力推动低空经济等新兴产业发展，产业规模效应逐渐显现。苏州中行坚持与地方经济发展同频共振，以金融"燃料"驱动低空经济产业密集创新和高速增长，助力打造全国低空经济示范区。

2024年也是普惠金融发展十周年，苏州中行结合科创企业"轻资产、高技术"的特征，通过SIP模式[①]、科创贷、知惠贷等特色产品和

---

① SIP模式是中国银行总行批准的、中小企业业务新信贷工厂模式下、服务苏州市科技型企业的专属模式，以扶持初创、成长期优质小微科技型企业为特殊目标，带动普惠业务高质量发展。

服务，已为近 2 700 家科创企业提供超过 550 亿元授信支持。

资料来源：人民网江苏频道，《苏州中行：金融"燃料"驱动低空经济产业增长》，2024 年 4 月 16 日。

七、无锡：成立全国首个低空经济发展处

无锡作为一座拥有传统通用航空优势及无人机产业发展基础的城市，率先成立了全国首个低空经济发展处。《无锡市低空经济高质量发展三年行动方案（2024—2026 年）》明确，力争到 2026 年，形成以丁蜀低空经济产业园、梁溪科技城等试点片区为支撑，以传统通用航空、无人驾驶航空为重点的产业空间布局，构建集研发制造、商业应用、基础设施、服务配套"四位一体"的低空经济协同发展体系。

数据显示，无锡与低空经济直接关联的重点企业超过 30 家，另有数十家不同规模的低空飞行服务企业。其中，在上游核心零部件制造方面，具备航空级材料、发动机叶片、传感器等核心零部件的生产制造能力。

在产业布局上，无锡对各产业承载区做了不同定位。宜兴市丁蜀低空经济产业园以低空装备整机及核心零部件制造、试验试飞、维修保养、售后服务等综合服务保障为特色；梁溪科技城低空产业园以中小型无人驾驶航空器研发为核心、定制化产业载体建设与运管服务为特色；无锡航空航天产业园（新吴）以传统航空航天装备及核心零部件制造为特色，无锡航空航天产业园（惠山）以航空发动机产业为主导，以研发试验与检验检测、精密制造为特色。

动力电池产业链有 32 个主要环节，常州聚集了其中的 31 个，产业链完整度高达 97%。

当然，发展低空经济，常州不只有电池。有统计显示，截至 2024 年 8 月，常州正常经营的无人机相关企业共计 250 家左右，其中成立

年限在 1~3 年的仅 16 家，约 52% 的相关企业是集中在 2015—2019 年涌入的，涉及领域包含电池、航电、飞控、机身结构与内饰、基础设施等，几乎覆盖低空产业全链条。

八、湖南："通用航空 + 北斗"

作为通用航空发展不可或缺的时空信息保障系统，北斗对低空经济的重要性不言而喻。发展"通用航空 + 北斗"模式下的低空经济，湖南大有可为。湖南是全国首个全域低空空域管理改革试点省份，同时具备北斗技术创新核心策源地优势，目前湖南北斗产业集群拥有企业 400 余家，聚集国内行业 80% 以上的核心技术资源。

针对省内低空监视通信能力弱，特别是低空 500 米以下监视通信覆盖不足的区域，存在"看不见、连不上、喊不应"等通航安全问题，北斗低空综合应用示范项目总投资约 1.5 亿元，重点改造升级湖南省低空综合服务平台，围绕低空综合管控需要，建设低空监视管理、通航地面保障、无人机管控服务等功能，实施"北斗 + 低空产业链"，开展通航应急救援、无人机物流试点及应用、林业空地一体化服务、无人机数字农业服务四大应用等。

中国国际贸易促进委员会湖南省分会副会长邓罗兴介绍，目前湖南已建成全国第一个低空空域监视网。近年来，湖南积极探索北斗时空技术在低空产业链上的应用，在通航应急救援、无人机物流试点及应用、林业空地一体化服务、无人机数字农业服务、环境监测、物流配送等多个领域取得了显著成果。

2023 湖南（国际）通用航空产业博览会"北斗 + 低空"融合发展论坛表示，湖南要以构建北斗产业创新发展为抓手，推动低空经济高质量发展，如加大政策法规支撑力度、提升基础设施水平、推进提质机制创新、强化市场开发和坚持创新驱动等。

九、西藏：从无到有、从小到大

在国家的大力支持和各方的共同努力下，西藏的航空产业实现了从无到有、从小到大的发展。

西藏地广人稀，陆地交通建设成本高、运输时间长，发展通用航空产业十分必要且前景广阔。西藏地处祖国西南边陲，发展低空经济既拥有区位、政策、资源等方面得天独厚的优势，也面临地理、气候、环境等方面的挑战。为加快施工进度，节省项目投资，尽快补齐机场数量短板，自治区发展改革委立足西藏实际，谋划实施一批重大科技专项，把科技创新融入高原通航产业发展全环节、全过程。

受空气稀薄影响，西藏通航运营面临机型选择难、经营主体少、经营成本高等问题。为解决上述问题，一方面，依托通航专家的力量，进行专项课题研究；另一方面，积极引进航空制造企业开展机型试飞，对接区外优质企业进藏考察调研。截至 2024 年 7 月底，已经开展了 ARJ21 医疗机、AC 系列直升机西藏试飞，正积极谋划在西藏建立无人机高原型研发测试基地，制定高原低空经济相关运行标准。同时，充分发挥大数据、云计算、人工智能等领域的技术优势，用无人机、eVTOL、北斗、5G、ADS-B（广播式自动相关监视系统）等技术补齐西藏在低空经济领域的技术短板，通过上述技术在高原场景应用转化推动国产低空相关技术进步。

除此之外，西藏高位谋划、高标部署，打牢高原通航产业持续健康发展基础。

建立健全通航发展机制，形成"1+N"规划政策体系。编制印发了《西藏自治区通用航空发展规划（2021—2035 年）》，先后出台《西藏自治区支持通用航空产业发展的若干政策（试行）》《西藏自治区通用航空发展专项资金管理暂行办法》《西藏自治区促进通用航空产业（链）高质量发展工作方案》等，形成了"1+N"规划政策体系。

夯实、筑牢通航发展基础，构建"8+11"机场布局。在机场建设中坚持注重实用性，以拉萨贡嘎机场为核心，充分拓展公务机保障服务功能；以 7 座支线机场为支撑，增设或完善通用航空服务设施，拓展应急救援、短途运输等通用航空业务；以达孜应急救援基地为平台，按照应急救援"全区一盘棋"的整体思路，建设航空应急指挥管理中心。同时，扎实推进新建通用机场各项工作，利用自治区现有基础设施条件和机场建设规划，实现"8 个运输机场 +11 个通用机场"的初期机场布局。

丰富拓展通航发展前景，打造"通航 +X"产业形态。按照"政府主导、市场运作"的模式，充分利用招商引资优惠政策，主动对接通航企业到藏开展试飞、作业、投资、运营等，打造"通航新兴产业 + X 传统行业"的新业态。已形成拉萨雪鹰、西藏航通等藏内传统通航企业与中国通航、青岛直升机等藏外企业差异化竞争格局；以无人机为主的低空经济新兴企业在藏发展迅猛，顺丰、美团、海澜等公司均已开始开展无人机业务。

自治区发展和改革委员会党组成员、副主任表示，下一步，将紧紧围绕"建起来、飞起来、管起来"的关键目标，按照建设分布合理的机场网、构建安全高效的飞行保障网、打造覆盖全面的低空航线网、搭建反应迅速的应急救援网、完善服务优质的市场应用网的"五个网"核心任务，尽快实现首批通用机场开工建设，进一步拓展通航市场应用面，重点优化通航产业管理机制，推动西藏通航产业持续健康发展，谱写西藏低空经济高质量发展新篇章。

十、安阳：飞翔之城

低空经济浪潮起，古都安阳乘势飞。自带飞翔基因的古都安阳被称为"飞翔之城"。河南省安阳市基于航空运动起步较早、享誉全国，通用航空、无人机等产业厚积薄发、方兴未艾，初步形成了比较完整的低空经济产业链，正乘势而上，抢抓历史发展机遇，竞逐低空经济新赛道。

蓝天实验室是河南省唯一一家以无人机及通航领域关键技术研究为主攻方向的省级实验室，建成后将成为安阳市乃至河南省低空经济高质量发展的科技加速器。

1955年，国家体育总局安阳航空运动学校创办，这是中国航空运输协会最大的综合性航空俱乐部和航空体育训练比赛中心，是国家民航局批准的航空培训单位，担负着国内外跳伞、滑翔、轻型飞机、直升机等项目的训练比赛、航空表演、飞行培训和航空科普等任务。作为中国航空体育运动的摇篮，安阳航空运动学校已为国家航空体育领域培养了近万名人才，在国际上享有盛誉，同时也让安阳拥有了一片4 420平方千米3 000米以下的"自由"空域，为安阳航空运动的发展打下了坚实基础。被誉为"世界一流、亚洲第一"的林虑山国际滑翔基地，起飞区海拔高度1 210米，相对高差800米，陡峰坡度60度，视野开阔，地标明显，便于领航。依托林虑山国际滑翔基地，安阳市举办了数十次国内外重大赛事。该基地被国家体育总局认定为"国家体育产业示范项目"，成为安阳打造航空运动之都的又一张"王牌"。

在安阳无人机产业园，全国首个5G泛在低空飞行测试基地、8万平方米的生产制造基地已经建成，河南省无人机质量检验中心、无人机飞行中心和5G无人机指挥控制中心全面发挥作用，形成了"一区两基地三中心"的产业布局和完整的无人机产业生态体系。

安阳涉航企业有65家，其中无人机企业40家。安阳全丰公司是全国植保无人机龙头企业，是国家航空植保科技创新联盟理事长单位。2021年安阳蜂巢公司成为规上企业，年产工业级无人机百余架，整机制造具备一定基础。2022年，猎鹰消防无人机系统获省首台（套）重大技术装备认定。嵩阳光电子、见喜纳米材料、铭镓半导体材料等多家航空材料高科技公司集聚安阳。高安和揽羽两家航模制造企业生产的航模器材畅销欧美等地。安阳通航制造产业链不断延展，生产初具规模。

2023年，河南省发展和改革委员会印发《豫北航空经济协作区发展规划》，依托安阳、鹤壁、濮阳三市经济发展导向和资源优势，着力建设通用航空、航空物流两大主导产业，高质量低空经济将成为带动豫北三市跨区域一体化发展的强力引擎。放眼低空经济新赛道，安阳发展基础更加稳固，发展优势越发显著，在无人机制造、飞行培训、农林作业、航空会展等领域正加速形成新质生产力。

依托与生俱来的飞翔基因，蓬勃开展的航空运动，全产业链无人机生产，厚积薄发的通用航空产业，以及全力奔跑、逐梦蓝天的安阳人，安阳正乘势而上，逐浪低空经济潮头立。

十一、绵阳：教育与产业深度融合

四川省绵阳市是推动低空经济领域教育与产业深度融合的典范。2024年9月5日，绵阳低空经济产业学院在绵阳飞行职业学院揭牌，成立全国第二家低空经济产业学院。

绵阳飞行职业学院作为绵阳科技城（北川）通航产业园的重要组成部分，依托国家示范职教集团——泛美教育集团，积极探索校企合作、产教融合新路径，紧密对接行业需求，为低空经济领域输送大量创新人才，在人才培养、教育教学等方面取得了显著成果，截至2024年9月在校学生已超过1.1万人。

中国航空器拥有者及驾驶员协会称将与绵阳低空经济产业学院携手，推动低空经济产业相关行业标准的制定和推广，同时将在技术交流、师资培训及学生技能证书认证等方面提供全方位支持，共同推动低空经济产业的繁荣发展。

近年来，北川突出通航产业主导地位，大力发展低空经济，加快形成新质生产力，并组建设立10亿元的低空经济产业基金。绵阳科技城（北川）通航产业园里，已有18家通航无人机企业入驻，集装备制造、场景应用、观光旅游、运营培训、航空运动于一体的低空经济全产业链成型成势，正向西部通航产业创新高地和低空经济应用示范区加快迈进。

日趋规范　中央、地方政策陆续出台

全球范围内，低空经济正处于快速增长阶段，随着无人机技术的快速发展和商业应用的推广，越来越多的国家和地区开始重视低空经济的潜力，并采取相关政策和措施来促进其发展。低空经济发展涉及多个行业，包括物流配送、农业和环境监测、城市交通管理、娱乐和旅游等领域，发展低空经济重点需要解决空域管理、法规制定、技术创新、隐私安全和人才培养等方面的问题。

2010年以来，中国为推动低空经济发展先后颁布了一系列政策法规。

一、国家层面

2010年11月，国务院、中央军委发布《关于深化我国低空空域管理改革的意见》，体现了中国政府已经认识到发展低空经济的重要性和必要性，标志着中国拉开了低空空域管理改革的序幕。其中指出低空空域是通用航空活动的主要区域，深化低空空域管理改革是大力发展通用航空、繁荣中国航空业的重要举措，是经济社会发展的必然要求，具有重大意义。

2021年，中共中央、国务院印发《国家综合立体交通网规划纲要》，提出发展交通运输平台经济、枢纽经济、通道经济、低空经济。2022年12月，中共中央、国务院印发《扩大内需战略规划纲要（2022—2035年）》，提出加快培育海岛、邮轮、低空、沙漠等旅游业态，释放通用航空消费潜力。

2023年，《无人驾驶航空器飞行管理暂行条例》（简称《条例》）出台。《条例》的出台有利于支撑无人机产业强劲增长。在技术突破和应用需求的双轮驱动下，无人机越来越多地被用于快速物流、应急救援、农林植保、航空测绘等领域，无人机产业的重点正在从生产制造向专业化应用服务发展。在此背景下，《条例》的出台将更好地支撑无人机应用需求的充分释放，并且有利于把握低空经济发展机遇。

我国无人机应用产业起步晚，但起点高，相对于欧美等通航发达国家，拥有明显的后发优势。无人机绿色低碳的应用模式与交通强国、综合立体交通、碳达峰碳中和以及空中交通管理体制改革的国家发展战略相一致，能够大幅提升末端微循环效率，与国内国际双循环的新发展格局相协调。《条例》在分类管理的国际通行框架下，结合我国空域和飞行活动的现状特点，提出的具有中国特色的无人机分级分类、协同监管模式，将对我国推动无人机产业高质量发展、把握低空经济发展新机遇产生积极影响。而且《条例》的出台有利于规范我国无人机飞行活动。近年来，无人机违规飞行对我国的航空安全、公共安全、空防安全造成了诸多影响，扰航、侵入要地、侵犯隐私安全等事件频发，造成了较为负面的社会影响。《条例》从航空器设计生产标准、操控人员要求、飞行空域划设、飞行活动管理以及法律责任等多个维度进行了规范，为管理部门和社会公众有法可依提供了关键支撑。

2024年1月，《条例》正式实施，从民用无人驾驶航空器及操控员管理、空域和飞行活动管理、监督管理和应急处置、法律责任四个方面规范了无人驾驶航空飞行器以及有关活动，标志着中国无人机产业将进入有法可依的规范化发展新阶段。将无人驾驶航空器从设计生产到运行使用的全链条纳入监管，可以极大促进相关产业健康有序发展，进一步维护国家的航空安全和网络空间安全。

整理近年来中国在国家层面出台的有关低空经济发展的政策和规划（见表3-2），可以看出，为了进一步激励中国低空经济发展，从2023年至今，国家密集出台了一系列相关政策和管理办法。从空域管理和安全保障来看，为了确保低空经济的安全、有序发展，需要建立健全低空交通管理系统，包括航空通信、导航、监视和流量控制等方面的技术和制度支持。

表3-2 国家层面低空经济政策梳理

发布时间	发布主体	文件/会议名称	主要内容
2010年11月	国务院、中央军委	《关于深化我国低空空域管理改革的意见》	首次明确了深化低空空域管理改革的总体目标、阶段步骤和主要任务
2014年7月	国务院、中央军委	《低空空域使用管理规定（试行）》	将低空空域分为管制空域、监视空域和报告空域，明确了飞行计划的报备要求
2016年5月	国务院	《关于促进通用航空业发展的指导意见》	将通用航空业定位为战略性新兴产业体系
2017年6月	中国民航局	《民用无人驾驶航空器实名制登记管理规定》	要求境内最大起飞重量为250克以上（含250克）的民用无人机拥有者必须进行实名登记
2018年9月	中国民航局	《低空飞行服务保障体系建设总体方案》	规划建设国家、区域和飞行服务站三级服务保障体系
2019年1月	中国民航局	《基于运行风险的无人机适航审定指导意见》	开展无人机适航审定分级管理
2021年2月	中共中央、国务院	《国家综合立体交通网规划纲要》	首次提出"发展低空经济"

续表

发布时间	发布主体	文件/会议名称	主要内容
2021年10月	中国民航局	《民用无人机驾驶航空器系统适航审定管理程序(征求意见稿)》	规范和指导中型与大型民用无人机系统在设计、生产和运营批准方面的活动
2021年12月	中国民航局	《"十四五"民用航空发展规划》	鼓励无人机应用拓展,支持无人机在多个领域的服务
2021年12月	国务院	《"十四五"现代综合交通运输体系发展规划》	提出有序推进通用机场规划建设。构建区域短途运输网络,探索通用航空与低空旅游、应急救援、医疗救护、警务航空等融合发展
2022年3月	中国民航局	《城市场景物流电动多旋翼无人驾驶航空器(轻小型)系统技术要求》	国内首个针对城市内应用的物流无人机体系的技术行业标准
2023年6月	工业和信息化部	《民用无人驾驶航空器系统安全要求》	强制性规定了民用无人驾驶航空器的安全要求
2023年6月	国务院、中央军委	《无人驾驶航空器飞行管理暂行条例》	构建了无人驾驶航空器全链条管理体系
2023年10月	工业和信息化部、科学技术部、财政部、中国民航局	《绿色航空制造业发展纲要(2023—2035年)》	面向多个应用场景,加快eVTOL等创新产品应用
2023年12月	中共中央	中央经济工作会议	将低空经济明确为国家战略性新兴产业
2023年12月	中国民航局	《国家空域基础分类方法》	依据多个要素将空域进行分类
2024年1月	交通运输部	《民用无人驾驶航空器运行安全管理规则》	规范民用无人驾驶航空器的运行安全管理工作
2024年3月	国务院	政府工作报告	"低空经济"首次写入政府工作报告
2024年3月	工业和信息化部、科学技术部、财政部、中国民航局	《通用航空装备创新应用实施方案(2024—2030年)》	提出到2023年,通用航空装备全面融入人民生产生活各领域,成为低空经济增长的强大推动力,形成万亿级市场规模

续表

发布时间	发布主体	文件/会议名称	主要内容
2024年7月	二十届三中全会	《中共中央关于进一步全面深化改革 推进中国式现代化的决定》	其中明确"发展通用航空和低空经济"。这也是中共中央历次全会的决定中，首次写入"低空经济"

二、区域层面

2004年以来，中国部分省市就已经鼓励放开低空领域管制，进行低空经济试点，其中包括广州、沈阳和长春等。2024年，全国超过25个省份将低空经济相关内容写入政府工作报告，鼓励加快发展低空经济，形成新质生产力。2022年至2024年8月31日，各地共出台低空经济直接相关政策文件158部，其中实施方案（行动计划）类文件93部，发展规划、地方条例类21部，扶持政策类44部。

广东省是国内发展低空经济起步较早的省份之一。2022年1月，国家发展和改革委员会、商务部印发《关于深圳建设中国特色社会主义先行示范区放宽市场准入若干特别措施的意见》，放宽了航空领域准入限制；同年8月，深圳市获批中国民航局授予的全国民用无人驾驶航空试验区。一系列创新试点任务为深圳市低空经济发展打开了空间。2024年1月3日，全国首部低空经济的地方专项法规《深圳经济特区低空经济产业促进条例》公布，从基础设施、飞行服务、产业应用、技术创新、安全管理等方面助力低空经济产业发展。2024年广东省政府工作报告提出，创新城市空运、应急救援、物流运输等应用场景，加快建设低空无人感知产业体系。2024年5月，《广东省推动低空经济高质量发展行动方案（2024—2026年）》出台，提出8项共29条具体措施，抢滩低空蓝海，竞逐低空经济产业高地。2022—2023年，广东、浙江和江苏等经济发达地区纷纷出台相关政策，对符合条件的低空产业项目给予奖励补贴，加快打造未来千亿元级产业集群。例如，依托无人机产业链优势，深圳已初步建立了低空经济生态融合产业园、大运无人机产业园、航空物流园三大相关产业园；而广州则以广州开发区（黄埔区）为低空经济发展先行试验区，将重点放在交通枢纽和制造业基础方面的优势领域，应对空域限制、加强创新和降低成本等方面的挑战，以实现低空经济的可持续发展。

在低空经济这一蓬勃发展的新兴领域，我国经济活动的复杂性和交叉性日益显著，其涉及的法律部门广泛，包括航空器与空域管制、数据安全保护、个人信息权益、产品安全以及建设工程等关键领域。这一跨部门、跨领域的特性使得对低空经济活动进行监管和行政执法显得尤为重要。

为了确保对低空经济领域各类经济活动的有效、规范监管，行政机关必须严格依法行事。然而，当前与低空经济相关的法律法规和规范性文件尚不完善，无法完全适应其快速发展的步伐。因此，我们必须加快推动与低空经济相关的地方性法规和地方政府规章的起草和出台工作，为低空经济的健康发展提供坚实的法治支撑。

在地方政府层面，多地已积极响应，成立专门工作组或类似机制，旨在协同应对低空经济项目中可能出现的合规风险。这种跨部门协作的模式不仅提升了监管效率，也彰显了地方政府对低空经济发展的重视。然而，为确保工作的规范性和有效性，还需要进一步完善这些工作组的组织架构和运行机制，将其工作规则纳入法规体系中，以实现系统化和法制化的管理。

展望未来，随着低空经济相关法律法规的不断完善，我国低空经济将迎来更加广阔的发展前景。这些法规将为低空经济提供明确的法律框架和监管标准，有助于推动其健康、有序地发展。同时，这些法规也将为投资者和企业提供稳定的法律环境，增强他们对低空经济的信心和投资意愿。各地有关低空经济的政策目标具体见表3-3。

表 3-3　各省区市低空经济政策目标一览

省份	文件	目标
北京	《北京市促进低空经济产业高质量发展行动方案（2024—2027年）（征求意见稿）》	·到2027年，建设一批低空经济领域市级、国家级创新平台，参与编制一批国家、国际标准。基本构建起支撑智能航空器（端）—网联空域及立体基建（网）—数字空管（云）—智慧飞服（服）—多元应用（用）的技术创新体系 ·到2027年，培育10亿元级龙头企业10家，过亿元产业链核心环节配套企业50家、技术服务企业100家，在低空智联网、垂直起降场、无人机及eVTOL等领域形成一批具有国际竞争力和品牌影响力的低空产品及服务 ·到2027年，围绕应急救援、物流配送、空中摆渡、城际通勤、特色文旅等，新增10个以上应用场景，开通3条以上面向周边地区的低空航线 ·到2027年，建立起覆盖各类无人机及"低慢小"航空器、多种技术搭配、高中低空高效协同的安防反制能力，形成一批可复制、可推广的解决方案及低空安防模式，确保首都低空安全，打造全国标杆
天津	《天津市宁河区低空经济高质量发展行动方案（2024—2026年）》	·到2024年底，落地低空经济产业链相关企业突破20家。设立宁河低空经济专项基金。依托中国民航大学宁河二期项目，启动通用航空机场及低空综合测试场建设项目、科普研学宁河基地项目，实施七里海巡检项目，打造宁河低空经济应用场景示范 ·到2025年底，落地低空经济产业链相关企业突破40家，基本建成现代产业区低空经济试验片区，承接北方地区无人机企业试飞测试市场需求。推进中国民航大学科技园项目 ·到2026年底，落地低空经济产业链相关企业突破60家，打造特色低空主题产业园，引培2家以上专业平台载体，加快发展成为京津冀地区低空经济发展先行区、北方地区低空飞行产业示范区
	《天津港保税区推进低空经济高质量发展行动方案》	·到2027年，低空经济发展要素和基础条件基本完备，培育出一批具有核心竞争力、带动作用强的骨干企业，形成具有较强竞争力的特色产业集群 ·到2030年，基本建成较为完善的低空经济体系，培育形成创新引领、要素富集、空间集约的低空经济产业集群，成为推动高质量持续发展的重要力量
河北	《关于加快推动河北省低空制造业高质量发展的若干措施》	·在整机装备方面，支持通用飞机、自旋翼飞机、系留无人机、复合翼无人机等整机产品创新 ·在通导设备方面，支持卫星、雷达、5G等导航装备和通信装备在通用飞机和无人机领域研发应用

续表

省份	文件	目标
河北	《关于加快推动河北省低空制造业高质量发展的若干措施》	·在新材料方面，支持航空发动机高温合金、碳纤维、石墨烯改性涂层等研发应用 ·在关键零部件方面，推动高精度无人机天线、无人机起降平台、航空轻质高强度模具等产品研发创新 ·在软件方面，推动飞机寿命监控系统、无人机测控系统、无人机任务云控平台等研发验证 ·支持建设实验验证和中试平台。对晋级国家级重点实验室、技术创新中心等科技创新平台，给予300万~500万元奖励性补助支持；认定为省级制造业创新中心的，给予300万元奖励，升级为国家级的，按规定予以相应配套支持；对符合条件新认定的省级工业设计研究院，按不超过建设总投入的50%给予支持，最高不超过300万元；对升级认定为国家工业设计研究院的，按不超过升级建设总投入的50%，最高不超过500万元支持
山西	《山西省加快低空经济发展和通航示范省建设若干措施的通知》	·鼓励市、县政府和省有关主管部门将购买通用航空公共服务（含无人机）纳入本级政府购买目录范围，列入各单位财政预算，扩大购买规模，年度购买飞行服务小时数原则上只增不减 ·鼓励省有关单位建立航空应急救援、航空医疗救护、警务航空等机队 ·对短途运输、低空旅游等通航业务给予补贴，支持常态化开展 ·支持和引导厂矿企业采购航空应急救援、医疗救护服务，对于距离三甲医院超过30千米的厂矿企业有采购航空应急救援服务的，按采购额予以一定补贴 ·对纳入全省低空飞行（含无人机）服务保障体系的工程建设项目，按照工程费的不超过50%给予补助 ·鼓励引进国际级、国家级航空体育运动赛事、无人机竞技比赛等具有航空特性的活动，对引进的赛事、活动给予专项办会补贴 ·对组队代表山西参加国家级及以上航空类项目赛事并取得前三名的学校、相关企业、社会团体，每次给予不少于10万元的奖励 ·鼓励大、中、小学校建设、挂牌校园航空飞行营地，对挂牌校园飞行营地并连续两年以上开展一定量航空科普教育、航空运动等的，一次性给予5万元补贴 ·鼓励省内通用航空院校、企业开展通用航空商照、私照、运动类照、民用无人机驾驶员执照、遥控航空模型飞行员执照等通航培训

续表

省份	文件	目标
内蒙古	《内蒙古自治区低空经济高质量发展实施方案（2024—2027年）（征求意见稿）》	·到2027年，基本构建自治区低空空管和运行服务保障体系，培育1~2个低空空域管理改革试点。通用机场建成数量达到50个、建设标准化临时起降场（点）100个，建成2个以上低空飞行综合服务站。打造8~10个低空经济应用场景，形成一批可复制、可推广的典型应用模式。引育3~5家低空经济头部企业和30家研制造企业，聚集产业链上下游配套企业100家以上。培育呼包鄂低空经济发展圈，建设呼和浩特临空产业、鄂尔多斯低空经济2个示范区，打造包头低空经济制造、赤通锡低空综合应用、"乌阿海满"低空旅游3个集聚区
辽宁	《沈阳市低空经济高质量发展行动计划（2024—2026年）》	·到2026年，低空飞行基础保障体系基本完善，初步形成研发制造、低空飞行、综合服务融合发展产业生态。低空飞行器在城市空运、物流配送、应急救援和智慧城市管理等领域综合服务高效运行，打造10个以上低空经济应用示范场景，培育低空经济相关企业突破100家，产业规模达到30亿元
上海	《上海市低空经济产业高质量发展行动方案（2024—2027年）》	·到2027年，建立低空新型航空器研发设计、总装制造、适航检测、商业应用的完整产业体系，核心产业规模达到500亿元以上。联合长三角城市建设全国首批低空省际通航城市，建成全国低空经济产业综合示范引领区 ·支持10家以上电动垂直起降航空器、工业级无人机和新能源通航飞机研发制造领军企业落地发展，培育20家左右低空运营服务领军企业、3~5家行业领先的适航取证技术服务机构，集聚100家以上关键配套企业 ·打造30个以上标志性产品，形成年产200架以上工业级无人机和吨级载物电动垂直起降航空器、100架以上吨级载人电动垂直起降航空器批量化制造能力，并加快产品推广应用 ·构建低空航空器大中小型分布式起降点设施以及通导、能源、气象、存储等新型设施，升级低空测试试飞基地，打造测试跑道完备、试飞空域充分的地空联动低空经济特色产业园区 ·实现物流运输、应急救援、低空文旅、智慧城市、载人交通等商业场景的"100+"低空飞行服务应用，初步建成"海—岸—城"智慧物流商业体系，积极申请城市空中交通管理试点，加快发展商业载人市空中交通 ·建成无人驾驶航空器综合监督管理服务一体化平台、低空新型航空器适航审定及检验检测中心等，强化低空飞行安全监管，提升低空飞行服务综合保障效能

续表

省份	文件	目标
江苏	《南京市促进低空经济高质量发展实施方案（2024—2026年）》	・到2026年，南京低空经济产业规模超过500亿元；建成240个以上低空航空器起降场及配套的信息化基础设施，建成3个以上试飞测试场和操控员培训点；规划建设1~2个通用机场；开通120条以上低空航线；全市低空经济领域高新技术企业达120家以上；建成15个省级以上创新平台；培育30个以上具备示范效应的创新应用场景。聚焦有效保障低空飞行活动、提升低空产业集聚水平、拓展培育低空应用场景、打造低空科创策源中心和完善低空经济配套措施5个方面，共提出了20项重点任务
浙江	《浙江省人民政府关于高水平建设民航强省 打造低空经济发展高地的若干意见》	・到2027年，基本建成航空服务全省覆盖、航线网络全球通达、空港枢纽多式便捷、航空产业高能集聚、低空经济先行引领、行业治理顺畅高效的高水平民航强省和低空经济发展高地；到2035年，全面建成高水平民航强省和低空经济发展高地 ・布设低空新基建"三张网"（低空基础设施网、低空航路航线网、低空飞行服务网），全省建设A类通用机场达20个、实现"市市通"，公共无人机起降场达150个，四大都市圈核心区低空新基建实现全覆盖 ・推动无人机电商物流规模化发展，打造无人机电商物流品牌；通过政府购买服务等方式，拓展"低空+公共服务"场景应用；完善航空应急救援体系，推进"1+10"通用航空应急救援基地建设；培育"低空+旅游""低空+体育"等新兴消费业态；积极争创国家低空经济相关试点，以县域为单元，开展省级低空经济试点 ・加快建立低空法规政策体系，出台低空运行规则与标准，提升无人机公共安全管理能力，积极举办低空经济相关论坛、特色活动，营造浓厚发展氛围
安徽	《安徽省加快培育发展低空经济实施方案（2024—2027年）及若干措施》	・到2025年，建设10个左右通用机场和150个左右临时起降场地、起降点，部分区域低空智联基础设施网初步形成。到2027年，建设20个左右通用机场和500个左右临时起降场地、起降点，全省低空智联基础设施网基本完备 ・到2025年，低空经济规模力争达到600亿元，规模以上企业达到180家左右，其中，培育生态主导型企业1~2家。到2027年，低空经济规模力争达到800亿元，规模以上企业力争达到240家左右，其中，生态主导型企业3~5家

续表

省份	文件	目标
安徽	《安徽省加快培育发展低空经济实施方案（2024—2027年）及若干措施》	• 到2025年，省级以上科技创新和公共服务平台力争超过100个。到2027年，省级以上科技创新和公共服务平台超过120个 • 到2025年，全省通用飞机飞行力争达到1万小时，无人机飞行力争达到160万小时。到2027年，通用飞机飞行力争达到1.5万小时，无人机飞行力争达到200万小时 • 到2025年，打造30个低空标杆应用场景，5个低空经济发展示范区，建设2个低空经济发展示范城市和1个低空综合应用城市群。到2027年，低空经济标杆应用场景、示范区、示范城市及综合应用城市群进一步扩容升级，争创若干国家民用无人驾驶航空试验基地（试验区）
福建	《福州市关于加快推动低空产业发展行动方案（2024—2026）》	• 2024年底，在全省率先开展低空空域管理改革试点，经军方同意，由地方政府发布无人机适飞空域，建设军、地、民低空空域协同管理机制，打造低空经济产业链 • 2025年底，布局无人机飞行服务站、临时起降点，建设低空产业创新平台，全市低空产业链能级跃升，技术创新能力明显增强，形成低空产业战略性新兴产业集群，争创民用无人驾驶航空器试验基地 • 2026年底，围绕打造高能级无人机产业体系，飞行服务更加优质。低空经济相关企业数量突破400家，组织筛选低空经济十大创新场景，争创国家低空经济示范区
江西	《江西省关于促进低空经济高质量发展的意见（征求意见稿）》	• 到2026年，全省低空制造能力、应用水平、产业生态全面提升，带动全省经济增长超过2 000亿元，低空经济规模和竞争力处于全国领先水平，把江西打造成为全国具有重要影响力的低空经济发展高地。研制一批具有自主知识产权的固定翼飞机、直升机、无人机、电动垂直起降飞行器等低空飞行器，构建以低空制造为核心、以低空保障为支撑、以低空服务为特色的产业体系，培育一批低空经济领军企业、独角兽企业，力争聚集低空制造及相关配套企业300家，争创国家级新型通航装备制造业集群
山东	《山东省低空经济高质量发展三年行动方案（2024—2026年）》	• 到2026年，全省低空经济服务保障水平全国领先，成为全国低空经济创新发展重要策源地，低空经济产业成为全省经济高质量发展的重要增长极 • 全面建成覆盖无人机、电动垂直起降航空器、直升机、固定翼飞机等各类低空航空器的智能化管理服务平台，创建2个城市低空融合飞行示范基地，打造4个飞行服务站，建成40个通用机场，400个数字化低空航空器起降平台 • 建成1家以上国家级创新平台，10家以上的省级创新平台

续表

省份	文件	目标
山东	《山东省低空经济高质量发展三年行动方案（2024—2026年）》	·形成10个以上可复制、可推广的典型应用示范，开通50条以上市内无人机航线、20条以上区域无人机物流航线、20条以上景区旅游航线、10条以上短途运输航线，载货无人机实现常态化飞行，电动垂直起降航空器实现商业化飞行 ·全省以工业级、电动垂直起降航空器等各类无人机研发制造为核心的低空经济产业快速壮大，培育亿元级龙头企业20家以上，专精特新企业50家以上，链上企业300家以上，构建形成济南、青岛两核引领，烟台、东营、日照、滨州四点支撑的低空经济产业发展格局
河南	《促进全省低空经济高质量发展实施方案（2024—2027年）》	·到2025年，完成低空基础设施布局，初步建立低空空域管理机制，建成10个左右通用机场和一批直升机、无人机起降场地、起降点；产业规模大幅提升，低空经济规模达到300亿元，规模以上企业达到50家左右，省级以上科技创新和公共服务平台力争超过20个，全省通用飞机飞行时长力争达到8万小时，无人机飞行时长力争达到100万小时；产业生态逐步完善，打造20个低空标杆应用场景 ·到2027年，建成20个左右通用机场及兼具通用航空服务功能的运输机场，低空经济规模达到500亿元，规模以上企业达到60家左右，省级以上科技创新和公共服务平台超过25个，通用飞机飞行时长力争达到10万小时，无人机飞行时长力争达到200万小时。低空经济标杆应用场景进一步扩容升级
湖北	《湖北省加快低空经济高质量发展行动方案（2024—2027年）》	·至2027年，全省低空基础设施基本完备，力争产业规模突破1 000亿元，低空经济成为全省经济高质量发展的重要增长极 ·力争全省建成30个以上通用机场和600个以上起降场地、150个以上地面基站、1~2个A类飞行服务站 ·力争全省培育50家具备整机生产能力的企业，其中10亿元以上规模企业2~5家；开发1~2套具有完全自主知识产权的低空关键系统；培育500家零部件企业和100家新型材料企业 ·重点打造应急救援、物流配送、城市交通、时尚文旅等6个"低空＋"新业态示范应用场景，力争全省低空应急救援起降点覆盖率达100%，建成10个以上物流和文体消费标杆场景，开通30条以上城市低空交通航线，80%以上高标准农田实现无人机植保，省内低空飞行器北斗导航覆盖率达100%

续表

省份	文件	目标
湖南	《关于支持全省低空经济高质量发展的若干政策措施》	·鼓励开展低空飞行，对于主运行基地设在湖南的通航企业年飞行小时达到100小时的，按照最大起飞重量1吨（含）以下的航空器予以500元/小时、最大起飞重量1吨（不含）~5吨（不含）的航空器予以2 000元/小时、最大起飞重量5吨（含）以上的航空器予以3 000元/小时的运行补助，单个企业每年补助最高不超过100万元。对于滑翔伞、动力伞等轻型运动航空器和热气球、飞艇等轻于空气航空器的运营企业，年飞行超过2 500架次的给予运营补贴，超出部分按照35元/架次给予补贴，单个企业每年补助最高不超过50万元 ·对于利用电动垂直起降航空器、飞行汽车等新型飞行器开展商业化飞行的企业，每开通一条固定飞行航线且年飞行小时达到100小时，按照1 000元/小时给予运营补贴，单个企业每年补贴最高不超过300万元。鼓励无人驾驶航空器（无人机）开展低空物流和配送业务，企业每开通一条固定无人机物流航线或配送航线且常态化运营一年以上，年飞行达到1 000架次的（往返为一架次），一次性给予10万元航线补贴，超出1 000架次的部分，小型、中大型民用无人机分别按照35元/架次、50元/架次给予运营补贴，单个企业每年补贴最高不超过100万元 ·鼓励企业投资低空经济领域科技创新平台，对新获批的国家重点实验室、技术创新中心、制造业创新中心、产业创新中心，每年支持500万元，连续支持3年。对重大低空经济类先进制造业项目，根据其对经济社会实际贡献情况给予奖励，最高奖励2 000万元
广东	《广东省推动低空经济高质量发展行动方案（2024—2026年）》	·到2026年，低空管理机制运转顺畅、基础设施基本完备、应用场景加快拓展、创新能力国际领先、产业规模不断突破，推动形成低空制造和服务融合、应用和产业互促的发展格局，打造世界领先的低空经济产业高地。"军地民"三方协同管理机制基本建立，在基础设施建设运营、低空飞行服务保障等方面构建起各方分工明确、协同高效的工作机制 ·建设一批通用机场和起降场、起降点，基本建成安全高效、互联互通的地面基础设施网络，核心区域低空智联基础设施建设完成 ·低空经济规模超过3 000亿元，基本形成广州、深圳、珠海三核联动、多点支撑、成片发展的低空经济产业格局，培育一批龙头企业和专精特新企业

续表

省份	文件	目标
广东	《广东省推动低空经济高质量发展行动方案（2024—2026年）》	• 布局一批省级创新平台，争创国家级创新平台1~2家。攻克一批低空领域关键卡脖子技术，基本实现低空产业链自主可控 • 全省通用飞机飞行达到15万小时，无人机飞行达到350万小时。在城市空中交通、低空物流、全空间无人体系等试点示范取得积极进展
重庆	《梁平区支持低空经济高质量发展十条激励措施》	• 组建10亿元低空经济产业基金，锚定建设西部一流、具有全国影响力的低空之城 • 聚焦航空制造重大项目，对有先导性、引领性的龙头企业，按照"一事一议"的方式给予更多奖励，比如对新落户整机以及相关零部件制造加工的重大项目，按照厂房装修和生产设备、固定资产投资的20%给予奖励，单个企业可达3 000万元 • 聚焦航空应用重点场景，对航拍测绘、农林植保、航空文旅等重点应用场景项目，企业年度营收在500万元以上的，按实际收入的2%给予奖补，最高可达100万元 • 聚焦科技创新重要功能，对被认定为低空领域民航重点实验室、工程实验室、技术创新中心等服务平台或创新载体的，按照研发设备等投入的30%，给予一次性奖励，最高可达1 000万元
四川	《关于促进低空经济发展的指导意见》	• 到2027年，建成20个通用机场和100个以上垂直起降点，实现支线机场通航全覆盖，试点城市低空监管、服务、应用一体化信息平台建成投用，低空空域分类划设和协同管理取得突破性进展，在通航装备制造、低空飞行运营等领域各培育形成3~5家行业领军企业 • 到2030年，全面建成布局合理、功能完善、覆盖广泛的飞行起降基础设施网络，空域管理和服务水平更好适应飞行活动需求，通航装备制造能力、产业配套协作水平国内领先，形成一批具有全球影响力的品牌产品
云南	《昆明市促进低空经济发展的实施意见》	• 通过3年时间，全市低空经济规模达到300亿元，培育低空经济产业链市场主体500家以上，培育专精特新中小企业5家以上，开展"低空+"应用场景试点50个以上，引进至少5家行业代表性企业 • 重点打造滇中新区、盘龙区、呈贡区3个低空经济试点区域，在磨憨开展"智慧边防"无人机试点建设工作，在数据融合共享、智能高效管控、体制机制配套等方面形成集聚化产业生态圈，有效衔接基础设施使用、飞行申请响应、飞行过程监管等功能，保障低空交通安全

续表

省份	文件	目标
西藏	《西藏自治区支持低空经济高质量发展的若干政策（征求意见稿）》	·设立低空经济发展专项资金，用于支持建设通用机场、开展通用航空业务、促进低空旅游消费、开通短途运输航线、开展通用机场运营、建设飞行服务保障体系、完善通用航空设施设备、支持无人机发展，以及建设无人机试验基地、通航小镇，培养低空经济人才，开展培训教育，举办低空经济会议及活动，开展低空经济研究
陕西	《推动低空制造产业高质量发展工作方案（2024—2027年）》	·推动低空制造产业升级，包括持续提升重点产业链建设，增强低空制造项目支持服务，锚定智能化、融合化、服务化不动摇 ·抓好低空制造企业培育，包括支持头部企业做大做强、不断壮大企业体量规模、精准培育细分领域"小而美"企业 ·加速低空制造技术攻关，包括加快新型低空装备产品创新、推动关键核心技术产业化、强化企业创新主体地位 ·加快低空制造产业承载，包括推动低空制造特色产业聚集发展、强化低空应用场景牵引、培育低空制造生态圈 ·强化低空制造要素支撑，包括强化无线电频谱资源统筹优化、促进行业内外合作交流、加大低空产业融资支持力度

资料来源：作者根据地方政府、工业和信息化部网站，以及《通信产业报》整理。

第四章

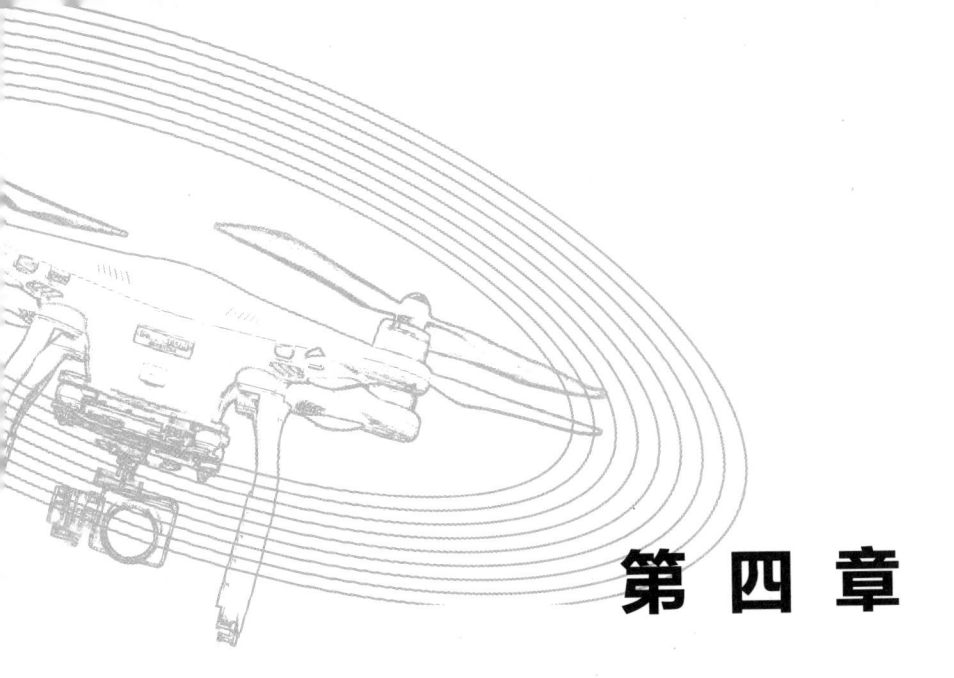

百花齐放的全球低空经济

随着地面交通压力加剧与无人机技术日益成熟，各国正积极探索培育低空经济产业。根据中投产业研究院发布的《2024—2028年中国低空经济深度调研及投资前景预测报告》，全球低空经济的应用探索阶段开始于18世纪。由于低空技术处于萌芽阶段，直到2006年，低空经济产业都以低空旅游为主。2010年以后，低空飞行技术越发成熟，开始向多元化应用方向延展，合理监管成为规范化发展阶段的主要任务。2021年至今，低空经济正处于进一步应用普及阶段，市场与商业模式渐趋成熟。当前，世界主要经济体均关注到这一经济发展新引擎，纷纷采取措施以促进低空经济产业发展，例如美国、欧洲发达国家，以及亚洲的中国、日本等。

百舸争流　先发国家加速立法与监管

一、全球低空经济产业的政策支持

当前，世界主要国家十分重视低空经济产业的发展，包括eVTOL、无人机、空中出租车以及一系列无人机下游应用。各国政府正采取多种举措推动城市交通空中革命，力争抢占发展先机。政策环境与法律规制是影响一国低空产业发展的关键因素，各国政府采取的相关支持举措主要包括以下几个方面。

一是国家战略高度统筹规划。例如美国总统拜登于 2022 年 10 月签署的《先进空中交通协调及领导力法案》，直接强调美国要在城市空中交通行业占据世界领导地位。2023 年 3 月，美国白宫科技政策办公室发布的《国家航空科技优先事项》白皮书也强调了 eVTOL 等低空产品的重要性。法国最新的经济振兴计划也提出用 150 亿欧元支持航空相关产业发展。法国正在带头将自己定位于欧洲战斗机领域的全球核心参与者，在《军事规划法》投票的背景下，这一领域的公告成倍增加。此外，日本也将低空经济视为下一代空中交通。2022 年，日本经济产业省和新能源·产业技术综合开发机构发布的《实现下一代交通方式的社会应用》提出，将通过技术开发与试验进一步扩大无人机应用，力争 2025 年在大阪实现飞行汽车的应用和商业化。

二是在政府支持下设立的大型科研创新项目。例如欧盟"地平线 2020"和"欧洲地平线"两期计划孵化出一系列与城市空中交通相关的项目与企业。

三是政府与科研机构的直接资助科研项目。例如 NASA（美国国家航空航天局）开展的 eVTOL、UAM（城市空中交通）落地关键技术研究与资助的多项中小型研究项目。这些项目资助多所大学以及研究所开展用于低空产品的气动声学研究。ATI（英国航空航天技术研究所）和皇家学会也领导了大量低空经济产业科研项目。欧盟委员会也为欧洲大量技术研发项目提供资金支持。eVTOL 与 UAM 的垂直起降场相关研究已经得到欧盟 1 200 万美元的支持。在荷兰政府的资助下，KPN、Avular、Acecore Technologies 等低空商业公司启动了一系列从小型消费者无人机到专业和军用无人机的生产和研发项目。结合机器视觉技术与神经网络深度学习，荷兰研究人员开发了像动物一样学习的神经形态无人机。

四是专项资金或基金的资助。日本专门设立了无人机基金，主要投资无人机和 AAM（先进空中交通）生态的项目。该基金目前已经资助了日本 eVTOL 开发商 SkyDrive、TETRA 以及大阪世博会的 eVTOL 运营项目。

五是地方政府的奖励与补贴。当前，地方政府资金支持主要用于基础设施建设与企业落地发展，也包括土地价格优惠、配套资金跟投、担保贷款等多项支持政策。例如，德国地方政府积极将未充分利用地区规划为低空产业用地，建设低空技术研发与应用中心，给予低空公司新兴企业待遇，为无人机应用建设良好基础设施。2013年，比利时政府开始支持地方规划有人驾驶与无人驾驶航空器的无人机试验场，并鼓励弗兰德规划基于集群和孵化器的无人机生态系统，参与者包括无人机技术公司 DroneMatrix、医疗无人机运营商 Helicus 以及开发无人机船的 Dotocean 公司。

六是政策性贷款和融资支持。低空经济产业对资金需求量较大，政策性贷款与融资支持是其发展的必要资金来源，据统计，融资能力排名前十的企业总融资额达到全行业主要企业融资额的 81%，而排名前三的企业则占据了 51% 的融资额，分别是 Joby Aviation（飞行汽车公司）、Archer Aviation（航空器公司）和 Lilium GmbH（空中出租车开发商）。早在 2013 年 11 月，美国进出口银行就宣布批准向 Beta Technologies 提供 1.69 亿美元贷款，支持该公司的 eVTOL 总装工厂建设。相关企业利用政策性贷款和融资支持展开了大规模研发与商业应用活动，促进低空经济产业在美国蓬勃发展。在以应用为导向的科技创新方面，加利福尼亚州硅谷湾区作为全球低空经济产业的创新中心，集聚了多家顶尖的低空科技产品制造商，并吸引了国际低空经济产业公司加盟，在 eVTOL、共享空中汽车等先进商业方向均有所建树。2023 年 5 月，欧洲投资银行向德国物流无人机制造商和服务商 Wingcopter GmbH 提供了 4 000 万欧元的准股权资金。

七是孵化器与加速器支持。各主要国家针对 eVTOL、UAM 等领域创业者制订了一系列辅导计划。如 2023 年 8 月英国国家科研与创新署 AAM 创业辅导计划便确定了最多 25 家中小型企业、创业团队参加，正式启动未来飞行投资准备计划。德国慕尼黑工业大学、慕尼黑大学、海德堡大学以及亚琛工业大学等航空领域强校在政府支持下纷纷开设相关专业，助力低空经济科技研发与人才培养。此外，比利时也依托较高的制造业机器人密度，在鲁汶大学与布鲁塞尔自由大学环境交互技术与人工智能实验室的支持下，开展有助于综合性低空技术开发的多学科研究。在创新的产业格局支持下，新兴低空创业公司极其活跃，为比利时低空经济产业注入了新的活力。

八是大型企业或国家资本参与企业投资。低空经济发展需要大量资金支持。当前国资参与低空经济企业投资的方式主要包括三种。第一种方式是国家资本的参与贯穿项目的基础研究、概念设计、产出与应用等多个阶段。第二种方式是国家资本对成熟项目的投资与扶持。第三种方式是由国家政策性银行或金融机构对研发项目与运行项目进行投资。

九是试点运行项目。美欧国家已经启动大量城市空中交通示范运营项目，以促进 eVTOL 与 UAM 在城市落地。在实际应用方面，美国纽约大都市区也将成为引领全球空中交通发展的起源，率先开展低空经济产业变革与实践。通过试点运营项目，建设方案得以论证与优化，在实践基础上发展起降场、充电设施等必要基础设施及其建设要求与标准。美国联邦航空管理局、欧洲航空安全局、日本民航局等机构也与其他行业头部企业一起研究运行概念、监管标准与责任分工等，为低空产品应用提供了坚实基础。新加坡更早地认识到无人机商业应用所带来的安全和隐私问题，新科宇航无人机业务部门表示，将进一步完善规划航线路径的方式，并开发私人通信渠道。

二、各国低空经济法律体系

除政策支持外，低空经济发展也受到法规体系的影响。各国政府在以各种手段促进低空经济发展的同时，也在不断完善其法律环境，将研发、试点、运营等一系列商务活动纳入法律法规框架。目前，各国法律法规主要涉及的领域包括管理、认证与安全等方面。

美国通航法主要由《联邦航空管理条例》(1960年)、《航空及运输安全法案》(2001年)、《通用航空复兴法案》(1994年)组成。其中，《联邦航空管理条例》主要涉及飞行管理与飞行认证两个方面：飞行管理内容涉及A级到G级空域的划分与管理、特别使用空域的划分与管理、飞行驾驶规范、飞机运营商运作、飞行教学管理、机场设计建设与运营管理以及飞行保险；飞行认证主要涉及飞行员认证与体检、机场认证、飞机及零部件适航性认证、飞机维修保养规范和维修机构认证等。《航空及运输安全法案》主要涉及飞机、机场安全管理，属于国家安全部分。《通用航空复兴法案》限定了飞机制造商的负责期为18年。

早期欧洲各国民航法律法规体系由各国自己的民航管理当局制定。随着整个航空产业的不断发展，欧盟各成员国合作成立了欧洲航空安全局。欧洲航空安全局的法规层次包括基本法、实施法、授权法等法规。其法规文件主要包括欧洲航空安全局基本管理法规以及补充条款、其他管理及欧洲航空安全局职责规定、航空安全管理等方面的内容。主要涉及持续适航要求、维修机构要求、放行人员要求、维修培训机构、第三国属飞机管理机构、轻小型航空器维修管理机构、持续适航管理机构、持续适航机构、当局可接受的相关落实措施等。

日本航空相关法律体系包括航空法及其相关法律、航空器制造和利用相关的立法及规则、机场建设和利用相关立法及规则。内容涉及航空器的注册登记，航空器安全性，航空从业人员管理，航线、机场及航空安保设施，航空器飞行，航空运输企业，外国航空器及违规处罚等。日本航空法的宗旨主要包括保障航空器安全并防止损害、确保航空器的适航以维持正常商业秩序，以及谋求航空事业的发展和增进公共福利等。

三、各国低空产品运行监管

各国政府通过立法和政策支持促进全球低空经济规范化和商业化发展，主要体现在空域管理、产业发展政策支持以及长远规划上。全球监管朝支持商业化的宽松方向发展。随着低空空域研究的深入开展，各国在放宽非必要限制的同时，也推动相关政策与规制以更加明确的形式为低空经济发展提供制度保障。由于低空产业起步较早，美国在低空产业管理及政策支持等方面走在前列，在军事化应用方面的规制也相对完善。除美国外，欧盟以及欧洲各国也制定了相关法规及鼓励政策，具体规划设计方面与美国有较大差距。日本也采取了一系列政策来推动低空经济的发展，明确未来近10年的低空产业重心将倾向于城市空中交通。当前，投入广泛应用的低空产品以无人机为主，eVTOL 与 UAM 等概念还在试点运营中。得益于数字时代的信息交换便捷程度，各国正在无人机运营监管标准方面趋于一致。

在美国，主要监管机构为美国联邦航空管理局。在空域管理方面，美国规定 eVTOL 和直升机都可以在无限制空域（一般为 G 级空域）自由飞行。E 类空域（通用管制空域）为通用航空和无人机活动提供了广阔的空间。美国联邦航空管理局将美国无人机使用主要分为休闲类、商业类和政府及公共服务类。其中，休闲类无人机必须通过 TRUST[①] 的测试，重量在 250 克以上的无人机以及商业类无人机需注册，其他无人机还需额外认证。在安全方面，无人机飞行时间被限制在白天，要求距离地面不超过 120 米。

在加拿大，无人机飞行分为基本操作和高级操作两种。根据加拿大交通部最新法规，无人机飞行员需要遵守《加拿大航空条例》中

---

① TRUST：全称 The Recreational UAS Safety Test，即休闲无人机系统安全测试。美国法律要求所有休闲飞行者必须通过航空知识和安全测试，并在执法人员或联邦航空管理局人员要求时提供通过证明。本测试就是为满足这一要求而开发的。

的规定。小于 250 克的无人机都无须注册或获得无人机飞行员证书；250 克到 25 千克的无人机，外国飞行员或操作员不能注册无人机，需要通过线上考试再申请 SFOC-RPAS[①] 来遵守《加拿大航空条例》的相关规定。在安全方面，无人机被要求在视距内飞行，要求在距离地面不超过 122 米的高度飞行，不得在森林火灾等紧急情况下飞行。

在英国，主要监管机构为英国民航局。在空域管理方面，英国民航局制定了一系列相关法规，根据无人机搭载的摄像头和重量来决定是否需要注册。根据英国民航局法规规定，最大起飞重量低于 250 克但是有摄像头的，需要注册以获取操作身份号码；最大起飞重量为 250 克及以上，无论是否有摄像头都需要注册以获取操作身份号码。此外，无人机最大起飞重量为 250 克及以上的，还需要获取飞行身份号码以满足在当地起飞的合规要求。在安全方面，无人机飞行时要与建筑物等障碍物保持 50 米水平距离，其距离地面不超过 120 米。

在德国、法国等 27 个欧盟国家与 4 个欧洲国家（冰岛、列支敦士登、挪威、瑞士），主要监管机构为欧洲航空安全局。根据欧洲航空安全局法规规定，最大起飞重量低于 250 克，但具备传感器功能的需要注册；超过 250 克，无论是否具备传感器功能都需要注册。具体国家具有不同操作子类别规定。

在日本，主要监管机构为日本国土交通省。国土交通省规定，超过 100 克的无人机在日本飞行前都必须注册。根据当地相关法律法规，5.8 GHz（千兆赫）的飞行产品将受到限制。无人机在使用时需要带有"日本技适认证标志"，否则将被视为违法行为。在安全方面，150 米以上高度禁止无人机飞行，机场周边与住宅密集地区也禁止无人机飞行。根据当地法规，飞行前需要获得设施或场地管理者的飞行

---

① SFOC：全称 Special Flight Operations Certificate，特殊飞行操作证书。RPAS：全称 Remotely Piloted Aircraft System，遥控驾驶航空器系统。SFOC-RPAS 即指遥控驾驶航空器系统特殊飞行操作证书。

许可，如寺院、神社或公园等特定场所。

美国：全球领先的无人机与空中出租车服务

一、无人机

美国在无人机领域一直保持全球领先地位。根据美国联邦航空管理局官网数据，截至 2024 年 8 月 8 日，美国共有注册无人机 785 827 架，其中注册商用无人机 390 027 架，注册娱乐无人机 388 838 架，书面登记 6 962 份，远程认证飞行员 406 094 人，TRUST 认证 852 465 份。美国联邦航空管理局认为美国无人机产业是美国航空业的未来，通过与产业界及社区合作，美国能够研发更加先进的无人机，并将其与国家航空整合。无论是商用无人机还是娱乐无人机，都有充足的资源、明确的制度以及完备的设施辅助飞行员安全飞行。图 4-1 为美国联邦航空管理局对美国无人机产业趋势的概述。由图 4-1 可知，当前美国无人机产业在无人机保有量、认证数量等方面均有所发展，而在基础设施检测方面存在下降趋势。

美国高盛银行在 2016 年发布的《无人机工作报告》中指出，无人机正在成为强大的商业工具。高盛银行预测，建筑业、农业、保险业与基础设施检查等将是商用无人机发展最快的下游领域。《经济学人》分析，商用无人机的兴起得益于三个发展。消费市场的激烈竞争促使商用无人机更加物美价廉。消费级无人机初创公司 Skydio 的亚当·布里表示，当前部分现代消费级无人机甚至比价格高昂得多的军用无人机更加先进。无人机管理软件初创公司 Airware 的乔纳森·唐尼表示，将消费级无人机用于娱乐的人也意识到将无人机带到工作中很有意义。另一家无人机初创公司3D Robotics的克里斯·安德森表示，消费级无人机的蓬勃发展迫使监管机构（美国联邦航空管理局）允许无人机商业使用。在此之前，美国联邦航空管理局曾多次推迟推出商用无人机规则。在美国推出商用无人机监管框架之后，多个国家效仿美国联邦航空管理局的监管规定制定相应政策，这为全球商用无人机腾飞扫清障碍。谷歌公司运营秘密实验室X的阿斯特罗·特勒表示，当前技术的发展速度将监管和法律框架发展的速度甩在后方。

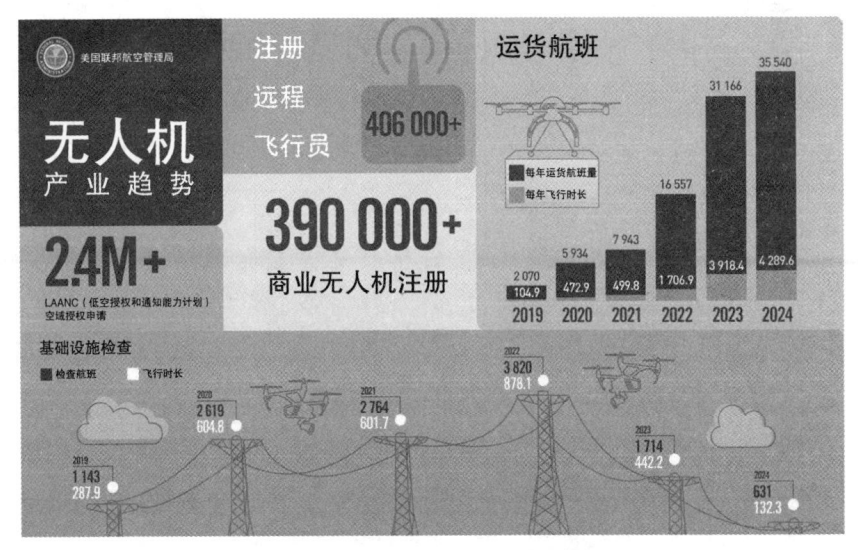

图4-1　美国无人机产业趋势

注：截至2024年7月。

资料来源：美国联邦航空管理局官网。

随着美国无人机市场的发展，美国无人机公司的格局发生了巨大变化。中国无人机公司大疆创新占据了大部分市场，3D Robotics和Skydio最终在消费领域败下阵来。但是，数十家专注于商用无人机的公司也获得了成功，例如BRINC和Zipline等。根据美国知名无人机网站UAV COACH公布的2024年美国无人机公司总榜单，作者按类别总结如下，见表4-1、表4-2、表4-3和表4-4。

表4-1 美国无人机公司（硬件）排行榜

民用	介绍	军用	介绍	双重用途	介绍
Action Drone Inc.	一家专门提供定制商用无人机和培训服务的工业无人机解决方案公司	安杜里尔	一家专注于自主系统和人工智能军事应用的国防技术公司	Aero Systems West	提供无人机系统解决方案，为商业和国防市场提供先进的无人机技术
Advanced Aircraft	专门设计和制造长航时电动无人驾驶航空器系统	洛克希德·马丁	全球航空航天、国防、安全和先进技术公司，产品组合包括一系列无人驾驶航空器系统和技术	宇航环境	技术解决方案提供商，专注于无人驾驶飞机系统和电动运输解决方案，以创新和先进的无人机技术而闻名，其技术应用于军事和商业等多个领域
AgEagle Aerial Systems Inc.	因其在农业无人机技术方面的开创性工作而闻名	诺思罗普·格鲁曼	全球领先的安全公司，提供自主系统、网络安全、C4ISR系统和物流领域的创新解决方案，产品和解决方案，在无人机和无人系统领域占有重要地位	Altavian	专门生产用于数据收集和操作的无人机及软件，侧重于商业和政府应用
Airgility	一家无人机技术公司，专注于可在复杂环境中运行的无人机，并开发多任务无人机系统	—	—	American Robotics	开发集成了数据分析软件的自动无人机系统，主要用于农业和工业监测
Ascent AeroSystems	为商业、工业和国防应用设计和制造同轴无人机	—	—	Prioria Robotics	为军事、民用和商业应用开发先进的无人驾驶航空器系统

Asylon	一家无人机自动化和安全公司，专门为安全和监控应用提供自主无人机系统	—	
Azur Drones	自主监视无人机领域的领导者，专注于开发用于安全和监视的无人机解决方案	—	
Blue Vigil	开发系留无人机系统，为无人机提供供电解决方案，以延长飞行时间	—	
BRINC Drones	无人机制造公司，开发主要用于公共安全的工业级无人机	—	
Censys Technologies Corporation	领先的超视距无人机技术开发商	—	
Red Cat			为无人机飞行员和企业提供跟踪、审查和管理无人机飞行的解决方案
菲力尔			开发提高感知和认知能力的技术，包括热成像系统、无人机传感器、无人机系统。该公司也出售无人机整机
Insitu			为商业、民用和国防应用提供无人机系统和服务，以 ScanEagle 和 Integrator 无人机系统而闻名
L3Harris Technologies			一家专门从事国防、航空和电子系统的技术公司，提供先进的无人机和无人驾驶系统
马丁无人机			开发用于军事、政府和商业用途的创新型无人驾驶飞机系统

资料来源：作者根据 UAV COACH 自制。

第四章 百花齐放的全球低空经济 177

表4-2 美国无人机公司（软件）排行榜

飞行软件和管理软件	介绍	数据处理与分析软件	介绍	特定应用软件	介绍	LAANC（低空授权和通知能力计划）提供商	介绍
Airmap	为无人机操作员提供空域管理工具，帮助他们在受控空域安全导航和操作	DroneBase	为各行业提供无人机服务，并提供航空图像和数据解决方案	Cape	专门提供用于远程操作和远程呈现的无人机软件，使企业能够从各种目的远程操作无人机	Aloft	无人机运营和管理软件公司，为无人机运营商提供高效规划、跟踪和管理无人机运营的工具
Botlink	提供无人机控制和数据处理软件，专注于农业和建筑业，提高生产率和效率	3D Robotics	为各行业提供航空摄影、制图和检测解决方案，重点是建筑和基础设施	Loveland Innovations	为财产保险公司提供无人机检测和数据分析解决方案	Airspace Link	无人机空域管理平台，促进安全、合规的无人机操作，为管理无人机流量和将无人机纳入空域系统提供解决方案
DroneDeploy	基于云的无人机制图和分析平台，为航空数据收集和分析提供解决方案	Kespry	专门为建筑、采矿和保险业提供无人机解决方案和丰富的航空数据	Raptor Maps	提供航空检查和分析软件解决方案，重点关注太阳能行业，以优化资产性能	UASidekick	无人机合规性和飞行操作平台，旨在帮助无人机飞行员了解复杂的空域法规和要求，提供飞行前规划和合规性管理工具

Exyn Technologies	专注于复杂环境下的自主飞行软件，使无人机能够在具有挑战的条件下导航和执行任务	—	—	—
Hivemapper	为无人机提供制图和导航软件，使其能够绘制详细的3D地图并进行精确导航	EagleView	为各行业提供航空图像和数据分析，帮助企业做出明智的决策	Sentera	专门为农业提供无人机解决方案，为精准农业和作物管理提供工具
		Uplift Data Partners	为企业提供无人机服务，协助它们收集和分析数据，以便做出明智的决策	Ceres Imaging	专注于农业无人机技术，为优化作物生产提供先进的分析和图像
Red Cat Propware	专门为无人机运营商开发数据分析，飞行安全和合规管理解决方案	Unearth	提供管理航空和地面数据的平台，尤其适用于建筑和房地产项目，从而简化了项目管理	Far Solutions	为数据收集和分析提供无人机解决方案，帮助农民做出明智的决策
	—	—	—	DroneSeed	为无人机项目和公共安全计划提供软件平台，重点关注植树造林
—				

第四章　百花齐放的全球低空经济　　179

续表

飞行软件和管理软件	介绍	数据处理与分析软件	介绍	特定应用软件	介绍	LAANC（低空授权和通知能力计划）提供商	介绍
—	—	—	—	SlantRange	专门从事农业分析和遥感，提供优化作物管理的解决方案	—	—
—	—	—	—	Edgybees	为无人机开发增强现实软件，提高态势感知和可视化数据分析能力	—	—
—	—	—	—	DroneSense	为公共安全无人机操作提供综合平台，协助各机构管理和执行任务	—	—

资料来源：作者根据 UAV COACH 自制。

正如表4-1所示，美国硬件公司分为民用（消费级和商用无人机）、军用和军民两用（可用于民用和军用目的的无人机）。

如表4-2所示，目前有很多软件可以支持无人机操作，主要分为飞行和管理软件、数据处理与分析软件、特定应用软件和LAANC提供商。其中，飞行和管理软件主要用于协作无人机操作人员规划、优化飞行路线，保障无人机安全高效作业；数据处理与分析软件能够处理建筑、保险和环境检测等各种应用的航空数据；特定应用软件主要用于能源、基础设施和公用事业等行业的详细检查，是定制的软件；LAANC提供商提供LAANC以确保即时空域授权。

表4-3 美国无人机公司（配件生产）排行榜

配件公司名称	介绍
Fat Shark	领先的无人机竞赛、航空摄影FPV（第一人称视角）护目镜和视频系统制造商，专门为无人机爱好者提供沉浸式、高品质的视觉解决方案
Hextronics	专门制造用于无人机电池充电的对接站，提供高效的电源管理解决方案
Ouster	为无人机开发先进的LiDAR（激光雷达）传感器技术，实现精确的环境测绘和导航
Centeye	专注于无人机的紧凑型视觉系统，增强其在各种应用中的视觉感知能力
Go Professional Cases, Inc.	专门设计和制造无人机及无人机配件的保护箱，确保无人机设备的安全性和便携性

资料来源：作者根据UAV COACH自制。

表4-4 美国无人机公司（会议与比赛应用）排行榜

会议和事件	介绍	比赛	介绍
美国拉斯维加斯无人机展览会（Commercial UAV Expo Americas 2023）	无人机专业人士的大型活动，涵盖建筑、无人机配送、能源和公用事业、林业和农业等广泛主题	无人机竞速联盟（Drone Racing League，DRL）	作为美国乃至世界最知名的无人机竞速赛事，DRL获得了媒体的广泛关注，并与各大体育网络平台建立了合作伙伴关系。它举办专业级无人机竞速活动，并开发了自己的竞速无人机

续表

会议和事件	介绍	比赛	介绍
能源无人机和机器人峰会（Energy Drone & Robotics Summit）	重点关注能源行业的无人系统。本次活动主要讨论能源和工业运营中的无人机、机器人以及数据/人工智能	MultiGP Drone Racing	举办众多无人机竞赛活动和比赛，并拥有庞大的业余和半专业飞行员社区
美国无人机及无人系统展览会（AUVSI Xponential）	各行业无人系统领导者和最终用户的聚会。这是一个讨论新技术和AI（人工智能）/ML（机器学习）进步的平台	国际无人机竞赛协会（International Drone Racing Association，IDRA）	尽管与DRL和MultiGP相比规模较小，但IDRA也组织无人机竞赛，并在全球范围内具有影响力
美国地理测绘展览会（Geo Week）	一项专注于地理空间与建筑世界交叉的活动，将无人机数据集成到各个行业的3D模型中	—	—
新兴航空技术思想领袖峰会及颁奖典礼（Emerging Aviation Technologies Thought Leaders' Summit and Awards）	峰会重点关注新兴航空技术，其中包括在史密森尼国家航空航天博物馆举行的颁奖典礼	—	—

资料来源：作者根据UAV COACH自制。

二、空中出租车

预计到2033年，全球飞行出租车市场规模将达到157.9亿美元，2024—2033年的复合年增长率为22.3%。由于全球道路交通拥堵加剧，全球飞行出租车市场规模正在经历相当大的增长。北美地区成为飞行出租车的最大市场，2023年占全球市场收入的43.8%。这是因为北美是技术最先进的地区之一。该地区基础设施发达，是世界上最早采用飞行出租车的地区。除此之外，美国和加拿大的交通拥堵问题严重，需要一种替代方法来减少交通拥堵，这进一步推动了市场的增长。此外，全球飞行出租车市场的许多公司在该地区占有重要地位，也推动了该市场的发展。具体来看，2022年美国空中出租车市场规模为1.89亿美元，预计2030年将达到6.7亿美元，2023—2030年预测期内的复合年增长率为17.14%。空中出租车是专门为城市和区域高效短途客运而设计的飞机。

美国空中出租车市场的发展得益于美国电池技术的进步。当前，美国空中出租车行业越来越多地转向由电池供电的电动旋翼系统，以实现垂直起降。这些电动机驱动的旋翼与先进的电池相结合，兼具设计灵活性和成本效益，特别适合短程城际和城内垂直起降飞机。2022年11月，eVTOL领域知名企业Archer Aviation Inc.（简称Archer）与领先的锂离子电池供应商能元科技股份有限公司（E-One Moli Energy Corp.，简称能元科技）签署了一份谅解备忘录，这是一个值得关注的进展。该备忘录概述了能元科技在为Archer名为Midnight的eVTOL飞机生产和供应电池方面所发挥的作用。这一战略合作伙伴关系增强了Archer的扩张能力，并促进了美国空中出租车市场的发展。

制造业创新与先进材料引发了空中出租车的重大革命。3D打印和增材制造使空中出租车使用的轮胎进一步改进。这些尖端技术使发动机、轮胎和机身等关键部件能够实现精确、量身定制的设计，从而显著提高性能和可靠性。此外，3D打印简化了这些部件的制造过程，减少了浪费并增强了可持续性。该技术在快速原型设计和定制方面表现出色，完全符合该行业的独特要求。例如，飞行汽车公司Joby Aviation在其五座eVTOL空中出租车S4的设计中采用了通过先进的增材制造技术制作的结构增材钛部件。

互联网与人工智能为美国空中出租车的发展提供了重要支持。5G

网络的整合为人工智能的实施铺平了道路,通过实时数据分析、障碍物检测和防撞系统构建,显著提高了空中出租车的安全性。2022 年 10 月,波音公司旗下的电动飞行出租车公司 Wisk Aero 取得了重大进展,推出了第六代电动空中出租车,该飞机专为可搭载四名乘客的自动驾驶飞行而设计。这架飞机是首款积极寻求联邦航空管理局认证的全电动 eVTOL 自动驾驶飞机。这款创新的 eVTOL 集成了商用航空业成熟的技术,结合了先进的探测和避让功能以及增强型传感器。自动驾驶系统、人工监督和简化设计的结合确保了商用航空乘客的安全运输。

快速紧急服务与城市空中旅游是空中出租车的重要下游应用市场。空中出租车除了能提供短途商业旅行解决方案,还能为应急响应行动和医疗后送提供快速、经济、高效的选择。此外,空中出租车在促进飞行旅游方面具有巨大潜力,特别是在曼哈顿等充满活力的城市地区。美国联合航空与 Archer 合作,在芝加哥开通了电动空中出租车航线,连接奥黑尔国际机场和芝加哥垂直起降场。此次合作有望缩短人们的通勤时间,大幅缩短 10 分钟的点对点旅程。Archer 的 Midnight eVTOL 经过优化,可实现 20 英里(约 32 千米)的飞行距离,充电时间仅为 12 分钟,有望彻底改变城市交通。未来 Archer 计划推出空中出租车航线,其中包括一条连接纽瓦克自由国际机场和曼哈顿下城直升机场的航线,该航线计划将于 2025 年开通。

当前,美国空中出租车商业运营的关键挑战在于政府法规。截至 2024 年 9 月,还没有空中出租车获得航空监管机构的认证。为了明确与城市空中交通相关的规则和法规,在 Joby Aviation 的推动下,美国联邦航空管理局于 2022 年 7 月末同意加快推出特殊联邦航空法规(Special Federal Aviation Regulations),为先进空中交通运营制定规则[1]。美国的

---

① Aviation week network: Joby Agrees On Revised eVTOL Certification Basis With FAA, 2022.

"创新28"（Innovate 28）计划概述了到2028年安全、大规模地实现这些运营的步骤，为美国新兴的空中出租车行业提供了明确的方向。

日本：立足需求，推广无人机物流与农业应用

一、无人机物流

日本经济产业省与国土交通省发布《2025年空中交通移动革命报告》，该报告表示日本的目标不仅是在2025年的大阪·关西世博会及其后的城市地区利用先进空中交通，而且要在社会中实施，将其作为人口稀少地区、山区和偏远岛屿以及发生灾害时的交通和物流手段。报告称："我们的目标是在全社会实现先进的空中交通。为了实现这一目标，公共和私人部门正在共同努力，让相关政府部门和机构、专家、飞机制造商、服务供应商等许多关键参与者参与进来，不仅加快对技术问题的研究，而且加快对使用案例和制度设计的研究。今后，我们将积极推动日本以外的参与者参与进来，共同创造新的交通理念，推动有助于可持续发展目标的社会实施。"

日本在无人机物流方面的具体愿景如下。第一阶段为2025年前，整体目标为完善飞行环境与相关制度体系，开始实现各地间飞行。具体来看，第一阶段的主要目标为实现地区间的货物输送。到2025年这一节点，载客与物流应进一步发展，在空港与湾岸处自由运输。2025—2030年为第二阶段，要求物流、旅客输送范围进一步扩大至全国各地，并要求实现急救物流。2030年，日本"下一代空中交通"物流网络应遍布全国各地，包括都市区、郊外、海岸、岛屿等地。此外，物流

运输将覆盖特殊地区（如雪山等极寒地区），并在技术支持下实现入户配送。

丰田通商是日本率先尝试开展无人机物流服务业务的公司之一。丰田成立了 Soraina 有限公司作为无人机物流集团公司。该公司与长崎县五岛列岛的一家药品批发商签署了一份长期示范合同，以开发通过无人机向医疗机构和药房运送处方药的 B2B（企业对企业）业务。

五岛列岛是一个人口不到 60 000 人的直辖市，由五岛市和新上五岛町的 152 个大大小小的岛屿组成。丰田通商通过从事蓝鳍金枪鱼养殖整体业务的集团公司 Tuna Dream Goto 有限公司对五岛列岛有深入的了解，并了解当地与物流相关的问题，因此决定将五岛列岛建立为集团在日本的第一个无人机业务基地，以解决物流问题与医疗服务之间的差距。

Goto City 正在接受无人机物流试点运营的挑战，并从 2018 财年开始开发 "Goto City Drone i-Land" 项目，为期 5 年。这为无人机物流实现商业化提供了"顺风车"，丰田通商"Unique"计划（致力于解决本地、实物和现实问题）的商业理念与致力于提高该地区便利性和价值的五岛列岛"Unique"智能岛屿概念重叠，并通过与地方政府、地方医学协会和药剂师协会、医疗专业人员、长崎大学等合作得以实现。

然而，Soraina 公司总裁松山三日（Mika Matsuyama）表示："公司无人机业务扩张也面临一些挑战。首先是通过修订《航空法》放松对 4 级航班的管制。为了准备那次飞行，我们正在积累海上等无人区域 3 级飞行的业绩记录和知识，我们正在考虑与对 Zipline 感兴趣的各个行业的企业合作，并将其扩展到药品以外的交付。其次是关于可以运送的药物的规定。目前，根据内阁官房、厚生劳动省和国土交通省制定的药品无人机配送指南，无人机无法配送厚生劳动大臣指定的剧毒或有害药品。"另外，由于这些药物在当地医疗中的需求量很大，该公司正在与政府分享迄今为止的结果数据并商讨相关指南的修订。

虽然面临挑战与风险，丰田仍然相信布局无人机物流的意义。松山三日表示："通过促进下一代物流的创新，我们可以加强医疗保健和日常生活的基础，并通过创造就业机会实现地区振兴。以五岛列岛为例，岛上没有大学，也没有大型IT（信息技术）公司的基地。如果我们能帮助孩子们继续住在岛上或希望返回岛上，我会很高兴。此外，Goto City宣布自己是'零碳城市'，其使用的能源中约有80%来自可再生能源。与陆路运输相比，无人机物流还具有能耗低、碳中和效应大的特点，因此我们希望从DX（数字化转型）促进GX（绿色转型）的角度为当地社区做出贡献。"

截至2023年初，日本胜浦市已经开始尝试布局服务居民的无人机物流网络。自2021年以来，千叶县胜浦市一直在推动利用AAM的物流业务建设和实施。2022年2月，胜浦市进行了无人机送货服务的示范试验。住友商事宣布，NEXT DELIVERY、Aeronext、西浓控股和NEXT DELIVERY等公司将在胜浦市商店街振兴促进委员会委托的项目中负责商店街等电子商务商城网站的建设和运营，以及商店街无人机配送介绍服务。该项目旨在通过构建新的配送服务来激活商店街，并将与KDDI Smart Drone合作，目标是建立、利用AAM的物流业务。通过与相关公司合作实施该项目，Seino HD和Aeronext将开发一种新型智能物流系统——SkyHub®，以结合无人机配送和陆路运输来解决胜浦市的具体问题和需求。该系统旨在包括邻近城市在内的更广泛区域开展业务，并计划将其扩展到具有类似物流和区域问题的地区。图4-2为计划实现的可持续发展的空中物流网络说明。

Aeronext和Seino HD联合开发的新型智能物流系统连接了现有的物流网络和无人机物流，并整合了地面和空中的基础设施，有助于实现随时随地的货物配送。该系统包含一个开放平台和标准化系统。Drone Depot将基于SkyHub应用程序提供配送代理、按需派送、药品配送和联合配送等服务，也支持批量配送来自不同物流公司的包裹。

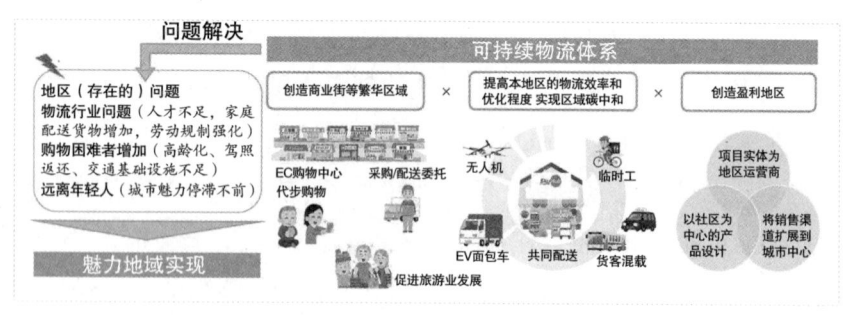

图 4-2　计划实现的可持续发展的空中物流网络

资料来源：日本住友商事。

胜浦市的这一实践使用的是无人机连接当地商店，在开放按需配送、代购、送餐的同时，该项目将业务扩展到快递、在线医疗、药品配送、老年人送餐、检测、救生、防灾等领域。该项目在提升社区活力、提高区域物流效率以及实现碳中和目标方面为该区域做出了突出贡献。

该项目将负责商店街的采购、配送和物流等业务，并通过建立一个电子商务网站，使用户更容易从商店街订购商品。它将有助于解决商店劳动力短缺的问题，提高每家商店的销售额，并助力扩展商店街的贸易区域。此外，该项目还将推广旅游服务，吸引外部需求，为商店街注入活力。

为了应对物流人员短缺、包裹数量增加和劳动法规收紧等挑战，该项目计划通过将空中物流（如无人机配送）与现有的陆运物流相结合，来提高区域"最后一公里"配送的效率。具体而言，它将无人机配送应用于配送效率较低的地区，并联合多个区域商店和物流公司进行包裹配送。此外，它还将验证使用量子等下一代技术来优化物流系统。

该项目的另一个重要目标是在区域内实现碳中和。该项目计划使用电动无人机和电动货车，同时探索将货运和客运相结合，以减少二氧化碳的排放量。对于电动货车，负责人将从三井住友汽车服务有限公司租赁，并使用该公司的远程信息处理服务"SMAS-Smart Connect"进行运营管理数字化转型，并分析驾驶数据，进一步落实碳中和措施。

负责该项目的 Kohei Takeda 对揭幕仪式的结果发表了评论，他说："感谢所有参与人员和长期支持我们的人，我们决定举行揭幕仪式。我们将尽最大努力让胜浦市的人民和相关人员满意。未来，我们将考虑扩大辐射区域，引入使用大型先进空中交通设备进行长途和重型货物的运输和交付，为解决从 2024 年开始变得更加严重的物流问题做出贡献，并开发新服务以满足新需求，以实现可持续和有吸引力的空中物流系统。"未来，该区域将继续发展空中物流系统，不仅包括"最后一公里"的交付，还包括基地之间的运输，构建利用天空的新运输网络，并通过实施 AAM 来解决社会问题。

二、农业应用

1. 现代日本农业：工人短缺

在现代日本，农业工人严重短缺，因此日本必须推动引入能够解决农业工人短缺问题的智能农业，实现"下一代农业"。日本将应用低空产品的农业生产称为"智能农业"，它能够节省大量劳动力并提高利润。根据日本农林水产省《农林业普查农林业经营体调查报告书》和《农业结构动态调查》，日本农业就业人口已经由 2001 年的 382 万人下降至 2019 年的 168 万人。农业重点工人（以个体经营农业为主）的数量也由 2015 年的 175.7 万人下降至 2020 年的 136.3 万人。此外，日本农业从业人口存在的老龄化问题也非常严重，"婴儿潮一代"已经达到 75 岁以上。

"新进入者"流失问题使推广无人机应用的必要性更加显著。根据日本新农咨询中心（日本农业会议所）[①] 为调查新农户的农业实际

[①] 日本新农咨询中心（日本农业会议所）是日本政府为了解决农业劳动力老龄化问题，吸引青年人回归农村从事农业而设立的机构。该中心通过提供农业体验研修、农业研修、农业实习等多种方式，帮助青年人了解农业、提升农业技能，并通过提供财政补贴、金融支持等措施降低青年人进入农业的门槛。

状况而进行的问卷调查结果，在 10 年内进入农场的人中，只有 24.5% 的人回答说他们的生计通常以农业收入为基础。这略高于之前 23.4% 的调查结果，但它仍然显示出只有大约 1/4 的新进入者的收入足以维持生计。其中，大部分选择离开该行业的人是出于低收入或收入不稳定原因。

当前，日本农业正面临严重的"两极分化"。虽然一些农民因为无利可图而离开农业，但是原有部分农民仍在扩大规模并提高生产效率，在这部分农民中推广无人机是维持日本农业产量与经济繁荣的重要手段。因此，日本政府与学者一致认为，人力资源短缺是现代日本农业的一个主要问题，但该问题可以通过引入智能农业来解决。

2. 无人机带来的"下一代农业"

无人机带来的"下一代农业"主要是指利用低空产品、人工智能技术和物联网等先进技术的农业。过去，日本有很多体力劳动和只能由熟练工人完成的工作。通过引入智能技术，日本农业从业者正努力实现信息共享，政府也在努力通过数据平台服务减轻农民负担。引入智能农业还可以节省劳动力并提高农业工作效率，在消除工人短缺问题的基础上提高利润。

北海道大学农学院车辆机器人实验室的野口勇教授表示，智能农业将为日本农业开辟新的未来。他表示，无人机在节省劳动力的同时，还能够改善 3K（硬、脏、危险）的传统农业形象，也可以承担大量危险、繁重的体力劳动，这有助于农民数量的增加。Hosono Farm 有限公司的代表细野秋广（Akihiro Hosono）从大学辍学后选择从事农业，在完成农业培训后，他于 2016 年创立了细野农场。他积极利用无人机技术提高生产效率，并结合物联网技术制定营销策略。在耕种的第四年，也就是 2020 年，该公司成功注册了办事处。

无人机还有助于即时农业信息采集。借助无人机的即时观测与数据传输，管理者能够适当地进行栽培管理与种植计划的制订，这也有利于培育优质作物。此外，智能农业还可以用于未来的销售和分销过程。通过集中管理生长状况、产量和质量等农业和市场数据，消费者和生产者能够根据市场需求规划自己的安排。"按所需量生产必要成分"的市场化概念也将逐渐融入农业。低空产品赋能下的市场化能够减少运输前的农作物丢弃，提高农作物附加值，从而提高农产品整体利润。Happy Quality 有限公司首席执行官宫地真由（Makoto Miyachi）指出，作为市场拍卖师，他已经感觉到行业的衰落。而数据驱动下的新农业能够助力农业生产公司追求品质，生产出满足用户需求的农作物。

3.无人机农业技术

无人机技术有望应用于农业周边的广泛领域和各种场景，并且正在取得进展。日本正在开发并传播能够用于种植管理的无人机技术，这些技术大致涉及七个领域：农药喷洒、肥料散布、播种、授粉、农产品运输、田间传感和野生动物损害控制。此外，日本农业无人机普及项目的目标是开发这些领域的技术，当前，日本无人机已经可以用于实时检查农作物健康状况，并精确喷洒农药和化肥。它将不时进行审查，例如根据技术的开发、演示和传播增加领域。许多引进的无人机通常被用作病虫害防治机器，但通过搭载高精度摄像头和各种传感器等小型信息和通信技术设备，它们能够高精度、高速度地感知作物生长状况和病虫害情况，从而实现化肥和农药的精确施用。在极短的时间内，精确施用化肥和农药等以前在实用层面无法想象的技术，已被开发并投入使用。表4-5展示了日本农业无人机主要应用领域。

表 4-5　日本农业无人机主要应用领域

应用领域		概要
无人机喷洒	农药喷洒	农药（液化剂、粒剂）面喷涂或点涂
	肥料散布	肥料（液化剂、粒剂）的分散
	播种	种子的播种
	授粉	散布混合了花粉的溶液
在无人机上装载和运输货物	农产品运输	将收获的产品搬运至市场
利用从无人机上搭载的摄像头和传感器获得数据	田间传感	观察农作物生长与病虫害发生情况
	野生动物损害控制	野生鸟兽生态状况调查与分析

近年来，空中喷洒农药主要由无人直升机进行，但无人机喷洒农药始于 2008 年。与无人直升机相比，无人机体积更小、成本更低，有望减轻劳动力负担，提高作业性，降低成本。此外，还开发了与传感技术相结合的技术，可以精确监测田间爆发的病虫害，并开发、引进了利用这种技术进行精确定位喷洒的方法。使用这种技术可有效控制病虫害，提高产量和质量。

在基于数据的精确施肥技术方面，结合卫星图像和播种机的本地化施肥技术，已在北海道和其他地区的大田作物区投入实际应用。通过使用无人机进行更精确的作业，可以进一步提高作业效率。此外，与精确施肥一样，在山区等作业性差、形状不均匀的田地，使用无人机有望减轻劳动负担，提高作业性，降低成本。

播种包括空中播撒铁衣种子和其他材料。目前日本已使用无人直升机进行这项工作。可减少劳动力，降低育苗和运输成本，在难以使用排涝直播机的山区，也可以在短时间内完成作业。直接播种育苗预计也将为节省劳动力做出重大贡献。

日本还研究了从树体上方喷洒花粉混合溶液的方法。对于苹果和梨等自交不亲和性强的品种，蜜蜂等访花昆虫和人工授粉对确保稳定生产至关重要。然而，人工授粉费时费力，无人机作业有望节省劳动力。

在人口老龄化和劳动力短缺的背景下，将收获物从田间运送到收集点或收集设施是一项体力活，在运输过程的每个阶段都必须有工人在场。这在生产地区是一项重大挑战。因此，蔬菜、果树和其他作物的收割可以通过在无人机上安装容器来自动完成，然后再将容器运到收集点或从收集点运出。无人机有望在运输收获的蔬菜和水果以及农用物资时节省劳动力。

配备摄像机的无人机可以对农田进行航拍，并通过分析图像直观地了解生长状况和病虫害发生情况等。使用无人机可以更方便地获取信息，减少巡视田地和检查生长状况所需的时间（以往都是目测），并通过适当的病虫害防治、施肥和收割提高质量和产量。此外，通过配备红外摄像机的无人机进行航空摄影，有望减轻诱捕作业的负担并提高效率，例如，通过配备红外摄像机的无人机进行航空摄影，监测鸟类和其他动物的栖息地，以及通过无人机摄影的实时通信对诱捕地点进行巡逻。

德国：依托工业 4.0，低空经济"百鸟齐鸣"

随着全球经济的不断发展和技术创新的加速，低空经济作为一种新兴的经济形态，正逐步在全球范围内展现出巨大的潜力和广阔的市场前景。德国作为欧洲经济的引擎和工业 4.0 的领军者，在低空经济方面亦成绩斐然。近年来，德国低空经济市场规模持续扩大，至 2022 年无人机市场总体规模已达到 8.4 亿欧元。在私人领域，无人机使用量超过 385 500 架，而商用无人机数量也迅速攀升至 45 200 架，较 2019 年增长了 138%。无人机产业快速发展，从业人员数量已超过 14 000 人，自 2019 年以来增加了近 4 000 人。引人注目的是，在全球商用航空的未来版图中，2020年载客无人机市场吸引了近10亿美元的投资，其中德国企业占据了半壁江山。不仅如此，德国低空经济在应用领域上的拓展和企业发展的强劲势头，同样展现出了令人鼓舞的趋势。

一、百鸟齐鸣：德国低空经济在各大领域的应用

1. 低空+农业

众所周知，工业4.0是德国一张响当当的名片，但是可能很少人知道，德国的农业也是非常强大的。德国从事农业生产的人口只有70.6万人，仅占总人口的1%，却创造了世界一流的农业体系，在世界上占据着举足轻重的地位。德国作为农业大国，精准农业的发展一直走在世界前列。低空经济中的无人机技术在精准农业中发挥着重要作用。无人机搭载高精度传感器和摄像设备，可以对农田进行实时监测，收集土壤湿度、作物生长情况等关键数据，为农民提供精准的"一站式""全链条"的种植和管理建议。在播种及生长初期，德国农民通过无人机搭载的多光谱相机或雷达系统，对农田进行高精度扫描，获取土壤养分和作物生长状态的实时数据。除此之外，无人机及其搭载的系统也被用于病虫害的早期发现和监测。它可以快速覆盖大片农田，及时发现病虫害迹象，并将高清晰度的图像和视频传输给农业专家进行诊断。在生长中期即需水期，结合物联网技术和无人机监测数据，实现智能灌溉和种植监测。无人机可以监测土壤湿度和作物水分需求，为智能灌溉系统提供关键参数，从而实现按需灌溉，提高水资源利用效率；同时，通过定期巡航农田，无人机可以收集作物的生长状态、叶绿素含量、作物密度等信息，为农民提供种植管理的科学依据。在农作物收割期间，德国农民运用智能化机械设备，通过无人机等低空飞行器的辅助，实时监测农作物的生长情况和成熟度，同时，在收获季节前对农田进行飞行扫描，利用高光谱成像技术评估农

作物的产量分布，以此优化收割时间和方式，提高收割效率和质量，减少损失。农产品上市后，德国农业利用物联网和区块链技术，结合无人机等低空飞行器的数据采集能力，建立起农产品追溯系统。无人机在农产品生产过程中采集关键信息，如种植环境、生长周期、农药使用情况等，这些信息被记录在区块链上，确保农产品的质量和安全可追溯。

德国著名的博世公司率先加入了"无人机＋精准农业"的行列。该公司的智能喷洒解决方案提供实时、自动化的出苗前和出苗后杂草识别，昼夜不间断管理。博世公司利用无人机技术、高科技摄像传感器技术和软件，与数字农业品牌 XARVIO 的农业智能相结合，在毫秒间进行智能喷洒，精确检测作物行间的杂草，从而实现只在需要的地方喷洒除草剂。

在精准农业的广阔框架下，德国正以前所未有的力度，借助无人机技术深度推动智能农业的发展进程。智能农业的核心在于对精准农业实践中所采集的海量数据进行深度挖掘与分析，从而为农民提供科学、精准的决策支持，显著提升农业生产效率与可持续性。这一领域的进步离不开多个关键部门的紧密协同，涵盖车辆智能调度管理、土壤精准处理、种子优选、植物健康监测、害虫防治策略优化以及肥料精准施用等多个环节。德国西门子公司作为行业先锋，其中央研究院和欧洲创新与技术研究院食品联盟的科研及行业伙伴紧密合作，共同聚焦于利用无人机技术革新传统农业模式。西门子凭借其在自动化、数据分析及物联网领域的深厚积累，正通过无人机搭载的这一创新云系统平台，推动智能农业的具体实施。该项目不仅着眼于提升灌溉效率，更深入作物生长的每一个细微环节，利用无人机搭载的高精度传感器与智能算法，精确识别并满足每棵作物的个性化生长需求，精准调控灌溉量、施肥量及光照条件，从而优化作物口感与品质，实现食品生产效率与可持续性的双重飞跃。

德国以强调农业科研全面性为契机，在全国各地建立了众多农业科研机构。这些机构借助无人机技术，构建了低空数据分析体系，同时，通过卫星遥感技术，完善了地理信息系统、全球定位系统以及遥感系统。这些技术被广泛应用于农业资源的监测和灾害预报，实现了低空与高空间数据的综合应用，可谓"双管齐下"的策略。

2. 低空+物流

低空物流作为现代物流体系中的新兴领域，以其高效、灵活、环保的特点，在全球范围内逐渐受到重视。无人机技术依托大数据、人工智能、物联网等先进技术，实现了物流运输与配送的高效、智能和绿色。德国作为欧洲物流业的领军者，在低空物流领域同样展现出强劲的发展势头，通过技术创新和政策支持，不断推动低空物流的成熟与应用。德国在低空物流领域的技术创新与研发方面处于领先地位。多家企业正致力于开发 eVTOL 等新型低空运输工具，旨在提高运输效率、减少碳排放。德国政府高度重视低空物流的发展，不仅为低空物流项目提供资金补贴和税收优惠，还积极推动低空空域的开放和监管体系的完善。此外，德国还积极参与国际低空物流标准的制定，以促进全球低空物流市场的规范化发展。为了支撑低空物流的发展，德国正加快相关基础设施建设，包括建设低空物流枢纽、优化起降场地布局、完善通信导航系统等。这些基础设施的完善，为低空物流提供了更加安全、高效、便捷的运营环境。随着技术的不断成熟和政策环境的逐步优化，低空物流在德国的应用范围不断扩大，商业前景日益广阔。

早在十几年前，德国的物流企业如 DHL 等就已经开始布局低空物流领域，组建无人机研发团队并开始探索低空物流领域。DHL 公司的无人机送货项目最初先从位置较为偏远的于斯特岛开始，在当地政府的帮助下，该公司在小镇诺德代希和小岛之间开辟了一条 12 千米的"航线"。飞行高度50米，载重约1.2千克，续航时间达45分钟，时速最高达65千米，除装卸货物需要手工作业外，其余工作实现自动驾驶，但工作人员会在地面进行即时监控。在无人机降落之后，工作人员会取出货物，再送到客户的手中。最初它们只运送药品之类的物品，并且只在周末和工作日的特定时段工作，短期内只作为渡船停运时的补充。它的使用范围非常有限，仅局限在小岛上，何时将这项服务推广到更多的地方还没有具体的计划。

在积累了一定的经验后，DHL开始逐步将其业务扩展至巴伐利亚等区域，这一举措实质上是该公司实践从农村向城市进军策略的具体体现。为解决城市快递包裹"最后一公里"的配送难题，DHL启动了一项使用电动无人机的配送项目。为何这"最后一公里"如此棘手？从快递公司的角度来看，这一环节是整个物流周期中效率最低的部分：配送司机不得不频繁短暂停车，且通常一次只能投递一个包裹，这与飞机一次可运输成千上万件货物形成了鲜明对比。在全球范围内，铁路、海上、公路和航空运输网络每年都能精确传输数十亿个包裹，这些网络在严格控制和高度协调的环境下运行，遵循专用路线，使用远程运输工具。然而，物流链条中至关重要的最后一环——从本地交通枢纽或分配中心到客户住所或工作地点的"最后一公里"——却未能享受到同等级别的管理，实现统一性和规模化效率。当地配送司机常常面临不可预测的交通流量、道路封锁、导航挑战和恶劣天气等问题。因此，"最后一公里"的配送成本占据了总交付成本的41%，使得这部分成了一个挑战。针对如何优化"最后一公里"的问题，DHL的答案是：无人机。DHL公司在巴伐利亚镇进行了为期三个月的无人机快递试验后，成功运送了130件包裹。通过与当地设置的"包裹站"合作，无人机完全自主完成了运输和交付工作。2016年1月，DHL展示了其最新的无人机快递技术研发成果——第三代无人机系统。这是一款结合了垂直起降固定翼的"混血儿"，既拥有固定翼在速度和航程上的优势，又具备多旋翼垂直起降的能力。该无人机翼展 2 米，自重 14 千克，机舱容积 4.4 升，载重 2 千克，时速可达 80~126 千米。与前两代四旋翼小飞机相比，第三代产品已成功与智能包裹柜整合，实现了物流链的自动化"无人操作"。公司高管诺德霍夫解释说："无人机配送站顶部设有起降平台和穹顶。无人机接近时，穹顶会打开，无人机降落并自动完成卸货、重新装货和电池更换，整个过程仅需几分钟。无人机在整个起降、飞行和装卸过程中实现了全自动，无须休息，节省了大量时间，更换电池后即可飞往下一个站点。"据悉，这款名为 Parcelcopter 的新款无人机已完成了 130 次配送任务，能在 8 分钟内将货物从赖特伊姆温克尔（Reit im Winkl）送往海拔 1 200 米的地区，而标准快递车完成同样的任务需要半小时。无人机将运输时效提升了 70% 以上，其飞行时速最高可达 70 千米，可携带 2.2 千克货物，航程最远可达 8.3 千米。

3. 城市空中交通项目

在探索无人机配送的同时，德国还积极开展城市空中交通项目，计划通过 eVTOL 等创新航空器，构建起高效的城市空中网络，从而实现便捷而快速的短途出行。为此，德国政府出台了一系列政策和法规，以促进城市空中交通领域的创新与应用，并委托德国联邦航空局作为主要监管机构，负责制定和执行空中交通管理规则，保障飞行安全。政府还倡导跨部门协作，成立了专门的工作组与委员会，协调资源，共同推进项目实施。凭借在航空技术领域的深厚积累，德国为城市空中交通项目的发展提供了坚强后盾。例如，Volocopter、Lilium 等公司已在全球范围内成为 eVTOL 研发的领军者。

德国领先的 eVTOL 企业 Lilium 也将城市空中交通项目扩展到了中国。2024 年 6 月 10 日，在慕尼黑这座德国南部最大的城市，作为全球首款全电动 eVTOL 的开发商以及区域空中移动领域的全球先锋，

Lilium 与我国深圳市宝安区签订了合作协议。该协议基于 2023 年 6 月双方签署的备忘录，旨在宝安区设立并打造 Lilium 的亚太地区总部。宝安区委常委、常务副区长与 Lilium 首席执行官共同出席了签约仪式。遵循协议，Lilium 已通过其在 2024 年 4 月成立的中国子公司力翎（深圳）航空有限公司，在宝安区设立了亚太地区总部。力翎公司作为亚太区总部，将推动 Lilium Jet 产品在中国和亚太地区的销售与服务。同时，宝安区为 Lilium 提供了大力支持，助力必要基础设施的建设，全力抢占低空经济"新赛道"。

二、百家争先：低空企业如雨后春笋般涌现

近年来，德国低空产业在技术创新、政策扶持与市场需求的多重驱动下，实现了迅猛发展，企业如雨后春笋般涌现，涵盖了从技术研发、生产制造到运营服务的全方位产业链，涉及多个细分领域，展现出强劲的生命力和广阔的发展前景。

首先，德国的 eVTOL 制造商在全球低空市场上占据着重要地位，这些企业专注于开发能够垂直起降的电动飞行器，旨在解决城市交通拥堵和环保问题。这些飞行器通常设计为短途客运、空中出租车或物流运输使用。而作为德国乃至全球 eVTOL 领域的领军企业，Lilium 成立于 2014 年，总部位于慕尼黑。其 Lilium Jet 产品凭借独特的涵道式电动矢量推进器方案和高效的能源管理系统，成为低空交通领域的明星产品。另一家德国知名的 eVTOL 制造商 Volocopter，则专注于开发无人驾驶的空中出租车。其旗舰产品 VoloCity 是一款双座电动垂直起降飞行器，旨在提供城市内部的空中出行解决方案。Volocopter 已与多家公司合作，推动其产品的商业化进程。据悉，近年来德国多家企业致力于解决垂直起降、能源管理、自动驾驶等关键技术难题，不断推出新产品和服务。

其次，德国的无人机产业同样发达，涵盖了从消费级到工业级的各类无人机产品。这些无人机广泛应用于航拍、农业、物流、救援等多个领域。例如 Wingcopter 公司，这是一家总部位于德国的无人机制造商，专注于开发垂直起降固定翼无人机。其无人机产品具有载重大、续航时间长、抗风能力强等特点，特别适用于农业喷洒、物流运输监控及测绘等服务，比如加快配送进口救命特效药、为不同行业提供测绘应用解决方案。2018 年，Wingcopter 公司与 DHL，以及德国联邦经济合作和发展部代表的德国国际合作社合作，将药品和关键供应品运送到坦桑尼亚维多利亚湖的乌凯雷韦岛区。2019 年，Wingcopter 公司与联合国儿童基金会合作，建立了一个按需配送网络，从南太平洋群岛五旬节岛的一个中心枢纽，向 19 个偏远村庄供应疫苗。Wingcopter 已经与多家国际企业合作，推广其无人机解决方案。

最后，德国低空监控与管理系统提供商在低空检测管理领域也拥有一定的技术和市场优势。DFS Deutsche Flugsicherung 作为德国的空中交通管理专家，自 1953 年的德国联邦空中导航服务管理局（BFS）转型为联邦政府全权控股的有限责任公司（GmbH）以来，DFS Deutsche Flugsicherung GmbH（简称"DFS"）便应运而生。DFS 已守护德国的空中交通安全近 30 年。通过其子公司 Droniq（与德国电信的合资企业），DFS 推出了一套无人机交通管理系统。该系统能够在一个集成的空中交通态势显示器上，同时展示有人驾驶和无人驾驶的航空器。为了实现对无人机活动的实时监控，DFS 开发了一款被称为"挂钩装置"的 LTE（局域热动平衡）调制解调器，其大小如同一盒火柴，内置 SIM（用户识别模块）卡，能够连接到无人机并将位置和识别信息发送到 DFS 的 UTM（通用横墨卡托投影）系统。此外，它还能将周边的空中交通信息实时传输至 UTM 空中交通态势显示器上。

随着低空经济的扩展，不仅直接投身于低空产业的企业得到了发展，而且"低空+"模式的企业也在不断发展壮大。诸如无人机物流、低空观光旅游以及空中摄影等新兴业态呈现出旺盛的生命力。例如，物流公司 DHL 等，已着手利用无人机进行快递投递，这一举措显著提升了物流配送的效率，还有一些旅游企业也纷纷推出低空飞行项目，让游客得以从空中欣赏城市风光，享受全新的旅行体验。

德国低空产业快速发展，低空企业如雨后春笋般涌现，首先，得益于技术创新的不竭动力。众多德国企业聚焦于 eVTOL、无人机、低空监控与管理系统等领域的研发，不断突破技术瓶颈，提升产品性能。同时，研发投入巨大且呈持续增长态势。德国联邦统计局数据显示，2022 年德国的研发支出达到了 1 214 亿欧元，同比增长 7%，占国内生产总值的 3.1%。这一数字不仅显示了德国对研发领域的重视，也为低空产业的技术创新提供了坚实的资金保障。其次，德国政府对低空经济的发展给予了高度重视和大力支持。政府出台了一系列政策措施，包括提供研发资金、税收优惠、市场准入等方面的支持，为低空经济企业的研发、生产和销售提供了有力保障。最后，市场需求驱动低空产业迅速发展。随着城市化进程的加速和交通拥堵问题的日益严重，人们对新型交通工具的需求日益增长。低空经济作为一种高效、环保的交通方式，正逐渐成为人们关注的焦点。德国低空经济企业紧抓市场机遇，不断推出符合市场需求的新产品和新服务，以满足人们对便捷、高效、环保的出行方式的需求。

展望未来，德国低空产业将继续保持快速发展的态势。随着技术的不断进步和政策的持续支持，低空交通将逐渐从概念走向现实，成为城市交通体系的重要组成部分。同时，低空产业还将与物联网、大数据、人工智能等新技术深度融合，推动产业向智能化、网络化方向发展。德国低空产业企业将继续发挥自身优势，加强国际合作与交流，共同推动全球低空产业的繁荣发展。

英国：借助航空优势，发力监控与医疗运输

低空经济作为新兴的交通产业组成部分，通过提升空间维度、解锁空域资源，正在全球范围内展现出巨大的发展潜力。英国作为历史悠久的航空强国，近年来在低空经济领域也取得了显著进展，特别是在监控和医疗运输等方面。

一、无人机监测

2022年7月18日，英国政府发布了与无人机行业行动小组合作完成的《在英国推进自主空运商用无人机节省资金和挽救生命》，该文件指出无人机产业是巨大的发展机会，尤其应重视政府与无人机行业的深入合作。该文件还称，在短期内无人机将成为安全、可靠和高效检查建筑物、电力线、海上能源设施、运输和工业设施的行业标准，得到广泛采用。同时，随着企业和公共部门采用无人机服务，到2030年，无人机产业将降低整个经济成本（见表4-6），主要体现在应急与监管监测活动方面。

表4-6 按2021年价格计算，2030年采用无人机每年可能节省成本

单位：十亿英镑

部门	金额	无人机活动示例
公共和国防卫生与教育服务	4.6	警察和紧急服务使用快速响应；防御解决方案
农业、矿业、水、天然气和电力	4.4	检验、调查和农业喷洒

续表

部门	金额	无人机活动示例
运输和物流	4.2	最后一英里和车厂内交付服务
批发、零售贸易、住宿和饮食服务	3.7	食品配送服务和设施检查
金融、保险、专业和行政服务	3.0	审计和保险检查与调查
建筑和制造业	1.6	检查、调查和监测
技术、媒体和电信	0.9	基础设施检查
合计	22.4	—

1. 环境监测

英国在2018年领先一步，开始了无人机监测技术的研发。2018年9月7日，布里斯托尔大学的研究团队宣布，他们成功开发了一款名为"龙之蛋"的轻量级监测装置，用以实时监测火山活动。这一装置具备在极端环境下稳定工作的能力，且可由无人机携带，极大地降低了人员风险。尽管体积小巧，但内部传感器却能对温度、湿度、震动以及多种有害气体进行实时监测。由于质量轻盈，无人机可以轻松将检测装置部署于火山口附近，收集到的数据能够远程传输至工作站，为火山灾害评估提供重要信息。值得一提的是，"龙之蛋"在平时保持节电状态，一旦专门的震动探测器感知到火山活动，便会激活其他探测器和传感器，全面启动监测工作。这种特殊探测器的能耗极低，已在意大利某火山进行了实地试验。有专家指出，在火山附近进行科研不仅危险重重，也给后勤补给带来极大挑战。无人机的应用不仅显著降低了风险，还大幅提升了数据收集的效率。

2020年10月31日，来自伦敦大学学院与布里斯托尔大学的研究团队，于太平洋岛国巴布亚新几内亚的马纳姆岛开展了一项利用无人机监测火山活动的实验。这一行动的目的是提高预测火山喷发的准确性，所使用的无人机原型具有2米的翼展，能够飞升至2 300米的空中,并维持大约 40 分钟的飞行。飞行任务结束后,无人机通过降落伞安全返回地面。该无人机装备了多个微型传感器、光谱仪及相机,传感器能够对火山口释放的气体中的二氧化硫和二氧化碳含量进行分析。

除火山监测外,据外媒称,2020 年 11 月 15 日英国帝国理工学院的研究人员开发了一种可以精确射出飞镖的无人机,飞镖上集成多种传感器,用于远程环境监测。这款无人机搭载了特殊的发射机构和形状记忆合金释放机构,能够准确地将集成了多种传感器的飞镖射到目标位置。飞镖上的传感器可以创建用于环境远程监控的无线传感器网络,提供精确的环境监测数据。相比其他技术,如投掷放置或胶粘,飞镖定位更加可靠且能够避免地面因素的干扰。这款无人机在环境监测、灾害预警等领域具有广泛的应用前景,也让研究人员避免了爬树的危险,其还可以飞进有马蜂窝等危险因素存在的区域。

英国作为曾经的海洋霸主,航运业一直是推动其经济发展的关键产业。然而,船舶排放的废气对环境造成了不容忽视的影响。为有效控制船舶废气排放,英国海事管理部门采纳了无人机搭载传感器的先进技术。这些无人机装备了高精度的气体检测传感器,例如 SO2-B4 和 NOx-B43F,它们能够远程、实时监测船舶尾气中的硫和氮氧化物等污染物含量。这一技术相较于传统的登船检测方式,在效率、精确度和应用范围上都有显著优势。无人机能够迅速抵达船舶尾气的排放区域,通过固定距离的伴随飞行收集实时数据,地面端的软件则根据这些数据预测船舶的燃油硫含量,大幅提升了监管工作的效率。

2. 紧急事件预警

在面对近期频繁发生的紧急事件时,英国在预警系统方面表现出了显著的预见性和创造性。无人机已成此领域的一个至关重要的组成部分。

首先是无人机在自然灾害预警中的应用。近年来，自然灾害频发，对人民生命财产安全构成严重威胁。为了提升预警和应急响应能力，英国科研人员开发了一套使用无人机的低成本通信系统，即"灾难应对电信网络"。该系统能够在地震、海啸或飓风等极端天气中断通信信号时，提供临时网络连接热点服务。这一系统由英国北爱尔兰贝尔法斯特女王大学电子通信与信息技术研究所的中阳博士团队研发，通过无人机实现实时监测，并提供即时天气状况信息。相比于传统的预警系统，灾难应对电信网络不仅成本更低，而且更加可靠耐用。其独特之处在于，无人机可以在极端天气条件下持续飞行长达90~150分钟，显著延长了预警系统的有效工作时间。在越南等发展中国家和地区，该系统已被成功应用，显著提高了当地对自然灾害的预警和应对能力。越南灾难管理局科学技术与国际合作部常务主任黎光俊博士说："中阳博士的研究为越南人民面对困难和极端天气带来了非常积极的影响。这一系统不仅可以监控预警极端天气状况，还可以让我们在紧急情况下与相关职能服务部门相互通信。通过共同努力，我们可以取得更大的成就，这将有助于我们为全体公民创造一个更加安全的社会。"

除自然灾害预警外，无人机在公共安全事件的监管中也发挥着重要作用。以英国政府近期推出的"空中护卫"项目为例，该项目旨在利用无人机为下夜班、夜跑女性的安全保驾护航。通过一款手机App，用户可以在发现可疑情况时召唤附近的无人机。无人机将在短时间内赶到现场，利用强大的聚光灯和热成像摄像机吓跑潜在的犯罪分子，并记录下相关证据。"空中护卫"项目由一家名为无人机防御的公司开发，其无人机系统可以在警察局屋顶设置，也可以通过手机应用程序发出警报。根据测试，无人机平均能在4分钟内赶到现场，相比警用直升机等传统手段，无人机具有更高的响应速度和性价比。该项目不仅提高了女性在夜间出行的安全感，也为警方在公共安全事件中的监管提供了新的技术手段。

在英国，警方已广泛采用无人机执行多种任务，如搜寻失踪人员、追捕嫌疑人，并利用其监控犯罪现场，为既定行动提供空中支援，以及在公共安全事件中实时传送现场影像。自2017年起，伦敦警察厅便开始运用无人机。2020年，剑桥警方配备了三架无人机，在约一年的时间里，这些无人机协助处理了225起案件。诺福克警方于2021年宣布计划扩展其无人机队伍，仅在一年内就通过无人机协助解决了1 500起事件。此外，无人机防御公司曾向英国机场和监狱系统提供监测服务，并在2017年为某监狱设计了一套反无人机"天空围栏"。该隐形围栏系统采用了一系列干扰设备，在监狱周边及上空形成防护屏障，有效阻止了无人机向监狱内部走私武器、手机等贵重物品。

二、医疗运输

2024年3月18日，英国交通运输部发布"未来飞行"行动计划。该计划由英国政府和工业界联合制订，被定位为"英国新兴航空技术产业化的联合战略"，集中体现英国对低空飞行产品和服务发展的认知与布局。而提高国家医疗服务系统效率正是该计划的目标之一，主要体现在通过无人机缩短手术植入物的运送时间，即无人机医疗运输。

英国民航局已批准6项试验计划，旨在推进无人机超视距飞行及医疗物资递送服务。这些项目包括伦敦健康桥项目、克兰菲尔德机场的蓝图项目、无人机-康沃尔开放天空、英国的无人机训练计划HexCam、空港项目，以及斯诺登尼亚航空航天中心的龙眼项目。在诸多项目中，伦敦健康桥项目已取得初步成果。该项目专注于通过无人机实现医院与实验室间高优先级病理样本的按需递送服务，无人机以其快速和精确的优势，大幅提升了医疗检测的效率与准确性，为患者及时获得治疗提供了坚强保障。此外，该项目还拟扩大无人机的应用范围，涵盖血液、疫苗等更多医疗物资的运输，以期进一步提高医疗服务的效率及可达性。

2023年2月14日，作为英国国家医疗服务机构的一部分，诺森比亚医疗保健NHS（英国国家医疗服务体系）基金会Trust正式启动在7个月前宣布的无人机试验，参与的医疗保健中心和试验运营商自此一直在组织相关测试试验。他们在英格兰东北部海岸诺森比亚郡的指定航道测试以110千米/时的速度携带3千克医疗有效载荷飞行的无人机。该项目从每天6个架次开始，然后逐渐增加到15个架次，将化疗药物从阿辛顿的旺斯贝克总医院加速运送到更北边的阿尔恩威克和贝里克的医务室，然后在返航时将病理样本带到旺斯贝克。Trust首席执行官詹姆斯·麦基说："考虑到我们覆盖的区域和我们管理的医院及其他场所的数量，拥有有效的物流来把物资送到它们需要的地方是至关重要的。使用无人机有可能帮助我们以更好、更智能的方式运送重要的药品和物资，所以我们期待看到试飞的情况。"英国一直在积极寻求用无人机运输医疗服务用品。试验包括向怀特岛运送化疗药物和正在建立的网络，苏格兰表示这个正在建设的网络将是第一个覆盖整个国家的网络。

CAELUS（关怀与公平-苏格兰无人机医疗保健物流）项目是苏格兰的一项创新举措，旨在推进英国的医疗无人机分发网络。该项目在2022年获得了1 000万英镑的投资，用以利用全球货运无人机航空公司Dronamics制造的远程无人机运送医疗物资。这一项目由格拉斯哥国际机场和阿伯丁国际机场运营商牵头，得到了"未来飞行"行动计划的支持，目的是开发并测试英国首个国家级无人机配送网络，该网络主要用于向苏格兰偏远地区运送基本药物、血液、器官等医疗用品。联盟共有16个合作伙伴，其中Dronamics公司开发了可承载350

千克、飞行距离达 2 500 千米的黑天鹅货运无人机，这对苏格兰边远岛屿的居民来说极为关键。AGS 机场集团的负责人指出："CAELUS 项目将深刻改变为苏格兰提供医疗服务的方式。"该无人机网络有助于提高关键医疗用品的运送效率，缩短等待医疗测试结果的时间，并确保城市与偏远农村地区之间医疗服务的公平性。Dronamics 公司首席执行官兼联合创始人斯维伦·兰盖洛夫表示："这是我们利用在欧盟与欧洲航空安全局合作的经验，在英国市场扩展业务的绝佳机会。NHS 苏格兰即将进行的飞行试验还将验证我们为医疗产品配送开发的技术。我们相信，我们的解决方案对于缩短苏格兰偏远地区医疗用品的运输时间至关重要。"

与此同时，英国正在积极推动空中救护车服务项目的探索。空中救护车服务的历史可以追溯到第一次世界大战期间，当时英国等国家已开始使用飞机进行紧急医疗转运。随着医疗技术的进步和航空业的发展，空中救护车逐渐成为现代医疗救援体系的重要组成部分。2022 年秋季，英国海军"伊丽莎白女王"号航母在北海和斯堪的纳维亚半岛执行任务期间开展了"空中救护车"概念试验。该试验效仿英国 NHS 提供紧急救援服务的模式，通过直升机将医疗专家运送至伤者所在的位置进行紧急救治，并将伤者送往岸上或航母上的医院进行进一步治疗。

此外，英国还设有专门的儿童空中救护车慈善组织，为病情危急的儿童提供快速转运和救治服务，被称为英国儿童空中救护车项目。该组织通过直升机将病重儿童迅速转运至专科医院进行进一步治疗，大大缩短了转运时间并提高了救治成功率。其中该项目中较为知名的救治事件是，一名年轻妈妈德尼莎·米科娃在北约克郡斯卡伯勒医院通过剖宫产诞下了男婴西奥。5 天后，医生发现西奥的气管和腹部并不相连，需要尽快送到约 80 千米之外的赫尔皇家医院接受专科手术。传统救护车需要一个小时才能送达，但西奥在短短 15 分钟内就被英国儿童空中救护车慈善组织派出的直升机送到了目的地。直升机上配备了最新的儿科急救设备，由专业医疗团队进行全程监护和救治，确保了西奥在转运过程中的生命安全。

英国儿童空中救护车项目作为英国空中医疗救援体系的重要组成部分，以其快速响应、高效转运和先进医疗支持等特点，在挽救生命方面发挥了重要作用。未来，随着医疗技术和航空业的不断发展进步，该项目将继续优化运营模式和提升服务水平，为更多病重儿童带来生命的希望和福音。

第五章

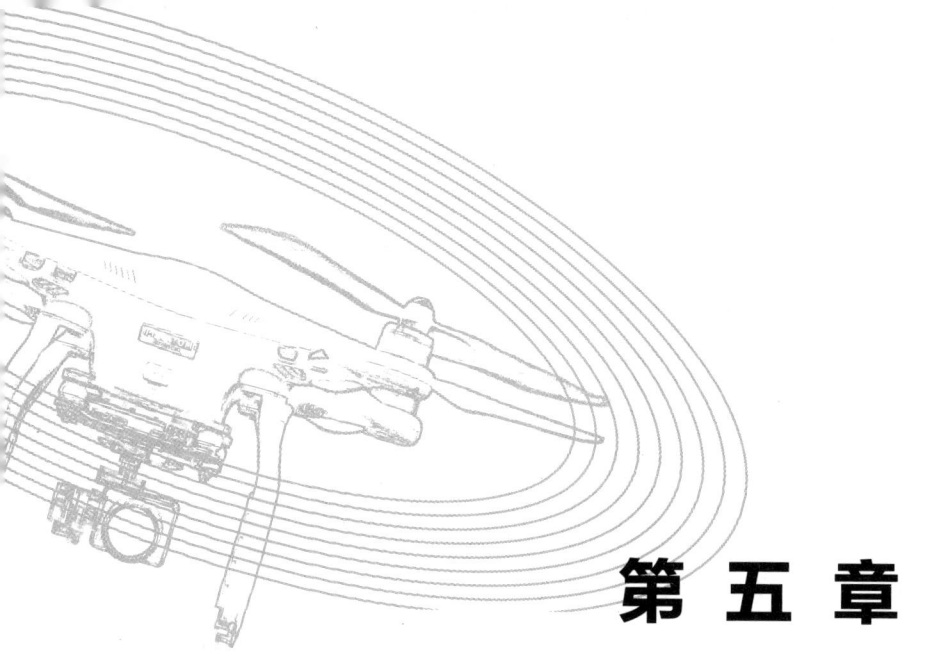

低空经济前沿赛道与关键技术攻关

无人机与 eVTOL 领跑低空经济前沿赛道

一、低空航空器

1. 无人机

一个完整的无人机系统由无人机本体、遥控站、起飞回收装置等组成。这些设备共同构成了一个复杂而精密的系统，确保无人机能够安全有效地执行各种任务。无人机有多种分类。中华人民共和国国务院、中华人民共和国中央军事委员会 2024 年 1 月 1 日施行的《无人驾驶航空器飞行管理暂行条例》按照空机重量、起飞重量、飞行速度等性能指标将无人机划分为微型、轻型、小型、中型和大型。

微型无人机是指空机重量小于 0.25 千克，具备高度保持或者位置保持飞行功能，设计性能满足飞行净高不超过 50 米、最大平飞速度不超过 40 千米/时、无线电发射设备符合微功率短距离无线电发射设备技术要求的遥控驾驶航空器。微型无人机体积小、重量轻、隐身性好，被广泛地应用于军事侦察、反恐侦查、城市监控、紧急救援等领域。轻型无人机是指空机重量不超过 4 千克，最大起飞重量不超过 7 千克，最大平飞速度不超过 100 千米/时，具备符合空域管理要求的空域保持能力和可靠被监视能力的遥控驾驶航空器。小型无人机是指空机重量不超过 15 千克或者最大起飞重量不超过 25 千克的遥控航空器或者自主航空器，因其具备军民两用的特性，被广泛应用于摄影和其他领域，同时在现代冲突中也展现出军事潜力。中型无人机是指最大起飞重量超过 25 千克不超过 150 千克，且空机重量超过 15 千克的遥控航空器或者自主航空器。大型无人机是指最大起飞重量超过 150 千克的遥控航空器或者自主航空器。中型和大型无人机具备较强的载重能力和续航能力，适合执行长时间、大重量的任务，如农业植保、电力巡检。常见的无人机基础分类情况见表 5-1。

表 5-1 常见无人机基础分类

飞行平台构型	续航里程	空机重量	飞行速度	功能
多旋翼无人机	近程（15~50 千米）	微型无人机	最大平飞速度（<40 千米/时）	民用无人机
固定翼无人机	短程（50~200 千米）	轻型无人机	最大平飞速度（<100 千米/时）	军用无人机
复合翼无人机	中远程（200 千米以上）	小型无人机	最大平飞速度（>100 千米/时）	
无人直升机		中型无人机		
		大型无人机		

根据无人机的构型来分类，主要有多旋翼无人机、固定翼无人机、复合翼无人机和无人直升机。多旋翼无人机的应用非常广泛，尤其在农业领域，包括喷洒农药、监测作物生长状况、施肥等。这些无人机通常采用电动系统作为动力来源，主要由电池、电机、电调和螺旋桨组成。然而，由于受电池续航时间的限制，多旋翼无人机的飞行时间一般在 30~40 分钟。固定翼无人机在侦察和巡线任务中具有显著优势，主要体现在其具有较长的续航时间和较大的载重能力，但固定翼无人机通常需要较大的起飞空间和降落空间，故起飞重量较大的固定翼无人机一般需要跑道，机动性较差且不能实现悬停。复合翼无人机结合了固定翼和旋翼两种无人机的特点，兼具两者的优点，在垂直起降时采用多旋翼系统，在平飞巡航时则切换到固定翼模式，提供了更高的飞行效率和灵活性，在监视侦察、引导打击和通信中继等多个领域展现出强大的应用潜力。无人直升机兼具直升机和无人机的特点，

可以进行垂直起降、悬停以及原地垂直起飞，其起飞重量从几十千克到几百千克甚至上千千克不等。无人直升机的应用领域非常广泛，包括军事侦察、通信中继、物流运输、电网基建、物资运输等。例如，在战场上，无人直升机装备光电、红外和雷达传感器，能够代替有人侦察机前往复杂地形执行侦察任务；在物流行业，无人直升机被用于跨海峡飞行和海上运输，大大提高了运输效率。总体来看，无人直升机在应急救援和特种运输中的应用已经成为一个重要的发展方向。

此外，常用的分类，即按照功能分类分为民用无人机与军用无人机。

民用无人机是指那些不包含航空模型，并且不用于执行军事、警察、海关等公务任务的无人驾驶航空器。其核心在于其用于民用目的，而非军事或执法用途，包括消费级和工业级两大类。

消费级无人机主要满足普通消费者对航拍及娱乐的需求。以大疆创新为代表的龙头企业，在消费级无人机市场中占据绝对优势。其产品性能卓越、稳定性高，深受全球消费者的喜爱。除此之外，还有昊翔、司马航模等企业也在市场中占据了一定份额，整体竞争格局仍较为集中。工业级无人机可搭载的设备多样，除了基本的飞行控制系统，还可能配备高精度传感器、高分辨率相机等专业设备，主要用于警用、消防、测绘、植保、巡检、气象、物流等。有一些龙头企业脱颖而出。例如，纵横股份、广联航空等企业在工业级无人机领域具有较强的技术实力和较大的市场份额。

军用无人机是一种无须搭载飞行员即可执行军事任务的飞行器。自20世纪初以来，无人机技术经历了从遥控飞行到自主飞行的演变，其在军事领域的应用日益广泛。军用无人机凭借远程监视、侦察、精确目标定位、有效打击以及通信中继等功能，在现代战争中扮演了重要的角色。此外，使用军用无人机所具备的无人员伤亡风险、较高的灵活性、出色的隐蔽性以及高性价比等特点，使军用无人机在现代军事行动中占据显著优势。在阿富汗战争、伊拉克战争、也门冲突、利比亚冲突、加沙冲突以及俄乌冲突中，军用无人机已经得到了广泛的实战检验。如俄乌冲突初期，双方主要依赖军用无人机执行关键任务，如探测侦察、辅助精准射击等。俄罗斯方察打一体无人机设备数量、种类十分受限，成为一大短板。而乌克兰早已从土耳其引进了TB-2察打一体无人机，提高了乌克兰的侦察打击等能力，但由于乌克兰制空权的缺失，导致这些无人机经常遭受俄罗斯空军及地面防空部队的拦截与摧毁。2022年，俄罗斯国防部公布了"猎户座"察打一体军用无人机。这款察打一体无人机是俄罗斯国产察打一体无人机领域的先驱，且在2018年的叙利亚战争中完成了实地试验。此后，俄罗斯引进了以色列的技术，发布了另一款察打一体军用无人机——"前哨-R"。这款无人机是除"猎户座"之外，俄罗斯在乌克兰战场上使用的第二款国产察打一体无人机。军用无人机在乌克兰战场上发挥了不小的军事作用，深刻影响了战争的进程，可见军用无人机在战争中的重要作用。

2. 垂直起降航空器

eVTOL作为我国低空经济中的热门赛道，近年来在国内得到了快速发展。

顾名思义，电动垂直起降飞行器是利用电力作为飞行器的能源，且具有垂直起降功能，兼具货运和载人功能的飞行器。这种飞行器可以像直升机一样进行垂直起降，并且在水平方向上具有固定翼飞行器的巡航优势。eVTOL相较于传统的交通工具，安全、噪声小、环保、操作简单等，填补了短距离交通工具的市场空缺，并且运营成本相较于传统直升机有显著降低，具有巨大的应用潜力。

最常见的是按照eVTOL的气动布局进行分类，分为多旋翼型、复合翼型、矢量推力型，又进一步对矢量推力型进行了细分，分为倾转旋翼、倾转机翼、倾转涵道三种类型。多旋翼 eVTOL 由多个旋翼组成，具有较强的机动性和灵活性，能够在狭小的空间内灵活操作，每个旋翼较小且分布均匀，降低了单个旋翼的旋转速度和噪声，虽然其有效载荷和航程相对有限，但其电池能量密度已经能够支撑约 30 分钟的飞行时间，这使得它们特别适用于城市环境中的短途运输和日常通勤。复合翼型 eVTOL 兼具巡航和升力，既具有长航程，又具有较高的升降速度。目前，国内有多家企业正在积极研发复合翼 eVTOL 产品，并取得了一定的技术突破。例如，峰飞航空科技研发的盛世龙 4 号机就刷新了全球 2 吨级 eVTOL 飞行器的航程纪录，达到 250.3 千米。复合翼 eVTOL 由于其高巡航效率和安全性，在公安、应急和消防等特种领域得到了广泛应用。矢量推力型 eVTOL 包括倾转旋翼、倾转机翼、倾转涵道等，因其高效的推进系统和较低的"死重"，在航程和载重比方面表现突出，较为适用于需要高航程、高速度和较大载重比的应用场景。目前，全球共有超过 900 个 eVTOL 研发项目，其中矢量推力型最受青睐，占比达到 43%。矢量推力型 eVTOL 不仅适用于城市空中交通，还可以用于长途高速飞行任务。随着技术的不断成熟和市场的逐步开拓，矢量推力型 eVTOL 有望成为未来低空经济的重要载体。当然，尽管矢量推力型 eVTOL 具有诸多优势，但其研发难度也相对较高。其机械设计非常复杂，需要解决多旋翼、倾转旋翼或机翼等部件的集成问题。

eVTOL 的动力系统多采用分布式电推进动力系统，动力来源有电力、燃料电池、油电混合等。目前，中国多家企业正在积极参与 eVTOL 的研发，包括峰飞航空科技、亿航智能等。这些企业在 eVTOL 的电池技术、芯片技术、避障技术等关键技术上取得了重要突破。多种机型成功试飞且取得了试运营许可，如 V2000CG 成为全球首款取得型号合格证的吨级 eVTOL。此外，eVTOL 在旅游、短途交通、运输、紧急救援等领域展现出广阔的应用前景。例如，2024 年 7 月 11 日，深圳智航无人机有限公司的载人飞行器"飞碟"形 eVTOL 在深圳大梅沙海滨公园完成首飞，未来有望应用于旅游场景。2024年6月6日，亿航智能向使用方交付中国首批无人驾驶 eVTOL，标志着"空中出租车"的市场化迈出了重要一步。

3. 其他低空航空器

随着低空经济领域的拓展，低空航空器的热门种类确实越来越多。除了无人机与 eVTOL，还包括有人航空器，如直升机、热气球、滑翔机、滑翔伞等，这些航空器多用于空中观光、空中婚礼、空中摄影等活动。

二、低空航空器最新发展

1. 无人机层面

（1）微型无人机技术

2024年7月央视网报道了一种重量仅为4.21克的太阳能动力微型无人机。这款无人机能够依靠自然光持续飞行，同时，该研究成果在国际权威学术期刊《自然》上发表。在此之前，该领域的顶尖成果是哈佛大学2019年在《自然》上发表的关于 RoboBee 飞行器的研究，但其仍需借助人工光源（相当于三倍太阳光强度）来维持飞行。相比之下，本项成果实现了仅依靠自然光即可持续飞行，这一突破在微型飞行器的发展历程中具有里程碑式的意义。如何实现微型化一直是无人机技术的难点之一。目前，科研团队对电机的尺寸进行了极限压缩，得到了比一角钱硬币直径还小的螺旋桨，标志着微型无人机技术的重大进步。

这项研究的成功得益于北京航空航天大学科研团队自主研发的新型静电电机，该电机实现了电能向动能的高效转换，静电驱动技术有许多优势，如高效能和低能耗，低碳环保。静电电机的运转不需要导致污染严重的化石燃料，也不会排放有害废气，符合绿色发展理念。据北京航空航天大学能源与动力工程学院博士彭谨哲详述，这款静电电机设计灵感源自灯笼结构，周围环绕着一系列电极片，依据电荷间"同性相斥、异性相吸"的基本原理运作。具体而言，相邻电极片携带相反电荷，从而驱动位于中间的电极片在排斥与吸引的交替作用下产生升力，进而带动无人机升空。北京航空航天大学教授漆明净解释说，静电现象，如梳头或脱毛衣时产生的几千甚至上万伏特的高压静电，尽管电压极高但电流极低，对人体无害。这一特性恰好契合了电机微型化所追求的低功耗、高电压目标，为微型电机的发展指明了新方向。这一突破不仅展示了我国在科技创新上的实力，也为全球无人机技术的发展提供了新的思路和方向。

（2）光动无人机

随着无人机等低空飞行器的广泛普及，它们已成为灾害预警、智能救援等地面安全保障任务中不可或缺的力量。然而，在无人机技术飞速发展的同时，续航能力和实时能源补给问题依然是制约性能提升与应用场景拓宽的瓶颈。当前，受限于电池的功率密度，大多数无人机的续航时间被束缚在1小时左右，这不仅严重影响了工作效率，还极大地限制了无人机在需要长时间、高强度应用场景中的高效性，如应急救援等。举例来说，在智能巡检中，可能会发生无人机电量不足导致的坠毁事件，轻则带来财产损失，重则影响生命安全。因此，如何突破续航瓶颈，实现无人机能源的高效、即时补给，成为无人机研发领域亟待攻克的一项重大课题。

为了攻克这个难题，西北工业大学光电与智能研究院的李学龙教授团队开展了光动无人机项目。该项目通过高能激光远程供能技术，结合了无人机上的光电转换装置，实现了光能向电能的高效转化，并融入了智能信号传输与处理算法，赋予无人机自主远程供能能力。简单来说就是，该团队通过使用含高能量的激光对无人机远程供能，无人机上的装置能够把这种光能转化为电能。另外为无人机加入智能算法，使得无人机可以自主控制充电，从而实现了无限续航。

展望未来，光动无人机将在社会治理的多个领域发挥重要作用，包括运输、监测、治安、应急救援及无接触物流等，成为提升社会治理效能的得力助手。同时，其无限续航的潜力也预示着在探索广阔空域、海洋乃至深空的征途上，光动无人机将扮演更加关键的角色，开启无人系统应用的新篇章。

（3）多旋翼无人机容错控制技术

多旋翼无人机，作为飞行界的"多面手"，凭借其多螺旋桨设计实现垂直起降与精准悬停，广泛应用于各个领域。然而，在面对极端气候挑战或意外碰撞障碍等突发状况时，其螺旋桨极易受到影响，面临失控坠毁风险，飞行安全性的提升成了业界的迫切需求。

北京航空航天大学微信公众号2024年1月14日发文称，北京航空航天大学自动化科学与电气工程学院的一支科研团队在多旋翼无人机容错控制技术上取得重要突破，即使部分螺旋桨无法旋转，无人机依然可以保持安全飞行。该团队的研究成果已在国际机器人领域顶级期刊《IEEE机器人学汇刊》上发表，标志着我国在无人机安全控制技术上取得了重要进展。该研究团队研究了飞行器在执行任务过程中可能遭遇的突发故障，如螺旋桨失效等紧急情况，特别是，针对四旋翼无人机这一典型代表，经过不懈努力，成功研发出一套创新的被动容灾控制算法。这一算法如同为无人机装备了"应急自救"系统，即便在部分螺旋桨停止工作的不利条件下，也能确保无人机稳定飞行，并自主规划安全路径，实现可控返航，大大降低了事故风险，为无人机的安全应用提供了强有力的技术支撑。

（4）察打一体无人机

察打一体无人机自2005年研制成功并于2007年首飞以来，发展势头迅猛。它是在侦察无人机的基础上发展而来的，具备滞空时间长、攻击节奏快、打击范围广等优势，并且能够很好地适应信息战。

"翼龙"系列无人机家族更是堪称中航察打一体无人机的"拳头"产品。如今，其已逐步构建起一个全面而丰富的产品家族，涵盖了"翼龙-1""翼龙-2""翼龙-3"，以及最新型的"翼龙-10"等多个系列平台。此外，该系列还配套有高度集成的一体化指控系统和通用化的综合保障系统，共同编织成一个完善的产品谱系。

"翼龙-1"无人机，长9.05米，高2.77米，具有14米的翼展与1 100千克的最大起飞重量。该机型配备100马力活塞发动机，采用V形尾翼设计，持续续航可达20小时，最大上升高度为5 000米，最远航程为4 000千米，最高时速为280千米，性能卓越。自问世以来，"翼龙-1"系列不断进化。2018年，"翼龙-1D"横空出世，以新型复合材料大幅减重，在强化结构的同时显著提升了航程、作战半径及载荷能力。3年后，"翼龙-1E"作为"翼龙-1D"的深度升级版发布，全复合材料机身进一步优化，性能更优越。其新增的小翼设计，与"翼龙-2"异曲同工，能够有效减少飞行诱导阻力，提升燃油效率，从而在航程与作战半径方面实现新突破。

"翼龙-2"无人机作为翼龙系列的革新之作，在保持与"翼龙-1"总体结构相似的基础上，实现了多项重大技术突破。其核心改进之一在于，装备了更为强劲的发动机，这一升级直接使得续航时间、飞行距离及载弹量显著提升。此外，"翼龙-2"集成了更高端的光电瞄准系统，使其在目标的搜索、识别与精确打击方面达到了新高度，能够轻松锁定并攻击10米内的目标。"翼龙-2"的最大飞行高度可达9 000米，最高飞行时速达370千米，最大起飞重量跃升至4.2吨，外挂能力增强至480千克，并实现了20小时的长时间持续任务续航。

进一步地，"翼龙-3"无人机在"翼龙-2"的基础上进行了深度拓展，以其远航程、重挂载的特点，成为我国长航时察打一体无人机中的重量级选手。在2022年中国国际航空航天博览会上，"翼龙-3"展示了反辐射导弹、滑翔制导炸弹等多样化武器的能力，甚至包括空空导弹。

相比之下，"翼龙-10"则被定位为高空高速无人机，其性能特点在于更快的航速与更高的飞行高度。"翼龙-10"摒弃了传统的活塞式或涡桨发动机，转而采用涡喷发动机，实现了最高上升极限14 000米与最大飞行时速620千米的卓越性能，在速度上超越了"翼龙-2"及美国的"死神"无人机，更以其独特的定位，为我国无人机家族提供了新的应用场景。

"翼龙"系列无人机凭借其卓越的多功能性，已全面胜任通信、监测、侦察以及物流等多样化任务，成为在重大应急救援行动中不可或缺的新锐力量，为快速响应与高效处置各类紧急情况提供了强有力的技术支持与保障。例如，在2021年河南遭遇历史罕见的特大暴雨灾害期间，"翼龙-2H"应急救灾型无人机迅速部署，为受通信中断困扰的区域搭建了空中移动基站，有效填补了信息孤岛，成为救援行动中的关键信息桥梁。2023年12月，甘肃省临夏州积石山县遭遇6.2级地震侵袭，面对通信、电力中断，以及道路阻断的极端挑战，"翼龙-2H"应急救灾型无人机再次挺身而出，两天内连续执行两次任务，累计飞行时长超过20小时，不仅实时传输了震后灾区的清晰图像，为外界提供了宝贵的现场信息，还化身空中通信枢纽，迅速恢复了灾区与外界的通信联系，极大地提升了救援效率与精准度，为指挥调度和紧急救援工作铺设了一条坚实的生命线。

（5）大型多功能固定翼无人机

2024年9月7日，华鹰航空自主研发的HE-1大型多功能固定翼无人机成功首飞。该无人机是我国首个大型多功能固定翼无人机，其最大起飞重量为4吨，有效载重2吨，翼展16.8米，机长14.2米，并采用单发螺旋桨发动机，功率超过800千瓦，是我国成功研制的大载重量、技术成熟、快速并入市场的固定翼运输-平台类无人机，且集成了多种功能，包括运输、空投、侦察、监视和应急救援等。

该机型具备高可靠性和低使用维护成本的特点，实现了100%国产化及全机知识产权。在设计上，它采用成熟的通航飞机构架，确保了平台的优越性能和模块构型特性，使得飞控系统更加稳定可靠。此外，HE-1还具有灵活配置能力，在机翼下左右各有一个多功能挂点，可以根据任务需求快速转换任务挂载，从而提高特种及应急场景下的任务效率。

总体来看，HE-1大型多功能固定翼无人机不仅技术成熟，而且市场前景广阔，首飞成功后，华鹰HE-1基本型计划持续进行一系列科研试飞，预计2025年底前投入批产，且有望广泛应用于军民多个领域，如边界巡逻、战场侦察、目标跟踪以及森林防火等。

2. eVTOL层面

（1）多旋翼模块化eVTOL："旋戈-300"

2023年9月14日，一款纯电动多旋翼飞行器"旋戈-300"在第六届中国天津国际直升机博览会上展出。"旋戈-300"是一款由中国航空工业集团有限公司研制的全电驱动六旋翼飞行器，属于"旋戈"家族的最新产品。从技术上看，电动飞机具有零排放、低噪声、乘坐舒适性好、安全可靠等优势。

具体参数方面，"旋戈-300"全长6.4米，全高2.5米，全宽也是6.4米，采用高性能电池、电机和电控系统，并且机体结构使用了全复合材料。

"旋戈-300"的外观设计融合了美学与科技，核心为六个电动旋翼，每对旋翼相隔60度，位于机身框架之上，这种设计赋予了飞行器飞行的稳定性与安全性，即便遇到双旋翼失效的情况，也能确保安全航行，安全冗余的设计堪称业界典范。

尤其值得一提的是，"旋戈-300"采用了先进的模块化设计理念，这一创新使其能够在有人驾驶与无人驾驶模式间灵活切换。驾驶舱设计为开放式，并配备有快速拆卸机制，便于根据任务需求轻松替换为侦察吊舱或武器吊舱，从而实现了从军事应用（如战场投送、火力支援、情报侦察）到民用领域（如旅游观光、城市交通辅助、物资快速运输）的广泛覆盖。总之，"旋戈-300"是一款极具特点的新能源航空器，具备卓越的性能、灵活的配置以及广泛的应用前景，它的出现展示了中国在新兴电驱动垂直起降飞行器领域的创新能力。

（2）货运eVTOL：V2000CG

2024年3月22日，上海峰飞航空科技有限公司宣布自主研发的V2000CG获得了由中国民航局华东地区管理局颁发的型号合格证。这也是全球首个通过型号合格认证的吨级以上eVTOL。

V2000CG是一款无人驾驶货运eVTOL，最大起飞重量2吨，纯电动力，自主驾驶，运载能力等同小型直升机，适用航程200千米。

V2000CG通过采用复合翼构型，将垂直起降能力与固定翼巡航能力相结合。具体来说，它能够像直升机一样进行垂直起飞和着陆，同时也能实现固定翼飞机的水平巡航性。它具有吨级以上载重能力，适用于物流、紧急物资运输和应急救援等领域。

2024年5月6日，峰飞航空科技2吨级eVTOL无人驾驶航空器在阿联酋完成该企业所研制eVTOL的中东地区首飞。

（3）双电混合动力i-eVTOL：ET480

2020年12月8日至10日，在第四届国际电动航空论坛上，中国商用飞机有限责任公司北京民用飞机技术研究中心的预研总师杨志刚介绍了ET480项目，并将ET480定位为自主智能电动垂直起降飞行器（i-eVTOL），突出自主飞行和智能控制的特点。

ET480采用了复合翼设计，能够在实现远距离巡航的同时十分便捷地实现垂直起降。ET480采用分布式推进系统，通过8个电机并联来提供垂直起降的升力，一个单独的电机提供动力，为紧急着陆提供更多选择。此外，ET480融入了基于5G的智能无人驾驶系统。该机

90%以上的材料采用碳纤维复合材料，极大地提升了机体的结构强度与轻量化水平。

ET480的关键技术成就体现在能源配置上。ET480突破性地使用了融合"燃料电池+锂电池"的双电混合动力系统，这一创新不仅显著解决了传统锂电池续航不足、安全性不高的问题，更为新能源飞行器在飞行时长、低温适应性等关键技术难题的突破方面铺设了坚实道路，预示着新能源航空领域的新一轮飞跃。

（4）无人驾驶eVTOL：EH216-S

EH216-S由广州亿航智能自主研发，是全球首款荣获无人驾驶载人eVTOL航空器型号合格证与标准适航证的航空器。其设计旨在满足载人运输、旅游观光及空中出租车等多元化需求。该机型凭借纯电动动力系统、低噪声特性、高机动性以及预设航线等多项技术优势脱颖而出。

具体设计参数方面，EH216-S的最大起飞重量达到620千克，最大载荷为220千克，最大飞行航程为30千米，且最高飞行高度可达120米，续航时间约为30分钟。在无人驾驶模式下，航时可达25分钟，最大设计时速达130千米。在适航审定方面，EH216-S取得了显著成就。2023年10月，它荣获了中国民航局颁发的全球首张无人驾驶载人航空器型号合格证，同年12月获得标准适航证。2024年4月，EH216-S进一步获得了生产许可证，成为全球首个同时拥有三大通行证的载人无人驾驶eVTOL航空器。

EH216-S已在全球范围内进行了多次首飞演示和商业飞行测试，并逐步投入实际应用。2024年4月30日，该机型在阿布扎比完成了首飞，同年6月14日，在沙特阿拉伯麦加成功进行了首次自主空中出租车飞行。在中国，EH216-S也已开始交付，并在多个城市的观光线路中投入使用。EH216-S不仅在技术创新方面表现出色，还在市场推广和商业化运营方面取得了显著进展。其成功取证和应用为未来低空经济市场的发展奠定了坚实基础。

聚焦产业发展难题　实现关键技术攻关

一、低空航天器技术发展

1. 分布式电推进技术

分布式电推进技术是一种利用电力驱动多个推进器作为飞机动力装置的技术，采用电能作为动力系统的部分或全部能源，如锂电池、太阳能电池和氢燃料电池等，其在航空领域具有广泛的应用前景和潜力。为什么要采用分布式电推进技术呢？因为航空器电机功率是有限的，单台电机无法提供像传统燃油机那样高的输出功率，航空器分布式电推进技术由此诞生。

（1）分布式电推进系统的优势

首先，分布式电推进技术更高效且更环保。相比传统燃油推进系统，分布式电推进系统能够使电能直接转化为动能，避免了复杂的化学反应过程，从而实现了更高的能量转换效率。其次，电推进技术可以优化燃气轮机的工作状态，提高气动效率，不仅提高了飞行性能，还降低了整体的碳足迹。例如，在翼身融合运输机的设计中，通过优化气动设计，最大升阻比达到了 24，飞行性能得到提高。此外，由于电动推进系统不使用燃油发动机螺旋桨，用电机电池和旋翼代替，因此可以有效减少噪声和碳排放。

分布式电推进技术可以提高载运能力。鉴于电机拥有显著的功率密度优势，还可以非常便捷地改变其尺寸，部署多台电机来供给所需推力，意味着可以在不显著增加整体体积的情况下，通过并联多个小型电机来实现高推力输出。即分布式电推进系统可以在相同体积下提供更高的推力，从而增加航空器的载运能力且使得航空器的进一步轻量化成为可能。此外，分布式电推进技术还增强了航空器的鲁棒性。鲁棒性是指在应对各种不确定因素、外部干扰或系统内部参数的突然变化时，航空器仍然能够保持稳定的飞行状态，确保乘客和货物的安全。由于每个电机推进器都可以独立控制，因此可以在需要时产生推力差异。当多台分布式电推进器以不同的推力工作时，它们不仅可以为飞机提供前进的动力，还可以通过推力差动产生额外的控制力矩。这种控制力矩类似于物理学中的力矩，能够改变飞机的姿态和方向。例如，在飞机需要进行滚转操作时，可以通过增加一侧机翼上推进器的推力并减小另一侧机翼上推进器的推力来实现。这种推力差动将产生一个绕飞机纵轴的力矩，使飞机发生滚转。因此，通过推力差动产生的控制力矩，可以使飞机在不需要传统舵面（如副翼、方向舵等）的情况下进行滚转、偏航和俯仰等机动动作，从而提高飞机的机动性、可靠性以及减轻飞机的重量。

此外，分布式电推进系统具有天然的冗余性，即使部分电机出现故障或失效，其他电机仍然可以通过推力差动来维持航空器的稳定飞行，这种容错能力提高了航空器的安全性和可靠性。在起飞、爬升、巡航和降落等不同的飞行阶段，航空器对姿态控制的需求也不同。分布式电推进系统可以根据当前飞行阶段的需求，灵活调整推力差动，以提供适当的控制力矩，满足飞行稳定性和安全性的要求。综上所述，多台分布式电推进器间的推力差动通过增强姿态控制能力，提高冗余性和容错性，适应不同飞行阶段的需求，从而提高了航空器的鲁棒性。

（2）典型应用

eVTOL 作为分布式电推进技术的杰出代表，正引领着未来城市空中交通的新潮流。以 Joby Aviation 的 S2 和 S4 飞机为例，它们通过采用分布式推进系统，实现了垂直起降与长时间巡航的双重功能。这些飞行器不仅具备优越的飞行性能，如高速度、长航程和低能耗，还以其独特的折叠设计减少了气动阻力，提高了飞行效率。此外，利用风能充电等创新技术，进一步彰显了 eVTOL 在环保与可持续性方面的潜力。

(3) 未来发展方向

前文已经介绍过，分布式电推进技术的主要供电系统是锂电池、太阳能电池和氢燃料电池等，具有环保灵活轻量等优势，但纯电动推进与传统燃料相比必然是能量密度与功率密度都要小得多，进而会限制航空器起飞重量、速度和续航等，尤其对于大型运输机以及军用机来讲不是十分适用，仅能满足小功率电动飞机推进系统的电力需求，如固定翼飞机、电动滑翔机等。

因此，未来的发展趋势包括开发更加高效的电推进技术，如高温超导电机技术，因其体积小、功率密度高和效率高等优势，在航空电推进中展现出重大的应用前景。此外，新概念混合电推进技术也具有极大潜力。新概念混合电推进技术是一种结合了多种动力源和先进电力技术的新型航空动力系统。当前比较火热的是由碳氢燃料高温燃料电池与燃气涡轮组成的混合动力系统。中国矿业大学开展的"973"项目《碳基燃料固体氧化物燃料电池体系基础研究》，对固体氧化物燃料电池进行了详细研究。

固体氧化物燃料电池，被誉为"21 世纪最具前景的绿色发电系统"。固体氧化物燃料电池可突破常规发电遇到的技术瓶颈，通过电化学反应将碳氢燃料中的化学能转化为电和热，具有原料丰富、解决发电效率瓶颈和余热利用问题、噪声小、绿色等优点，将成为新一代发电技术主流，进一步提高化石能源高效清洁利用率。

2. 轻量化和降噪

（1）航空器轻量化

在材料选择与应用上可以采用高性能轻量金属材料，如硬铝等轻量金属材料，以实现轻量化和高强度的需求。此外也可以选用复合材料，如碳纤维作为一种重要的轻量化新材料，通常用于飞行器框架、翼面和螺旋桨等部件。不仅复合材料本身的重量轻，而且采用复合材料不再依靠铆接、螺接等传统的连接方式，而是使用胶黏剂，这也大大减轻了航空器的重量。如将PPS（聚苯硫醚）材料应用在喷气发动机零件中，不仅可以实现轻量化和性能提升，还能够减少噪声和环境影响。

通过设计优化，如仿生结构设计优化、胞元结构设计优化以及拓扑设计优化等，可以进一步减轻航空器的结构质量，从而提升续航能力和机动性。仿生结构设计是指自然界的某些生物经过自然选择，自身形成了轻量但强韧的结构，科研团队依据相似性原理，采用仿生手段获得具有与该生物相似的力学特征的材料，从而满足航空航天领域的应用需求。胞元结构是指由一系列重复的基本单元（胞元）组成的结构，这些胞元通过特定的方式排列和组合，形成具有特定性能的整体结构，如我们所熟悉的蜂巢结构，常见的还有晶格结构等，其广泛地应用于航空航天领域。拓扑优化是一种根据给定的区域、指标等约束条件，对材料的厚度、分布等进行优化的数学模型优化方法，例如，我们可以选择将舱体壁厚、翼面蒙皮厚度、复合材料铺层参数建立在数学优化模型与有限元模型上，进行优化设计，在满足航空器需求的条件下最大限度地实现减重。此外，采用先进的制造工艺技术，如3D打印和自动化装配，利用机器人自动装配复合材料，实现了复杂结构自动化成型，其不仅可以直接应用于最终产品，还能进一步提高轻量化水平。

（2）航空器降噪

飞机的噪声来源有很多，主要来源有发动机噪声、机体噪声、机体干扰噪声以及声爆等。

降噪技术一般分为被动降噪与主动降噪。被动降噪是修改噪声的传播途径，通过增加噪声在传播过程中的损耗来降噪；主动降噪是从噪声源头上降噪，如建立次级声源等。被动降噪的现有技术已经比较成熟，较为常见的是采用吸声材料与利用约束阻尼器。然而，传统的被动降噪技术在降低低频噪声方面的有效性却并不高，而主动降噪具有宽频带降噪的良好性质。因此，能够降低低频噪声的被动降噪新材料技术以及主动降噪技术成为当前研究的热点。

主动噪声控制技术：通过降噪系统产生与噪声相等的反向声波，将噪声中和，从而实现降噪的效果。其原理简单来说就是所有的声音都由确定的频谱组成，如果能找到一种声音，其频率、振幅与所要消除的噪声完全一样，但是相位恰好与其相反，也就是相差180度，二者中和就可以将噪声完全抵消。在飞行器降噪方面，有学者基于自适应滤波算法设计了主动降噪系统，其基本思想是在目标降噪区域内人为添加一个次级声源，通过传感器对原始声源的信号特征进行提取，以利用这种算法使次级声源发出与要消除的噪声频率和振幅相同、相位相反的声音，通过二者的叠加中和来实现对原始噪声的消减，继而实现舱内噪声的降低，且该方法已经在真实飞行环境下验证了有效性。

声学超材料被动降噪技术：随着薄膜声学超材料研究的深入，其独特的轻质与低频隔音特性日益凸显。研究者通过构建薄膜结构单元，并调整其尺寸与刚度等参数，实现了对隔音带的宽度及吸声的频率等关键性能指标的主动调控。2020年，西北工业大学的邱克鹏等人基于薄膜型超材料的创新设计理念，研发出一种反射型薄膜声学超材料。他们运用遗传算法进行优化设计，显著缩短了薄膜的边界长度，同时增大内部质量块的边界长度与厚度，这一策略有效提升了两个低频段的隔音性能，一定程度上解决了传统材料在低频段的噪声和振动控制问题。

此外，高精度测量噪声的产生以及评估各项技术的适航性也取得了重要进展。声学风洞测试用于研究和评估航空器等的气动噪声机理，并验证降噪设计的有效性。通过声学风洞试验，可以精确测定噪声声源所在的区域，获得声音频率与强度等的空间分布，从而为降噪技术发展提供基础支持。当前我国已经形成了 8 米量级低速风洞气动噪声试验能力，用于评估航空型号的适航符合性、舒适性、环保性以及声隐身等性能。此外，北京航空航天大学等也开展了针对螺旋桨气动噪声的风洞试验，通过这些试验，可以高精度测量螺旋桨的气动力及气动噪声。

3. 电池技术

航空器的电池性能直接影响航空器的航程、平稳性、安全性和运营效率，是制约新型航空器如 eVTOL 的关键因素。其中，锂离子电池凭借卓越的比能量、出色的循环稳定性、极低的自放电率、无记忆效应以及环保特性，在电动飞行器领域展现出极为广阔的应用前景，被视为理想的储能解决方案。近年来，全球范围内多款 eVTOL 项目，如美国的 Joby S4、Archer Midnight，英国的 Vertical X4，以及中国的峰飞盛世龙、时的科技 E20 等，均选择将锂电池作为其核心动力源。2023 年 10 月 10 日，工业和信息化部、科学技术部、财政部、中国民用航空局四部门联合印发《绿色航空制造业发展纲要（2023—2035年）》，锂电池产品投入量产，实现 500 Wh/kg（能量密度单位）级航空锂电池产品应用验证。这表明航空电池技术正在向高能量密度方向发展，以满足低空航空器如 eVTOL 的需求。当前，车载锂电池在功率密度与循环寿命方面明显不及 eVTOL 的严苛要求。具体而言，电池单体电芯的能量密度顶尖水平仅约为 300 Wh/kg，而组装成电池包后则降至约 220 Wh/kg，这一数值远低于飞机燃油的能量密度（高达 12 700 Wh/kg）。这一现状导致现有锂电池技术仅能支持小型全电飞行器进行短途飞行，从而大大限制了 eVTOL 的潜在应用范围和场景。另外，传统的锂电池虽然具有高能量密度、高功率的优点，但其热失控风险与循环寿命问题也亟待解决。为了解决这些问题，有学者正在开发下一代电池技术，包括固态锂离子电池、锂空气电池和氢燃料电池等。这些技术的发展和应用将推动 eVTOL 和飞行汽车等新兴航空器的商业化与规模化发展。

电动垂直起降飞行器与电动汽车的性能指标对比，如图 5-1 所示。

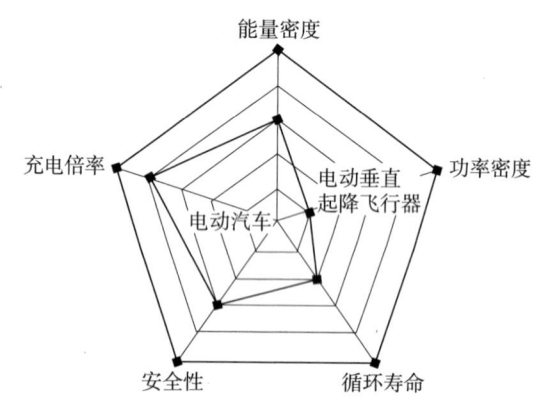

图 5-1 电动垂直起降飞行器与电动汽车的性能指标对比
资料来源：邓景辉，《电动垂直起降飞行器的技术现状与发展》。

（1）固态锂离子电池

固态锂离子电池是一种使用固态电解质取代传统锂离子电池中的电解液的新型电池。相比于传统锂电池，固态电池拥有循环寿命长、比能量高、安全性好等优点，成为当下研究的热点。2023 年 4 月 19 日，宁德时代发布单体能量密度最高可达 500 Wh/kg 的凝聚态电池，不仅安全性好、能量密度高，还拥有快速充电能力，可以在数分钟内充满电，因此非常适合需要快速充电的航空级质量要求。

然而，当前固态电池还面临一些技术痛点。如存在固态电解质导电能力低、高温性能差、成本高以及工艺设备方面的挑战。此外，当下的固态电池只能以很低的倍率放电，距离商业化使用还存在较大的差距。因此，可以预见越来越多的研究将会致力于提升固态锂离子电池综合性能。为了提高电解质的导电能力，常用的方法包括添加增塑剂或者添加有机溶剂，以进一步促进锂盐的溶解来提高导电率。为解决固态锂电池高温面临安全隐患的问题，清华大学深圳研究院李宝华团队在2022年提出通过磁控溅射方法构筑合金纳米多功能层，可以显著改善固态电解质与锂金属负极间的界面相容性，从而提升锂电池的电化学性能。对于成本与工艺问题，大部分企业选择从半固态电池过渡到固态电池，逐步实现全固态电池的量化。

国内固态电池产业正驶入加速发展的快车道，以卫蓝新能源、清陶能源、恩能动力为代表的初创企业，以及宁德时代、赣锋锂业、孚能科技等传统锂电巨头，均纷纷加大在固态电池领域的研发力度，力求抢占技术高地。值得注意的是，孚能科技、卫蓝新能源、赣锋锂业等企业已成功将半固态电池产品投入使用，标志着我国半固态电池技术已具备量产能力。然而，全固态电池要真正走向产业化，成本还是相当高的。目前，固态电池的部分原材料未实现量产，产业链不完整，界面、工艺、设备等技术门槛极高，因此电池制造成本仍然较高。综上所述，固态锂离子电池虽然具有显著的优势和潜力，但在商业化进程中仍需克服一系列技术和成本方面的挑战。全球电池企业航空级电池产品研究进展情况见表5-2。

表5-2 电池企业积极推进航空级电池产品布局与应用

全球电池企业航空级电池产品研究进展情况	
宁德时代	2023年4月，公司发布凝聚态电池，其单体能量密度最高达500 Wh/kg，且满足航空级质量要求
孚能科技	2023年，与国际某头部eVTOL制造商达成合作并已交付产品

续表

全球电池企业航空级电池产品研究进展情况	
正力新能	公司正式对外发布赋能三维交通领域的航空级战略产品——正力·航空电池。该电池能量密度高达 320 Wh/kg，在兼顾高能量密度的同时，依然可以满足 20% 的充电状态（SOC）下，12C 的大倍率放电性能
国轩高科	与亿航智能达成战略合作，共同研发专为无人驾驶飞行器设计的电芯、电池组、储能系统和充电基础设施
亿纬锂能	公司在飞行汽车、无人机等低空领域已有相关电池产品的布局和应用
中创新航	与小鹏汽车深度绑定，针对低空出行开发的新锐 9 系高镍/硅体系电池，在保证高功率、高快充能力的同时，实现轻量化和安全性能的跨越式提升
力神	2024 年 1 月，力神电池完成全新一代能量密度达 402 Wh/kg 的半固态电池开发，该产品未来将主要瞄准超长续航中高端电动汽车，以及 eVTOL 等领域
欣界	亿航智能宣布与欣界合作开展适用于亿航智能自动驾驶飞行器（AAV）产品的固态锂电池研发与生产。欣界第一代能量密度达 450 Wh/kg 的 6Ah-50Ah 产品已经取得了相应测试和认证报告并且具备量产能力
能元科技	能元科技已经成为 eVTOL 初创企业 Verical Aerospace 研制的 VX4 五座倾转旋翼 eVTOL 的电池供应商，与美国航空公司 Archer Aviaton 共同宣布，将为 Archer 旗下 eVTOL Midnight 提供 21700 锂三元高镍电池
CustomCells	德国电动航空公司 Lilium 的电池供应商，其应用在空中交通领域的电池为高性能的软包和圆柱形电池
SES	2023 年 12 月，锂金属电池企业 SES AI Corporation（简称 SES）宣布，已与一家车企正式签署锂金属电池 B 样品协议，这是全球锂金属电池领域首次进入 B 样阶段，预计将于 2025 年实现量产。SES 对锂金属电池在城市空中交通领域的应用较为关注

（2）锂空气电池

锂空气电池是一种利用锂作为负极材料、空气中的氧气为正极反应物的电化学电池。其工作原理是通过氧化还原反应来产生电能：在放电过程中，锂金属或锂离子与空气中的氧气发生反应生成过氧化锂，从而释放出电流；而在充电过程中，过氧化锂又会分解成锂金属或锂离子和氧气。

锂空气电池具有很高的能量密度。有研究显示，锂空气电池的能量密度可以达到 13 000 Wh/kg，而固态锂电池的能量密度约为 400 Wh/kg，未来可能提升至 600 Wh/kg。因此，锂空气电池的能量密度是传统锂电池的三四倍，甚至远高于固态锂电池，这使得它成为下一代电动汽车和移动设备的重要能源来源。

此外，锂空气电池结构简单，用价格便宜的锂和碳代替锂离子电池中的钴酸锂，大大降低了成本，而且锂空气电池的正极反应物是直接从空气中获得的，所以不需要额外保存氧气，这进一步降低了成本。然而，锂空气电池由于使用锂作为负极材料，锂极易与水反应并释放出大量热，因此其安全性问题仍待解决。

锂空气电池还较好地解决了传统锂电池循环寿命短的问题，《美国化学会志》发表了一篇文章，彼得·布鲁斯等人利用二氧化锰作为锂空气电池的催化剂，使用了普通锂离子电池的有机电解液，循环50圈后，其容量仍然保持在 600 mAh/g（毫安时每克）以上。

总结来讲，虽然锂空气电池能量密度很高，但安全性较差且制造较为复杂。而固态锂电池较为安全、稳定，但其能量密度相对较低。因此，电池技术的未来发展方向应结合两者的优点，通过技术创新来克服各自的不足。

4.芯片技术

提到芯片，大家肯定不陌生。从2022年开始，美国连续推出的芯片法案、出口限制法案，均意在拉拢日荷，共同针对中国的一系列产业。初期，我国芯片产业在高端技术和产品上对外依赖度较高，美国的技术封锁直接影响了这些关键技术和产品的获取，因此中国芯片不得不采取与市场规律相悖的方式，对设计、制造、封装、测试环节进行大量补贴，耗费巨大。进入21世纪后，中国开始加大对芯片产业的投入力度。我国在2014年发布了《国家集成电路产业发展推进纲要》，将芯片产业上升为国家战略。在国家政策的强力扶持下，芯片产业迎来了蓬勃发展期，吸引了巨额资金与顶尖人才的汇聚。这一趋势迅速催化了全国各地芯片项目的蓬勃兴起，不仅数量激增，更孕育出以华为麒麟系列为代表的一批实力强劲的芯片企业，其产品在性能上已能与国际巨头高通、苹果的顶尖芯片并驾齐驱。2024年7月初，中国海关总署发布的数据显示，上半年我国芯片出口实现了显著增长，出口额高达5 427亿元，较2023年同期激增逾30%，彰显了中国芯片产业在全球市场中的强劲竞争力和广阔发展前景。

随着低空经济的快速发展，无人机和eVTOL作为新兴领域，对芯片的需求急剧增加。这些飞行器在通信、导航、控制、传感器等多个方面都离不开高性能的芯片支持。无人机和eVTOL市场规模的不断扩大，带动了芯片需求的持续增长。相关数据显示，未来几年内，这一领域的芯片市场将保持高速增长态势。

无人机与eVTOL等低空经济产品对芯片的需求，并不一味追求智能手机或计算机所采用的顶尖配置，北京航空航天大学无人系统研究院的杨炯工程师指出，航空器所需的大多芯片都是低端芯片。尽管如此，航空器在设计上仍致力于实现高性能、紧凑体积与低功耗的完美结合，这对芯片技术提出了新的挑战。我国低空经济的发展尚处于初期阶段，面临着许多挑战与不足，特别是在无人机与eVTOL技术方面，部分核心芯片仍高度依赖进口。以国产明星机型C919大飞机为例，其关键组件的供应几乎完全依赖于国际市场，凸显了国内通航产业在动力系统、飞行控制，以及航电综合系统等领域的自主化水平有待提升。目前，这些领域的核心设备和部件国产化占比较低，不仅限制了产业链的自主性，也带来了潜在的进口许可限制及禁运风险，体现了加速技术创新与国产替代的紧迫性。

截至2021年6月，普惠、莱康明、罗罗、大陆、赛峰等国际品牌占据了我国通航领域航空发动机市场的主导地位，合计占比高达约70%。同时，我国在集成电路芯片及制造装备等方面也面临较为严重的进口依赖。随着通航飞机向电动化、无人化、智能化转型，我国的关键部件仍严重依赖国外技术，如高功重比大扭矩电机、航电飞控系统芯片等，这一现象即"缺芯少魂"，也同样凸显了加速自主研发创新的急迫性。

我国低空经济芯片领域也取得了令人瞩目的技术成就。西安翔腾微电子科技有限公司自主研发的 HKM9000 GPU（图形处理单元）便是其中的杰出代表。这款 GPU 不仅展现出广泛的兼容性，成功适配了包括龙芯 2K、飞腾 FT2000-4 在内的国产处理器，还能与 PPC8245、PPC8270、P2010、T1020 等进口处理器无缝对接。此外，它还支持天脉、翼辉、VXWorks 等多种操作系统以及 VAPS、iData、SCADE 等图形处理软件，极大地拓宽了其应用场景。值得一提的是，HKM9000 GPU 已顺利通过民用大飞机座舱显控系统的联合试验验证，并正式进入适航认证阶段，这一里程碑式的进展标志着中国在高性能图形处理芯片领域实现了重大技术突破，为我国通航产业的自主化发展注入了强劲动力。

此外，人工智能和无人驾驶技术在航空器中的应用将成为未来发展的关键。通过采用新架构、新材料和纳米技术，芯片速度和处理能力将大幅提升，从而实现更复杂的飞行控制和自主操作。分布式控制和传感器技术的应用将实现对飞行器健康状况的实时监控，提高飞行的安全性和效率，提升飞行器的感知能力和自主导航能力。

二、数字化空域系统

随着无人机、eVTOL 等新型航空器在物流配送、交通、救援、城市管理等领域的广泛应用，低空经济的发展对低空空域资源的需求越发迫切。中国民航局统计数据显示，截至 2023 年底，我国民用无人机注册数量为 126.7 万架，民用无人机全年总飞行时间达 2 311 万小时，同比增长 11.8%。当前，我国正积极致力于通过物流、救援等典型应用场景推动低空空域开放，优化空域资源配置，简化飞行审批流程，并在多地实施空域改革试点项目，已取得显著成效。然而，全国范围内，低空空域碎片化、协同机制不畅及基础设施发展滞后等问题依旧严峻，成为制约低空经济产业化、规模化发展的瓶颈。低空领域的规模化飞行活动，因其独特的"安全、多元、高频及复杂"运行特性，对构建完善的低空信息基础设施提出了迫切需求。这一基础设施旨在提供全面的低空通信服务、精准的飞行导航支持以及高效的空域监管能力，确保低空飞行活动能够实现互联互通、精准导航、实时感知与有效控制。

为加速这一进程，广东省人民政府办公厅于2024年5月发布了《广东省推动低空经济高质量发展行动方案（2024—2026年）》，明确指示各地市需紧密围绕实际应用场景需求，灵活施策，稳步推进符合本地无人机应用需求的低空智联网建设，并确保与省级平台实现数据互联互通。方案还强调，应加速5G及5G-A通感一体、北斗卫星导航系统、卫星互联网等先进技术的深度融合，全面升级低空通信、导航、监视、识别、气象监测及安全反制等基础设施网络。通过整合各市感知数据资源，逐步构建起覆盖全省、统一高效、服务全面的低空智联网体系。展望未来，实现低空基础设施的突破性进展与完善，或将依赖于融合5G-A网络乃至未来低轨卫星网络的先进通信技术，并辅以无人机智能管控平台的搭建，从而构建一个功能完备、性能卓越的低空智联网系统。这一系统将为低空经济的蓬勃发展奠定坚实基础，开启低空飞行的新纪元。

低空智联网是一种新型的智能网络，依托于空天地海基础设施，不仅在速度和时延上有显著提升，能够形成数字智能网络体系，还是实现空间数字化、低空飞行器网络化和控制智能化的核心。低空智联网的建设大体可分为三网一平台：低空通信网、低空导航网、低空感知网和无人机智能管控平台。

1. 低空通信网

要构建高效的低空智联网，通信网络的性能保证是重中之重，广域覆盖和可靠的低空通信网对于低空经济的规模化运行起着决定性作用。

5G-Advanced，即 5G-A，是 5G 网络在功能与覆盖领域的深度演进与强化。这一技术的发展应用，为低空通信网的建设提供了可靠的技术支撑。

5G-A 技术在低空通信网建设中扮演着关键角色。根据上海市通信管理局发布的指导意见，上海计划分阶段、分区域逐步实现基于 5G-A 的低空智联网覆盖，目标是到 2026 年初步建成全域连续覆盖的低空通信网络。此外，空地协同、抗干扰技术等对于低空通信网的正常运行也十分重要。空地协同是地面基站与卫星系统进行协同工作，实现广域覆盖。例如，福建移动与华为合作，在厦门完成了基于 5G-A 通感一体技术的多站连续组网试点，实现了对城市低空 120 米以下的无人机通信全覆盖。无人机等低空飞行器的通信环境复杂，干扰源众多，分布式超大规模 MIMO（多进多出）技术能够将传统蜂窝架构中的同频干扰转化为有用信号，能够有效解决无人机运行过程中干扰源众多的问题。此外，还可以通过优化网络切换策略，提高通信的连续性和稳定性。

2. 低空导航网

低空导航网负责为无人机提供精确的位置定位和导航服务。它融合了监测、气象、定位和导航等多种功能，能够实时跟踪无人机的航迹并进行精准定位。

中国移动基于全球规模最大的"5G+"北斗高精度导航网，打造星地融合增强定位、低空三维航图、无人机精准授时等关键能力，实现低空高精导航覆盖性能最优、覆盖范围最广。

低空三维航图和系统为无人机和其他低空飞行器提供了精确的导航和监控手段。北斗短报文通信可以用于中国移动通信无法覆盖的地区，是一种利用北斗卫星导航系统实现点对点或群组短消息通信的服务，尤其适用于应急搜救和海上通信等领域。而"5G+"的精准授时可以很好地解决室内环境会导致 GPS 信号受到干扰这一问题。

3. 低空感知网

低空感知网主要用于监测和管理低空环境中的各种动态目标，5G-A 技术不仅提高了通信速率，还增强了感知能力，可以感知无人机的实时轨迹和精确的传送数据。例如，2024 年 5 月 23 日，基于 5G-A 通感一体网络的无人机感知技术在深圳华为坂田的 5.5G Park 测试成功，在国内首次实现 5G-A 立体感知网在低空环境下的无人机航迹精准追踪、非法入侵探测、电子围栏等多场景验证。多种技术为低空感知网的形成提供技术支持。

混合波形 OPIC（为光电元件与积体电路的组合元件）新空口将蜂窝移动通信波与雷达波进行叠加，能够天然规避大气波导干扰，且成本低，可以灵活匹配低空感知需求。

中国移动自主研发"双层移相超级张角新硬件"，通过模拟信号和数字信号的混合以及对信号相位的控制，可以使得传统角度固定的天线实现角度灵活变化，增强了天线的对地覆盖能力，使其能够更有效地覆盖更广泛的地面区域，从而提升地面通信和感知的效率与质量，还能够为低空领域的感知提供强有力的支持，有助于推动低空感知网的建立。

自动驾驶领域提出了首个感知决策一体化的大模型 UniAD（统一自动驾驶框架），该模型以全局任务为目标，将检测、跟踪、建图、轨迹预测、决策等任务整合到一个端到端的网络框架下，证明了其强大的感知和决策能力，有望在更多领域如无人机的自主化方面得到更多应用。

4. 无人机智能管控平台

随着低空经济的日益成熟，未来城市上空或将迎来数千架甚至数十万架无人机的密集运行，这迫切需要一个高效集成的指挥平台来统筹调度，以确保所有飞行任务安全、有序地执行。这一指挥平台将成为管理复杂低空交通系统的核心，通过智能化决策精准协调每一架无人机的飞行任务，确保空中交通的安全顺畅与高效运行。

目前限制无人机大规模应用的主要问题是大量航空器的同时运行所带来的安全与效率问题。各大运营商纷纷选择建立无人机智能管控平台，对飞行器进行统一调度和管理，该平台普遍集成了多种无线通信、大数据分析、云计算等技术，能够实现飞行监控、任务调度、数据整合和三维展示等功能。

无人机监管与服务平台通过集成算法与 5G-A 等技术，实现对无人机的全面管理与监控。多种算法被用于无人机的航路规划，包括 A^* 算法、粒子群算法、遗传算法和蚁群算法等，帮助无人机在复杂的地形和环境中找到最优或可行的飞行路径。平台首先需要实现对无人机进行身份识别和监控。例如，蜂巢航宇的无人机监控管理平台可以监控无人机的飞行姿态数据和位置数据，并进行航线规划及远程控制。此外，无人机监管平台应该具备风险识别与预警机制。广州供电局开发了一种基于深度学习距离感知技术的无人机风险精准识别与预警系统，该系统能够通过三维激光雷达等传感器实时监测环境中的障碍物和潜在威胁，并提前发出预警。

无人机调度管控平台不仅应该具备航线预选规划功能，还应有变换任务、切换空中航线的功能。JDY Air 飞行软件可以通过实时回传画面来指挥无人机的飞行和姿态调整，同时接收无人系统平台端派发的新任务并执行。iWinSky 无人机调度平台可以实现在进行过程中随时更换任务内容，同时实现多任务执行，并能根据无人机的性能和飞经的地理环境、威胁环境等因素，对已知的目标规划进行实时局部修改。

当前，部分无人机监管平台已经投入使用。2021年7月20日，中国移动基于大型固定翼无人机"翼龙-2"型平台的空天地一体化应急通信系统在河南郑州特大暴雨跨越1 000多千米，搭起通信的"生命线"。2022年9月5日甘孜泸定地震，中国移动利用其自主研发的系留式无人机应急通信高空基站，同时利用4G（第四代移动通信技术）、5G基站作为指挥调度系统，其信号覆盖达20千米，24小时不间断为当地1 000多个手机客户提供通信保障。此外，该平台与植保无人机合作，能够实现对农药的自动喷洒，如四川省凉山彝族自治州金阳县芦稿镇青花椒现代农业园区已投入使用，实现了自动喷洒。智能平台与5G无人机的结合每天能喷洒300~400亩地，是人工作业效率的20倍。此外，通过无人机和卫星遥感技术采集的农业信息，平台还能够自动分析监测区域的作物情况，对作物的实时情况等进行宏观估测，并输出报告，确保农事活动更加科学高效。

综合来讲，加强低空经济新基建必然要加强低空智联网的建设，低空通信、低空导航、低空感知以及无人机的管控平台协同实现航空器安全运行。如中国电信自主研发并形成的电信低空天翼智联网，是一个综合性的网络系统，该系统主要包括三网一平台：低空通信网、低空感知网、低空算力网以及无人机监管与服务平台。低空通信网依托5G-A、天通卫星以及北斗系统，保障飞行器在泛低空作业（300米以下）及通航3 000米以下航路区的安全飞行。在低空高精度感知网方面，中国电信基于5G-A毫米波技术，构建了一张高精度、高智能、集约高效的低空感知网，能够提供多源监视和融合导航的能力，确保航空器的飞行安全。低空算力网主要是利用云计算、大数据和人工智能等数字技术，以"5G+云+AI"为核心，与天翼星云飞控平台和天翼星巡飞行监管平台联合，为无人机航空器的安全飞行提供一站式解决方案，实现了无人机远程控制、画面直播和数据传输等功能。

低空智联网（见图 5-2）是利用 5G-A 等新一代信息技术构建的，它将飞行活动、机务维修、气象监测和应急救援等信息进行汇聚融合，建立无人机智控管控平台，形成完整的低空经济管理体系，为低空经济管理提供更加精细化的决策支持。低空智联网建设通过 5G-A 等新一代信息技术和无人机智能管控平台的结合，能够实现低空飞行数据的实时传输和管理，推动低空经济的快速发展。

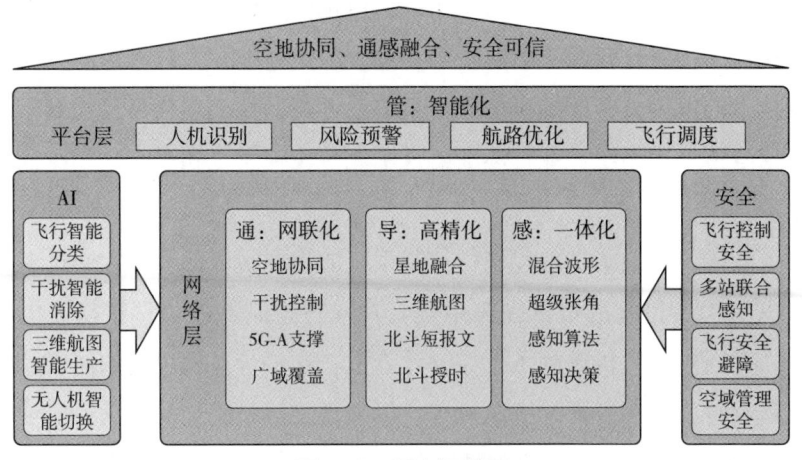

```
                   空地协同、通感融合、安全可信
┌─────────────────────────────────────────────────────┐
│ 平台层         管：智能化                            │
│         人机识别  风险预警  航路优化  飞行调度       │
├──────┬──────────────────────────────┬───────────────┤
│ AI   │                              │ 安全          │
│飞行智能│ 通：网联化 导：高精化 感：一体化│飞行控制安全  │
│分类   │ 空地协同   星地融合   混合波形 │多站联合感知  │
│干扰智能│ 干扰控制   三维航图   超级张角 │              │
│消除   │ 5G-A支撑   北斗短报文 感知算法 │飞行安全避障  │
│三维航图│ 广域覆盖   北斗授时   感知决策 │空域管理安全  │
│智能生产│                              │              │
│无人机智│                              │              │
│能切换 │                              │              │
└──────┴──────────────────────────────┴───────────────┘
```

图 5-2 低空智联网

三、综合飞行管理技术

综合飞行管理技术是指在现代航空器中，通过集成和优化多种飞行管理系统和相关技术，实现飞行控制、智能避障、故障诊断等功能，从而提高飞行效率与安全性。

1. 飞行控制

随着我国航空器运行环境日趋复杂化，航空器任务性能需求亦呈现显著上升趋势，这一趋势直接加剧了飞行安全压力，并使得驾驶员在操纵过程中面临更为繁重的负荷，相关问题频现，当前航空飞行控制领域遭遇了诸多技术难题，在此背景下，新一代飞行控制技术的研发展现出巨大的潜力。

飞行控制系统是飞行器的大脑，负责对飞行器的构型、飞行姿态和运动参数进行控制。传统的飞行控制系统是机械式飞行控制系统，在早期的低速螺旋桨飞机和小型飞机上得到了广泛应用。这种系统通过飞行员的操控动作直接反映在控制面上，可以提供良好的操控反馈，即飞行员施加多少力，操纵面就偏多少度。但这也只适用于速度较低、操纵比较简单的航空器。随着人工智能、大数据等新一代信息技术的发展，传统的机械操作系统已不再适用。现代飞行控制系统包括电传飞控系统，并且逐渐引入了光传飞控系统和智能化飞行控制技术。

电传飞控系统是现代飞行控制系统的重要组成部分，它通过电子接口取代了传统的机械控制系统，将飞行控制器的位移转换为电信号，并通过电线传输到飞行控制计算机。这些计算机决定如何以及何时移动每个控制表面的操纵机构，以实现飞行员施加的运动。电传飞控系统能够提高飞行控制的精度和可靠性，同时减轻飞行员的负担。

光传飞控系统，即Fly-by-Light（FBL）系统，是一种采用光缆传输指令信号的飞行控制系统。光传飞控系统的构型包括光纤连接器、接头、电光结构等关键组件，这些组件共同构成了一个高效、可靠的信号传输网络，具有高带宽、低延迟和高可靠性的特点。光传飞控系统利用光导纤维技术实现信号传递，相比传统的电传飞控系统，光纤传输具有更高的抗电磁干扰能力，能够有效减少电磁干扰和电子对抗问题。其未来应用场景极具潜力，如迪尔航空航天公司正在为VoloCity全电动空中出租车开发光传飞控系统。

智能化飞行控制技术是基于人工智能和智能算法的飞行控制系统。智能化飞行控制技术采用先进的智能算法，如深度学习和自适应控制算法，能够根据飞行状态和环境变化自动调整控制参数，从而提高飞行安全性和稳定性。例如，无人机通过集成多种传感器（如视觉、激光、毫米波等）进行信息融合，实现自主规划航线、避障和对实时数据进行分析，极大地提高了任务的执行效率。智能化飞行控制技术在民用飞机、无人机等领域具有广泛的应用前景。例如，联合飞机公司搭建了一套适合中大型无人机的智能化套件，能够实现高精度定位和路径在线规划。智能化飞行控制技术是未来航空飞行控制技术的主流发展方向，未来飞行控制系统的发展将更加注重系统综合、功能增强、结构优化与容错性。

2. 智能避障

随着大数据、传感器、人工智能等的迅速发展，无人机与 eVTOL 的应用场景逐步扩大，像植保无人机、巡检无人机、无人出租车已经投入使用，其运营环境变得复杂，如何避免这些无人航空器在运行过程中发生事故了重中之重，因此智能避障技术应运而生。

智能避障技术是使无人机和无人驾驶等在复杂环境中能够安全运行的关键技术。它结合了多种传感器和算法，使设备能够自主感知周围环境，识别并避开障碍物，从而实现安全、高效的移动和作业。

无人机避障技术大体可分为以下三个阶段：一是感知障碍物阶段，二是绕过障碍物阶段，三是场景建模和路径搜索阶段。感知障碍物阶段，无人机只是简单地识别障碍物并停下来等待下一步指令，第一阶段的顺利进行主要依赖于多种传感器来探测与感知外界。第二阶段自主获取障碍物的图像并绕开障碍物，第三阶段是无人机获得附近的立体模型并利用算法规划好最佳路线。

（1）测距方法

检测障碍物阶段的常用方法包括：红外 / 激光 ToF（飞行时间）传感器测距、超声波测距、视觉避障、电子地图测距、激光雷达等。

红外 / 激光 ToF 传感器测距是传感器发射一定频率的红外 / 激光

信号，然后根据反射信号与原信号的相位差计算信号的飞行时间，即可快速计算出与障碍物的距离，且该技术已经较为成熟。ToF 传感器与红外传感器原理一样，ToF 传感器还可以测出障碍物的深度。这种方法具有较高的精度和较远的距离范围，适用于户外环境，但成本较高且对环境要求较高。

超声波测距的基本原理在于，利用声波在传播过程中遇到障碍物时会发生反射的特性。由于声波（特别是超声波）在空气中的传播速度是一个已知且相对稳定的物理量，因此，通过精确测量超声波从发射器发出到被接收器接收的时间差，利用速度等于距离除以时间的公式，可以计算出声波单程传播的距离。进一步地，考虑到发射器和接收器之间固有的安装距离，通过简单的几何计算，即可推导出障碍物的实际距离。这种方法硬件简单且成本低，但受环境因素影响较大，如温度和湿度。

视觉避障是借助两个平行设置的摄像头进行同步拍摄，随后利用先进的图像处理与算法技术，分析这两幅图像之间的细微差异。具体来说，算法会识别并比较同一物体在两个不同视角下图像中的坐标位置差异，这种差异类似于人类通过双眼视差来感知深度与距离的方式。通过复杂的几何计算与转换，算法能够精确计算出图像中特定点的三维空间距离。但这种方法成本较高且存在距离越远精度越低的问题。

电子地图测距是通过预先构建高精度的电子地图来确定障碍物的位置和距离。这种方法适用于已知环境。

激光雷达可以进行 360 度扫描，智能获取障碍物与飞行器的距离和角度信息。这种方法具有高精度和广范围的检测能力，但耗电量较大。

（2）路径规划算法

无人机绕开障碍物并规划最佳路线的常用方法有深度学习和强化

学习算法、RRT*（快速搜索随机树）算法、SLAM（同时定位与地图构建）算法等。

利用深度学习和强化学习算法，不断改进训练算法，无人机可以在具有随机性和动态性的多障碍物环境中执行导航任务，找到绕过障碍物的最快路线。例如，在 AirSim（开源的模拟器）仿真环境中实现的无人机深度强化学习算法路径规划，能够使无人机在三维连续环境下完成路径规划。

RRT 算法通过在规划空间中随机采样并逐步构建树状结构来寻找从起点到终点的路径，但其生成的路径往往只是可行路径而非最优路径。RRT*算法通过引入额外的优化步骤来改进路径质量，具体来说，它在每次迭代中对新节点及其周围连接进行检查，如果存在更短或成本更低的路径，则重新连接树中的节点，以优化路径。

近年来，基于 SLAM 的避障算法也得到了广泛应用，SLAM 技术的核心在于同时进行定位和地图构建。无人机通过搭载的传感器在获取环境的图像或点云数据后，对采集到的数据进行特征提取，如使用 ORB（对象请求代理）特征提取算法，然后进行特征匹配，以确定当前场景与之前场景之间的关系。通过特征匹配结果，实时估计无人机的位姿（位置和姿态），将当前场景的信息加入已有的地图中，逐步构建出环境地图。

此外，仿鸽群被动式惯性应急避障技术也被应用于无人机集群协同飞行。仿鸽群被动式惯性应急避障技术是一种模仿鸽群在遇到障碍物时的应急避障行为，通过被动调整飞行路径来实现避障的方法，该技术主要应用于无人机集群的协同飞行，以提高无人机集群在复杂环境下的自主避障能力和飞行效率。

随着无人机应用场景的丰富与人工智能的兴起，无人机与人工智能的深度融合将是未来的重要发展方向。无人机将利用机器学习和大数据技术进行自主决策和学习，通过人工智能技术实现更复杂的任务执行和路径规划。此外，传感器的精度提高与类型增多也是避障技术发展的重要方向。北京航空航天大学提出了基于动态视觉传感器的无人机目标检测与避障算法，进行动态目标检测与避障，以其高时间分辨率、低功耗和高动态范围等优势，在多个领域展现出巨大的应用潜力和前景。

3. 故障诊断

飞行事故时有发生，其根源往往存在于航空器的设计、制造、操作、维护以及管理等多个环节之中。例如，"伊尔 -18"型飞机在设计时过于侧重提升静强度和刚度标准，却未能充分考虑到材料在长期使用中应具备的耐腐蚀性和抗疲劳性，这一疏忽直接导致了翼面 B94 铆钉出现大规模断裂问题。飞机在系统和接头配件的设计上，过度追求标准化以简化生产流程，却忽略了防止人为差错的细节设计，如插头防错接措施，1994 年 "图 -154" 飞机在空中解体，机上 160 人全部遇难。其空难原因是 Щ7 和 Щ8 两个插头相互插错，即控制副翼的插头（绿色）插在控制航向舵的插座（黄色）中，而控制航向舵的插头（黄色）插在了控制副翼的插座（绿色）中。此外，1985 年日本航空公司的一起空难更是凸显了维修方案制订不当的严重后果，一架 B747 客机因维修策略不合理，在空中突发故障，导致机组与乘客全体罹难，这一事件再次敲响了飞行安全管理的警钟。对 1950—2004 年全球 2 147 起飞机事故的调查显示，事故原因为飞行员操作错误的占 45%，机械故障的占 13%，破坏行为（炸弹、劫机等）及其他人为错误的占 9%。因此，故障诊断是确保飞行器安全运行的重要技术之一。

传统航空器故障诊断技术依赖于经验和简单的工具，如通过对发动机关键参数的监测，依据参数是否超标来判断发动机是否出现故障；每飞行一个小时，要耗费半个小时进行数据判读，传统故障诊断方式不仅耗时而且效率低下。目前，传统航空器故障诊断方法引入了多种先进的工具和技术。例如，VR（虚拟现实）技术可以帮助技术人员身临其境地查看飞机的内部结构和部件，进行故障诊断和维修。此外，基于专家系统和知识库的故障诊断技术，将航空器故障诊断与知识和经验转化为形式化的知识库，构建专家系统。

现代航空发动机故障诊断方法包括简易诊断和精密诊断。简易诊断通过对发动机关键参数的监测，判断是否超标，从而确定是否出现故障；而精密诊断则在发现超标的情况下，进一步分析具体原因。此外，基于数据驱动的故障诊断技术，大体分为基于数理统计与基于机器学习的故障诊断方法。

基于数理统计的故障诊断方法，通过深入分析过程中数据的统计特性，运用频谱分析、小波变换、概率密度估计、回归模型拟合以及相关性分析等数据处理技术，找出机器在时间上、频率上，还有时间和频率一起变化时的特别表现。这些特征的变化趋势被捕捉，并据此为特定变量设定合理的界限，以实现对异常状态的精准检测。此方法的一大优势在于其故障判据明确直观，使得故障判断标准的建立过程相对简便易行。

而基于机器学习的故障诊断方法通过使用机器学习算法，学习发动机监控数据的特点，识别发动机的故障模式。如决策树算法、贝叶斯优化及随机森林算法等，能够提升诊断准确率。

此外，在大数据时代如何在航空器的海量数据中获取有效数据十分重要，而深度学习技术由于其强大的提取能力而备受关注。应用深度学习技术来检测航空器的故障，我们不需要建立复杂的算法与数学模型，只需将传感器接收到的数据直接传输给深度学习系统，它通过学习大量的数据，建立起从"看到的现象"到"可能的问题"之间的联系。这样，它就能帮我们找出航空器可能存在的故障，甚至是一些潜在问题。

随着科学技术的发展，传统的诊断预测维修策略已经满足不了精密性、智能性发动机的要求，航空器故障诊断技术将越来越先进和高效。例如，通过数字技术进行准确的故障隐患分析，并应用因果图、帕累托图等工具进行故障原因分析。未来，航空器故障诊断技术将继续集成更多先进技术，如人工智能、大数据分析等，以进一步提升故障诊断与维修技术的水平。

综合飞行管理技术，通过先进的飞行控制系统、智能避障技术和故障诊断技术，确保了飞行器在复杂环境中的安全、高效运行。这些技术的发展和应用不仅提高了飞行器的性能，也为未来航空技术的发展奠定了坚实的基础。

第六章

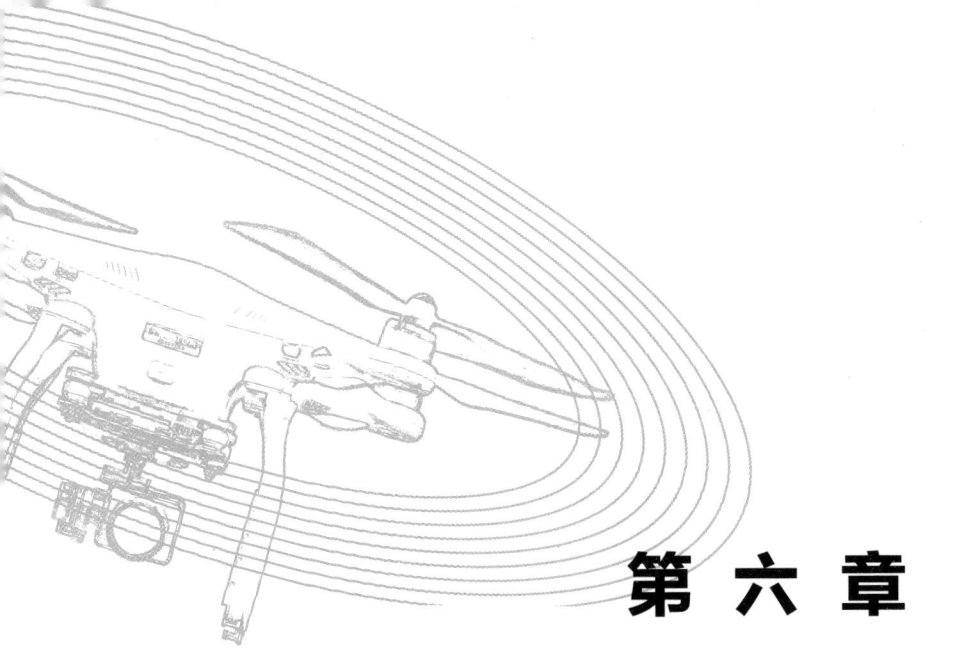

低空经济产业发展的机遇与挑战

2024年被广泛认为是低空经济发展元年。作为战略性新兴产业，低空经济正成为经济发展新引擎，带动新一轮的全球竞逐，乘势飞向"新风口"。在新一轮科技革命和产业变革下，国际竞争新赛道百舸争流，万亿级市场空间彰显巨大发展潜力，低空经济领域关键技术接连突破，应用场景持续拓展，产业链不断延伸完善。站在时代的潮头，低空经济产业前景广阔、大有可为。然而，低空经济产业的发展是一个渐进式的过程，发展道路上机遇与挑战并存。与广阔的发展空间相伴的是潜在的困难与考验，低空经济未来发展仍受到一系列问题的制约；我国低空经济产业要实现健康持续高效发展，尚有重重难关亟待一一攻克。深入开拓低空经济"新蓝海"，还需突破技术瓶颈，完善法规政策，强化空域管理与安全监管，提高社会接受度，从体制机制、技术创新、市场应用等全方位、多角度提升低空经济产业竞争力，由点到线、由线到面，逐级突破发展关卡，为未来低空经济加速"腾飞"创造更多可能性，为我国经济高质量发展蓄势赋能。

乘势而上　打造多样化应用场景与商业模式

作为一种新型经济形态，低空经济迎合时代浪潮，发展动力强劲，既处于战略机遇期，同时也孕育着新的机遇。低空经济的迅猛崛起，离不开多方面的协同作用。低空政策体系不断完善，低空经济规模与日俱增，低空飞行技术助力应用，整体来看，国内外低空经济发展环境利好，产业乘势而上，聚势而强。从国际形势看，低空经济迎来快速发展期，有必要顺势而为，抢抓发展机遇；从政策角度来看，国内政策引领低空经济发展风向，法律法规提供坚实保障；从市场维度来看，我国低空市场潜力巨大，万亿级市场空间尚待挖掘；从产业维度来看，我国低空经济产业链具备良好培育基础，产业发展动能强劲。

一、国际形势

发展低空经济，全球有共识。近年来，低空经济产业发展如火如荼，低空经济赛道竞争激烈，前景广阔。当前，世界各国正采取多种举措加快低空领域布局，借此引领城市空中交通革命。

低空经济产业链条长、辐射面广、成长性高、带动力强，既包括传统通用航空业务，也融合了以无人机为支撑的低空生产服务方式，通过信息化、数字化管理技术赋能，与更多经济社会活动相融合，展现出广阔的发展前景。低空飞行能满足多种应用场景，围绕低空产业打造的新增长点，将成为经济发展新引擎，开拓经济新蓝海。因此，世界各国也在抢抓发展机遇，结合自身基础条件，在扩大优势领域的同时探索新的应用场景。

近年来，全球低空经济市场规模呈现出持续增长的态势。据前瞻产业研究院估算，结合通用航空和无人机两大低空经济主体产业市场的发展状况，2022年，全球低空经济市场规模约为10万亿元；据罗兰·贝格研究机构预测，到2050年，全球低空经济市场规模将超过60万亿元。

从通用航空发展规模来看，2014—2023年，全球通用飞机订单交付量整体呈波动上升趋势（见图6-1），其中，2023年全球通用飞机交付量达到 3 050 架，10 年来首次突破 3 000 架，较 2022 年增长 8.23%，全球通用航空飞机销售额达 234 亿美元，较 2022 年增长 2.18%。

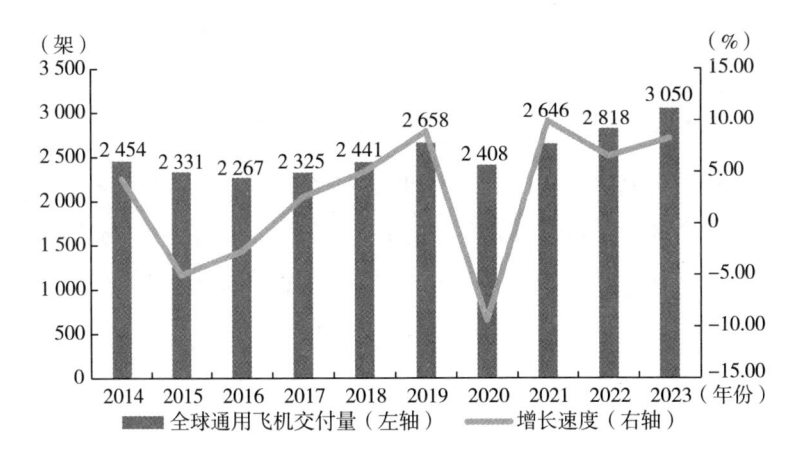

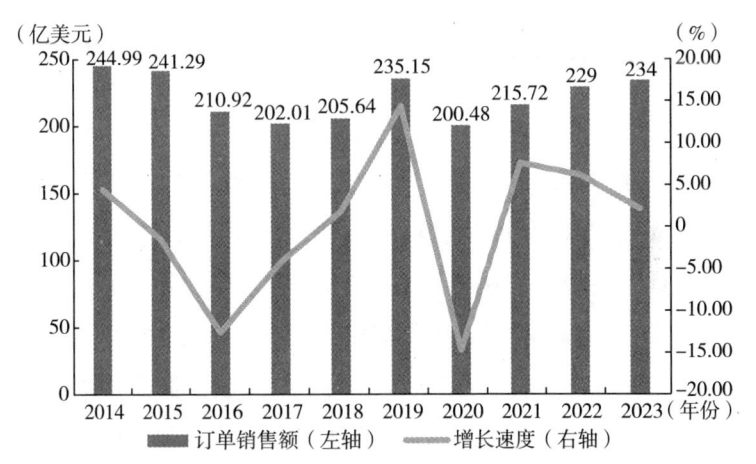

图 6-1　2014—2023 年 全球通用飞机订单交付量和销售额

资料来源：国际通用航空制造商协会（GAMA），前瞻产业研究院。

无人机作为主要低空航空器产品，正在低空经济领域加速渗透，无人机市场在近 3 年也呈现喷薄式发展劲头。全球消费级无人机市场及大型军用无人机市场发展日趋成熟，无人机在工业级应用场景需求的快速增长和小型军用监控无人机市场的增长驱动着全球无人机产业规模持续扩大。德国汉堡无人机研究机构 Drone Industry Insights 发布的数据显示，2022年全球民用无人机产业市场规模约为304亿美元，预计2026年将达到413亿美元，年复合增长率约为8%。根据全球知名数据分析和咨询公司GlobalData的分析报告，2034年前，全球军用无人机市场将以4.8%的复合增长率递增，市场价值总额将在近10年内由124亿美元增长至约200亿美元。

除了通用航空和无人机两大低空经济主体产业市场，eVTOL作为新兴航空器产品和未来低空经济的重要载体，也拥有广阔的市场前景。随着电推进技术进入低空市场，eVTOL乘势而兴。据中国航空工业集团2023年9月14日发布的《民用直升机中国市场预测年报（2023—2032）》，目前全国eVTOL市场订单总计超过1.3万架。摩根士丹利的研究报告则预测全球eVTOL市场规模将在2025年达到350亿美元，2030年有望达到3 000亿美元，2040年有望达到1万亿美元。eVTOL市场蕴藏着巨大的增长动能，对于我国而言，应当充分发挥优势，抓住市场机遇，抢占国际化先机。

综观全球，各国低空经济均处于发展早期，仍在积极探索阶段。从战略层面看，各国政府积极布局，通过顶层设计支撑低空经济产业的规模化、商业化发展。例如2022年，美国出台《先进空中交通（AAM）领导与协调法案》，以国家战略推动低空经济发展，预计2035年AAM将达到1 150亿美元规模。同年，欧盟委员会发布《无人机战略2.0》，列出10个领域的19项旗舰行动计划，预期在创造千亿级经济价值的同时实现节能减排。从行业层面看，多国正竞相布局基于各自国情、产业基础与技术手段的发展策略，持续加强对未来空中交通和低空经济的行业支持。在地域分布上，北美洲和欧洲是全球低空经济的主要市场；而亚洲地区尤其是中国，近年来也成为全球低空经济的重要增长极。在发展方向上，不同国家、地区及行业巨头各有侧重。美国、日本、巴西、澳大利亚等通用航空业发达的国家，更加注重低空经济的交通属性，它们通过国家引导协调、适航创新跟进、军民结合相促、开展试点运行等方式推动 UAM 或 AAM 的发展。同时，欧美国家的波音、空客、Joby Aviation、Lilium 等传统巨头和初创企业也在积极布局 eVTOL 的研发制造。法国还提出了"重塑空中交通"的发展目标，在传统 UAM 体系内，结合全新电气化、自动化和智能化技术，构建安全、经济、可持续的新能源垂直起降无人飞行器。

总体来看，全球低空经济"百花齐放，百家争鸣"。面对国际良好形势，中国要结合低空经济发展现状，在发挥无人机产业全球领先优势的同时，汲取全球先进经验，借鉴国际已有成果，用"他山之石"蓄积"攻玉之力"，打造和筑牢推动经济增长的"新引擎"。

二、政策催化与法规保护

在政策层面，我国低空空域管理与政策经历了从初步探索到逐步深化的过程，逐步建立了完善的空域管理体系，确保低空飞行安全有序。近年来，政府更是将低空经济视为战略性新兴产业，中央给予重点关注与支持，各地纷纷出台相应政策，护航低空经济发展。

2021 年 2 月，中共中央、国务院印发《国家综合立体交通网规划纲要》，首次将"低空经济"概念写入国家规划，具有标志性意义。近年来，围绕低空经济发展，我国持续加强空域政策、经济政策、行业政策等支持，推动顶层设计与地方探索协同联动发展。2023 年 12 月召开的中央经济工作会议明确将低空经济定位为战略性新兴产业；2024 年，全国两会首次将"低空经济"纳入政府工作报告；2024 年 3 月，工业和信息化部、科学技术部、财政部、中国民航局联合印发《通用航空装备创新应用实施方案（2024—2030 年）》，提出到 2030 年，推动低空经济形成万亿级市场规模。2024 年 7 月，"发展通用航空和低空经济"被写入二十届三中全会《中共中央关于进一步全面深化改革 推进中国式现代化的决定》，再一次发出明确的政策信号，彰显了我国发展通用航空和低空经济的决心。

"低空经济"概念提出后,各地政府积极贯彻落实党中央、国务院决策部署,抢抓低空经济战略机遇期,将低空经济纳入工作安排。据不完全统计,截至2024年8月31日,全国至少有25个省份将"低空经济"有关内容写入政府工作报告。各地共出台低空经济直接相关政策文件158部,其中实施方案(行动计划)类文件93部,发展规划、地方条例类21部,扶持政策类44部。广东、安徽、山东、陕西、甘肃、山西、重庆、四川等地陆续出台低空经济相关政策,召开专门会议,加快推动低空经济发展。在经济政策方面,部分地区直接以资金补贴的形式予以支持,满足低空经济发展的需求。

在法律法规层面,2023年迎来了我国无人驾驶航空器领域监管的里程碑式进展。具体而言,5月31日,我国正式发布《无人驾驶航空器飞行管理暂行条例》。这一条例成为我国首部全面规范无人驾驶航空器飞行管理工作的行政法规,低空经济发展进入有法可依的新阶段。同年12月,工业和信息化部公布《民用无人驾驶航空器生产管理若干规定》,旨在推动该产业朝更加健康有序的方向发展;中国民航局发布《国家空域基础分类方法》,明确空域的科学规划与管理。此外,为确保无人驾驶航空器系统的安全性与运行管理的有序性,有关部门还出台了《民用无人驾驶航空器系统安全要求》《民用无人驾驶航空器运行安全管理规则》等国家标准,助力构建更规范、更可靠的安全保障体系。在地方立法中,深圳作为先行先试的典范,自2024年2月1日起正式施行《深圳经济特区低空经济产业促进条例》。作为地方低空经济第一部专项立法,该条例从基本原则、管理机制、产业应用和支持、运营安全保障等方面做出明确规定,推进低空经济专项立法进程,为地方低空经济产业发展提供了法治示范。

中央统筹规划,地方推动落实,政策引领低空经济发展风向,法律法规提供坚实保障,为我国低空经济产业健康、规范化发展提供了坚实的基础保障与丰富的理论支撑。在政策利好、法律规范下，低空经济产业将迎来更大创新动力和更多发展机遇。

三、市场维度

市场需求是推动经济发展的根本动力。工业和信息化部赛迪研究院2024年4月发布的《中国低空经济发展研究报告（2024）》显示，2023年我国低空经济规模达到5 059.5亿元，增速为33.8%，到2026年有望突破万亿元。

我国低空市场潜力巨大，万亿级市场空间有待挖掘。民用方面，我国人口众多且流动性强，线上消费发展势头强劲，对于物流、交通等低空产业可触及领域的潜在需求大，应用前景广阔。因此，要抓住市场机遇，利用好空域、技术、政策等优势资源，充分开拓低空经济市场、挖掘低空消费潜力，以高质量供给创造引领新需求。军用方面，军用无人机作为新兴的空中作战力量，广泛应用于现代智能化战争中，其制造与部署关乎我国国防实力和军事能力。因此，要把握国际形势，提高军用无人机装备供给质量，才能在军事竞争新领域站稳脚跟。

1. 民用低空飞行市场空间足

近年来，中国在民用无人机领域的自主研制能力不断提高，产业规模持续扩大，在国际范围内优势明显。2023年，国内民用无人机市场规模约为557.8亿元，2013—2023年复合年均增长率高达49.5%。民用无人机可分为消费级无人机和工业级无人机两类。其中，工业级无人机是市场主体，市场发展潜力巨大，市场增速较快，尤其在农林植保、巡检、测绘、安防监控、物流运输等领域的应用不断深入，通过代替人工作业实现降本增效。

工业无人机产品具有使用成本低、地勤保障要求低、机动性强、安全性高、提供信息时效性好等优势，与传统作业方式相比，工业无人机更能胜任复杂环境下的作业任务，具有更大的商业价值。随着大数据、人工智能、5G等新技术和新模式的发展，工业无人机行业的应用深度和广度将得到进一步拓展，吸引市场关注，带动更大范围的产品和服务需求。

就消费级无人机而言，国产企业大疆创新处于龙头地位，占据全球消费级无人机的主要市场。技术方面，5G网络将为无人机产业提供从无线网到核心网的整体网络解决方案，如利用高传输速率实现高清视频实时直播，利用网络低时延、高精度的特性精准完成远程作业等。生产制造方面，除部分芯片及精密仪器主要从国外公司采购外，其余零部件和系统均由国内供应商提供，未来可实现完全国产。在零部件的使用上，制造消费级无人机多使用成品零部件，其成本较低，毛利相对丰厚，因此，行业整体利润较高。从供给端来看，丰厚的行业利润对无人机企业和零部件供应商都有较强吸引力，在相对成熟的技术条件和国内政策保障下，未来无人机市场发展动力十足。随着消费级无人机用途的持续开放，整体需求仍存在较大提升空间，全球消费级无人机市场规模在2028年有望达到121.5亿元。

当前，无人机产业发展势头正劲，应用场景广泛。例如，在低空物流方面，2024年4月，我国民用无人机完成了珠峰6 000米海拔运输，将物资配送时间从8小时大大压缩至12分钟；7月，我国首次使用无人机配送高考录取通知书，在广州某小区，将4份录取通知书送上门。在农林方面，2023年夏，一批无人机在桂林市摆岭村田间喷洒农药和施肥，无人机的高效作业助力村民扩大百香果种植面积，增加收成。在巡检方面，安徽合肥城市管理局启用无人机解决违建问题，开展无死角、全覆盖的空中巡查航拍，实现对违章建筑的高效整治，赋能城市治理。此外，2024年7月，在巴黎奥运会会场上空，来自中国的1 100架无人机腾空而起，在夜幕中上演了一场精彩的"烟花秀"。未来，民用无人机的应用领域将持续拓展和深化，其潜在市场空间快速拓展。

从外卖"飞送"到空中"飞的"，低空应用日益丰富。除了供给侧的拉动，消费者对于低空产品的需求也推动着低空经济应用场景的进步。简言之，丰富的空间资源、技术与政策"双保障"、充分的供给动能和巨大的需求缺口共同塑造了民用低空飞行市场广阔的拓展空间。

以城市空中交通为例。城市空中交通以即飞即停、安全高效的有人或无人驾驶为特征，提供按需自动化航空客运或货运服务。作为低空经济的重要应用场景，其响应了当前城市化进程加快、货物交付量庞大以及国内城市缓解交通拥堵的需要，体现了未来城市交通向空中拓展的趋势，发展前景非常广阔。究其原因，可以从以下三点展开分析。

第一，丰富的空域资源。国内低空空域作为长期利用程度较低的自然资源，具有极大的开发潜力。与平面化的地面道路相比，空中交通工具不受地形及地面障碍物的约束，满足停靠条件即可直线连接起始点和目的地，能够有效缩短行程。同时，叠加立体空间发展低空飞行，能有效置换地面空间，可利用范围更广，为人口稠密、土地资源紧张的城市争取了更便利的交通方式和更大的发展利用空间。

第二，巨大的市场需求。城市空中交通开拓了地面交通和传统航空运输以外的第三维立体交通，能够填补传统航空工业的空白，解决短航程乘坐飞机不合算而地面又不畅通的问题。对于货运服务，在电子商务迅速增长的态势下，包裹交付量与日俱增，2023年中国快递业务量累计完成1 320.7亿件，包裹交付量较大。而城市空中交通的运行能减轻地面物流承载的压力，甚至实现"送货上门"服务。若外卖也通过无人机投递，那么低空产业的市场规模将得到进一步拓展。

同时，随着客户对货物交付日期的期望值提高，改用城市空中交通运送可避免因交通拥堵而不能及时交付的情况，降低仓储容量和存货要求。具体到货运服务市场，可以分为两类，一类是"最后一公里"的运送，载重相对较轻；另一类是地区机场到分配中心的货物运输，载重相对更重。对于客运服务，城市空中交通的普及能大大减轻大城市的交通压力，节省人们的通勤时间。现阶段，交通拥堵已成为世界性"城市病"，全球多个城市长期面临交通堵塞困境。交通拥堵导致居民出行受影响，时间价值损失；行驶时间的增加和频繁启停的车辆也加大了车辆燃油的额外消耗，带来经济损失。而采用分布式电推进技术的eVTOL，在效率、安全性、低成本、智能化、环保性等方面存在显著优势。飞行器具有多台独立可靠的动力系统，可以在城市内部进行起降，不会产生有害尾气，且制造成本、运营成本和销售价格与传统飞行器相比均有大幅降低。将eVTOL飞行器应用于城市空中交通，不仅能解决地面交通压力问题，实现居民在城市、城际交通中的高效往来，而且能促进绿色交通发展。

第三，可操作空间大，发展性价比高。城市空中交通分层、立体，满足点对点运输。如果说建机场占地广，修地铁、轻轨投资高，那么城市空中交通的基础设施投资则相对节省，主要利用现有机场，也可在高楼顶部设置运输节点。一旦飞行器落地使用并得到规模化应用，在城市CBD（中央商务区）也可以运行，那么出行时间将大大减少。同时，无人机物流能实现快捷高效配送，规模化运输后预计配送成本将下降40%~50%，为物流行业降本增效。另外，城市空中交通的发展也能够从基础的自动驾驶飞行到完全的无人自主飞行，减少飞行员的培训时间和工作量，节省劳动成本。

未来，低空经济将助力构建更加高效、便捷的城市交通体系，减轻交通压力，缓解城市交通拥堵问题。同时，城市空中交通也将为人们提供更加舒适、便捷的出行方式和便捷高效的物流形式。

2. 军用无人机市场持续增长

经历技术的持续进步和反复的实战检验，无人机的深度应用已带来军事领域的信息化变革。作为现代战争的重要装备，军用无人机在侦察、打击、通信中继等领域发挥着不可替代的作用。现阶段，军用无人机行业正呈现出蓬勃发展的态势。

当前，全球军用无人机市场规模可观，中国增长潜力尤为突出。根据集邦咨询和市场研究与咨询公司 MarketsandMarkets 的预测，2025 年全球军用无人机市场规模将增长至 343 亿美元，我国军用无人机市场规模将达到 98.66 亿美元。军用无人机良好的市场机遇源于行业需求和供给两端的积极作用。

从行业需求侧看，复杂多变的全球安全形势以及各国军备竞赛的加剧，持续推动着军用无人机的市场需求增长。其一，军费投入是军工行业发展的基础。在国际动荡局势下，世界各国都在陆续增加军费支出。我国国防预算稳定在高增速，夯实了军队"购买力"。根据财政部公布的数据，2022 年我国国防支出预算总额为 1.45 万亿元，同比增长 7.0%，高于同年 5.5% 的 GDP 增长目标。而我国军费占 GDP 比重相对主要大国较低，未来仍有较大增长空间。其二，国内军队列装是无人机内需的重要来源。对标美国，我国目前军用无人机存量相对较少，但正处于快速发展列装的阶段，未来我国军用无人机需求增长空间更大。未来中长期，我国各型号军用无人机持续的列装需求，将带来多极化的无人机行业发展空间。装备高精尖传感器设备的大型察打一体机，有望陆续装备各大军兵种，其高单机价值将带来较大的需求规模增长；超近程无人机、巡飞弹、靶弹等虽然单价较低，但耗材属性强，能渗透军队基层，具备较大的数量增长空间，随解放军实战化训练，未来需求规模同样可观。其三，外需旺盛。我国是全球军用无人机出口第三大国，随着国际局势的变化，出口需求大。总之，错综复杂的国际形势以及我国国防和军队现代化建设的要求，将激发我国对军用无人机质量、数量和创新研发的巨大需求。

从行业供给侧看，依托军工小核心大协作体制、低成本竞争、多样化产品迭代以及以规模推动技术进步四大优势，我国已打通产业链正向循环模型，各类无人机出口和内销的规模均迅速增加，无人机生态日渐繁荣。在竞争格局方面，我国位列全球军用无人机第一梯队，已成为名副其实的无人机强国。我国在无人机领域积累了厚实的底子，具备全产业链能力，相较美国无人机产业有较大的成本优势。同时，我国的无人机行业能够生产各种大小、不同能力的无人机，具备无人机生产制造的多样性和应用的高度灵活性，也有利于开发新的作战概念并推动创新。在产业链方面，巨大的行业需求反哺、反馈产业链，形成了无人机制造业的规模优势。目前，我国军用无人机企业订单饱满，未来5~10年行业供给将呈现更高的结构性增长。此外，军民融合有利于发挥民营企业的创新能力，推动技术迭代，打造日益繁荣的无人机产业生态。

近年来，无人机在多项关键技术上取得了显著进展。智能化技术的引入使得无人机的自主决策和环境适应能力大幅提高，进一步增强了其在复杂战场环境下的作战能力。未来，军用无人机行业将更加注重技术创新和研发，在新材料、新能源、人工智能等技术的支持下，将最大限度地发挥其作战效能。

军用无人机的应用场景也不断拓展，已经从传统的侦察监视拓展到了打击、通信中继、电子战等多个领域。在侦察监视方面，无人机能够执行长时间、大范围、高精度的情报收集任务；在打击方面，无人机能够携带多种武器，精确打击敌方目标；在通信中继方面，无人机能够保障指挥通信的畅通；在电子战方面，无人机能够执行电子侦察、干扰和反辐射等任务。未来，无人机将更多地参与到联合作战、空地一体战等复杂作战场景中，同时应用于反恐、维稳、救援等非战争领域，实现无人机产业的军民融合。这将为军用无人机行业提供更多的发展机遇和广阔的市场空间。总之，军用无人机行业将朝着低价高效、多极化、智能化、综合化和空间化方向发展。

四、产业维度

低空经济产业链条长，涉及众多行业和领域，形成了一个高度综合和相互依赖的产业生态系统。产业链结构分明，具体可以分为上、中、下游三个部分：上游产业主要涉及原材料和核心零部件领域，比如芯片的研发、电池的供应等；中游产业主要围绕飞行器的生产设计和制造、配套设施与综合保障服务等展开，处于产业链的核心地位；下游产业为低空应用场景及相关产业的融合，包含生产作业、公共服务、航空消费等众多领域，涉及与物流、农业、旅游、消防、应急等多个业态的融合。在国家政策推动下，低空经济全产业链已成为现阶段的投资风口，投资价值显著。

目前，我国已经形成了相对完整的低空经济产业链。截至2023年底，我国已有数千家从事低空经济领域发展的企业，基本能够涵盖低空制造、飞行、服务等各环节。各地依托自身的资源和优势，构建低空产业良好生态，多环节、有侧重地发展低空产业。例如，广东、江苏、北京、山东、浙江、上海等地已构建起一套较为完整的无人机研发、制造、销售和服务体系，涌现出大疆创新、航天彩虹、亿航智能等多家头部企业，珠三角和长三角地区呈现产业集群效应。上海青浦、江苏苏州、北京丰台等地相继建立低空经济产业园，锚定万亿级新赛道。以上海、南京、苏州为代表的长三角地区，凭借在人才、芯片、高端制造等产业链方面的优势，持续推进低空产业的整体体系建设。

较为扎实的产业基础为我国发展低空经济提供了良好机遇。从产业链结构分析，我国低空经济产业链的健康发展需要上游原材料和零部件的高质量供应、中游环节的核心支撑与下游应用场景的创新拓展，而国内较为齐全和成熟的新能源产业链为低空经济提供了恰当的土壤。在上游环节，飞行器产业链与我国新能源汽车、消费电子产业链上游高度重合，故有机会复用能源、控制、机电、材料等成熟技术，在短期内快速提高关键原材料和零部件的供应质量，从制造基础上保障低空产品的性能。在中游环节，凭借相对完整的制造业体系，我国低空经济产业链在整机装配、软件设计、服务配套等方面承接上游、面向下游，产业链环节相对完备。在无人机产业，全球基本形成中美两强的格局，我国在无人机研发设计、装备制造、新一代通信技术等领域占据全球领先地位。在eVTOL行业，由于新能源汽车产业链的溢出效应，从电池、电机、电控等动力系统与关键技术，到激光雷达、IMU（惯性测量单元）、碳纤维复材等核心部件和结构件，中国都有较大领先优势，亿航智能、峰飞航空科技、小鹏汇天等中国企业也走在eVTOL商业化落地的前列，eVTOL行业未来有望成为中国产业名片。在产业链下游，我国庞大的工业和消费市场则为低空经济提供了丰富的应用场景，推动产业爆发式增长。低空经济是涉及多产业交叉融合创新的业态。尽管当前以生产端为主导的发展模式在短期内难以改变，未来，通过不断开拓"低空+"应用场景，将发挥低空经济的"杠杆效应"，赋能载人交通、物流、文旅、生产作业、公共服务等智慧城市的各领域发展，进而带动发展模式朝着以需求为导向的趋势转变，使低空产业更好地适配、兼容和辅助相关产业发展。

总体来看，我国低空经济产业呈现出快速发展的态势，发展机遇良好。随着我国对无人机、eVTOL及相关产业的持续推动，低空经济已经成为一个具备多样化应用场景和商业模式的新兴产业。

攻坚克难　持续提升低空经济产业发展水平

当前，我国低空经济进入快速发展期，被视为推动经济高质量发展的一大新动力。虽然 2023 年中国低空经济规模较 2022 年增速进一步提升，但不可否认的是，低空经济产业发展仍处于早期阶段，离万亿级市场还有一定差距。与高速增长的经济规模相伴随的是一系列问题和挑战的凸显。面向未来，我国低空经济产业还要在政策体制、技术创新、基础设施建设、市场培育、空域管理和安全监管等方面重点发力，攻克难关，持续提升低空经济发展的质量和水平。

一、政策体制亟待完善

低空经济产业发展需要与之相适应的政策支持和法律保障，但当前低空经济产业发展的顶层设计仍不系统全面，政策制度还需要完善。要完善低空产业法律法规体系建设，推动低空经济产业规范有序发展。从国家层面到地方层面，都需要进一步完善低空经济体制机制，加强政策的引导和规划。

政策制度是发展低空经济的"压舱石"，健全的法治保障是低空经济发展的重要驱动因素。然而，当前与低空经济相关的法律法规尚不健全，相对滞后于产业发展状况。由于低空经济发展速度较快，相关法律法规还未及时健全和更新，特别是在无人机等新兴业态方面，现有的法律规范针对性不强、适配度不高，不仅容易出现法律空白和灰色地带，难以为低空产业发展提供及时、有效的法律保障，还可能带来市场秩序混乱、安全风险增加等问题。同时，低空飞行器的技术标准和规范尚未统一完善，无人机"黑飞"事件屡见不鲜，扰民、伤人、侵犯他人隐私等乱象时有发生。另外，低空经济涵盖场景广、辐射领域宽，其法律需求具有多样性和复杂性，需要建立统一的立法规范和领导机制来明确各方主体职责、制定规范的行业标准并保障规章制度的运行。因此，应加快完善相关法律法规，确保法律规范与产业发展、社会需求相适应，为低空经济产业健康有序发展提供配套的法律和规则支持。

纵向来看，在国家层面，当前低空经济产业顶层规划仍处于起步阶段，规划设计协调机制尚未完善，政策落实及长效监管机制还不健全。同时，在组织管理方面，低空经济涉及航空器制造、维修、航空旅游、空管部门等多个业态，主体众多，但目前缺乏清晰的部门归属，相关业态的主体之间及内部组织管理程序复杂，存在主责部门虚化、职责不清的问题，影响了经济运行效率。由此可见，当前我国低空经济产业的政策完整性与管理协同性还有诸多不足，难以满足新业态新模式的发展需求，低空经济体制机制还需优化。

在地方层面，一是地方规划缺乏区域协同性。低空经济产业具有跨区域、跨行业的特性，需要各地协同合作以推动产业链的延伸发展。然而，各省市发布的产业规划与低空空域管制、空中交通管理、基础设施建设等缺乏同步性，各自建设的飞行服务保障系统缺乏统一的技术规范和标准，无法实现数据交互和统一运营。二是组织管理有待完善。部分地方政府在低空经济产业发展中的职责尚未明确，导致组织管理不到位、效率低下。管理职责界定不清晰使得各部门之间容易出现推诿扯皮的情况，难以形成合力推动产业发展。同时，适航审批程序冗杂、手段相对落后，烦琐的审批流程和过长的审批周期使得企业难以快速进入市场并开展业务活动，成为低空科技成果转化、低空产品商业化应用和低空市场快速生长的一大障碍。三是缺乏因地制宜的区域特色。不同地区的经济发展水平、产业基础、资源禀赋等存在差异，需要制定差异化的政策措施来推动产业发展。因此，地方政府在制定政策时，应避免过于依赖上级政策文件或照搬先行地区经验，增强地方政策制度的针对性。地方在推广借鉴现有低空经济试点城市的成功经验时，需要基于自身区域特点，因地制宜打造区域特色。

二、技术装备面临瓶颈

低空经济是新能源、人工智能、数字化、互联网等产业与技术融合发展的产物，涉及航空器构型、航空动力电池、航空氢能源、自主飞行、感知与避障、电机与推进、定位与导航、网络安全技术、机群路径规划与管理等多个技术领域。可以说，技术创新是发展低空经济的关键。近年来，低空飞行器发展迎来了一系列技术拐点，飞行器构型、电池和动力系统性能的显著提升为我国低空经济的快速发展奠定了坚实基础。但与此同时，我国关键核心技术遭遇的壁垒仍相对较多，低空经济发展的技术创新能力不足，很多技术难题仍是低空经济发展的痛点，急需加快技术迭代、突破技术瓶颈。

1. 部分核心零部件依赖进口

当前，我国低空产品核心零部件仍主要依赖进口，相关核心零部件国产化能力较弱。尽管我国在无人机研发制造领域取得了显著成就，但国内无人机等制造所需的智能仪器等关键核心元器件还未实现完全自主掌握，通用航空器整机和发动机也严重依赖进口。通航飞机、直升机国产化率低，在主控芯片、核心传感器、连接器、精密器件、碳纤维机体材料等低空核心零部件及关键材料研制方面存在不足。由于自主创新能力的缺乏，我国低空核心零部件及关键材料的研发能力与国外先进水平相比尚有差距，低空产业在关键技术、核心设备等方面对外依存度较高，不利于形成核心竞争优势。这种依赖不仅增加了产品成本，也加剧了产业链的不稳定性和外部风险，不利于低空经济的自主创新和安全发展。由于核心技术掌握在国外企业手中，一旦国际形势发生变化，供应链的中断将对我国无人机优势产业造成巨大冲击。

2. 低空飞行产品存在能力短板

除了核心零部件依赖进口，我国低空飞行产品在自身能力上也存在诸多短板。这些短板表现为性能不足，安全性、可靠性不够等，一定程度上制约了低空飞行产品的应用范围和市场前景，需要一一克服。

国内航空企业在发动机研发和生产上投入不足，技术积累有限，导致国产通用航空器在性能、可靠性和经济性上难以与进口机型抗衡，安全性能难以达到国际先进水平。这不仅限制了我国通用航空器市场的发展，也影响了低空经济产业的整体竞争力和国际化进程。同时，现阶段无人机在安全、续航、避障、降噪等方面仍存在能力短板，无人机核心电池、通信系统、智能感知、定位导航、避障、发动机、降噪等关键技术研发能力相对薄弱，这直接影响了产品成熟度的提升。其续航能力和避障能力将直接影响无人机产品的应用效果和市场接受度。若续航时间短，无人机在执行长距离任务时则必须频繁返航充电，降低了作业效率；若避障能力不足，则增加了无人机在复杂环境中的碰撞和损坏风险，限制了其应用范围。因此，需要进一步改进技术系统，保障新兴低空飞行器的安全性、可靠性，提高无人机飞行稳定性及其他性能水平。

另外，低空经济技术需要进一步迭代。以 eVTOL 为例，由于航空应用的特性，采用分布式电推进技术的 eVTOL 对锂离子电池的性能要求更高。根据高工锂电的数据，面向城市空中交通的 eVTOL 至少需要达到 400 Wh/kg 的锂电池能量密度，这一数值是新能源车锂电池能量密度的 2 倍。而目前国内成熟的 eVTOL 电池能量密度仅为 285 Wh/kg，仅能满足小型全电飞行器的短程飞行需要。从这一数据可以看出，现阶段我国的低空经济技术成熟度不高，还需加快迭代相关技术，才能突破技术难关，培育低空产品核心竞争力，实现低空产业自主可控发展。

3. 运营平台与管控技术创新不足

随着近年来无人机等"低慢小"的迅猛发展，"看不见、叫不到、管不住"的现象日益突出，需要智能化、自动化的运营平台与技术进行有效管控。一方面，无人机"黑飞"事件频发，给航空安全带来严重威胁；另一方面，由于管控技术不足，无人机在特定区域和空域内的飞行也受到限制和约束，影响了低空经济产业的快速发展。因此，低空飞行器的运营和管理需要高效、智能的平台和技术支持，但我国在这方面的研发和应用还相对滞后。我国需要进一步提升低空经济的数字化、信息化、智慧化水平，完善低空飞行服务保障系统。

何以完善低空飞行保障系统？低空产品的相关设计急需改进，以进一步提高对传感器安全、通信链路安全、软件安全、自组网络安全等细节问题的处理能力。地面系统及技术人员对低空飞行产品的控制程度、故障诊断能力、修复能力也有待进一步加强。在 2024 中国信息通信业发展高层论坛上，中国信科集团副总经理、总工程师陈山枝博士谈及通信网络的重要性，提出要研究立体协同覆盖的低空智联网网络架构，通过综合多项通信技术加快建设低空网络，实现低空网络对空立体覆盖、信息快速传输、敏锐感知能力和精准导航定位，解决低空飞行中通信、感知、管控、数据等方面的技术问题，护航低空经济安全发展。

三、基础设施不全不牢

1. 低空基础设施的多种分类

低空基础设施是各类低空经济活动的关键载体，是低空飞行器运行的必备前提，为低空飞行活动提供了基本保障服务。当前，低空经济基础设施分类方式繁多，顶层并未给出统一的分类标准。多种分类标准既体现了低空基础设施的多样性，也带来了建设和管理的挑战。

依据基础设施的性能特点，低空基础设施主要包括"硬件"设施和"软件"设施两类。其中，"硬件"设施以物理基础设施为代表，主要包括低空飞行所需的起降、中转、货物装卸、乘客候乘、航空器充（换）电、电池存储、飞行测试等平台；"软件"设施围绕信息系统展开，涵盖通信、导航、监视、地图、气象监测等领域，包含诸如5G移动通信、无线电导航、5G-A通感一体、天气雷达等相关机载及地面设备，此外还包括低空飞行数字化管理服务系统。作为低空经济的运行支撑，物理基础设施与信息基础设施共同构筑了低空基础设施的生态系统。

根据赛迪研究院总结的低空经济四大核心板块，按发展时间分类，低空基础设施可以划分为传统的通航机场设施设备和低空新型基础设施。其中，通航机场设施设备具体分为空中交通管制设施、安全保卫设施、飞行场地、目视助航设施、服务保障设施、消防及应急救援设施等六类；低空新型基础设施包含网络、数据、监管三个方面，以及无人机起降场地和新能源航空器能源基础设施。这些设施代表低空经济未来的发展方向，具有更高的技术含量和更广阔的应用前景。

深圳作为全国低空布局领先的城市，则提出了低空智能融合基础设施"四张网"，通过配套物理设施的"设施网"、低空感知及通信的"空联网"、数字空域及操作系统的"航路网"、数字化管服系统的

"服务网",共同构建低空基建的软硬件一体化生态,为低空经济产业发展提供全面可靠的基础设施保障。

2.国内低空基础设施发展现状

当前,国内低空经济基础设施相对滞后,难以满足快速增长的低空服务需求,且没有形成统一标准,存在"看不见、呼不到、管不住"的安全问题。尽管低空经济在我国呈现出快速发展的态势,国内大部分省市在低空经济基础设施建设方面还处于规划或小范围试验阶段,离形成规模性产业尚有较大差距。面对低空经济"异构、高密度、高频次、高复杂度"的运行特点,需要加快推进和筑牢低空基础设施建设,在保障安全的前提下提升效率。只有基础设施率先落地,才能确保低空飞行器"看得见、呼得着、管得住"。

(1)物理基础设施建设不全面

通用机场建设不足,基础设施地域分布不均(见图6-2)。截至2024年3月,我国通用机场数量为452个,与欧美国家相比,我国通用机场的数量和密度均偏低,低空航空器飞行试验场、起降场等基础设施供给不足,难以满足不同地区低空作业的需求。同时,我国通用机场主要集中在东部经济发达地区,中西部地区的通用机场数量相对较少。部分城市受发展空间限制,设施部署困难;由于起降设施技术标准空缺,部分地区难以推进基础设施建设。通用机场的布局与经济发展程度存在明显的空间错配现象。经济相对发达、低空消费潜力较大的北京、上海、江苏、浙江等地,虽然通用机场数量较多,但由于人口密度大,人均通用机场数量处于中等水平;而北部和西部的黑龙江、内蒙古、新疆等地广人稀的区域,地理条件适合开展通航作业,但人口密度小,低空消费市场有限。

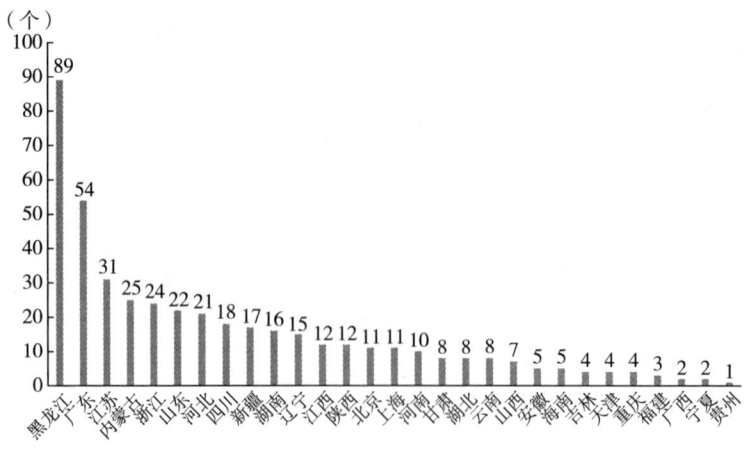

(个)
100
90 | 89
80
70
60
54
50
40
31
30 | 25 24 22 21
20 | 18 17 16 15
12 12 11 11 10
10 | 8 8 8 7 5 5 4 4 4 3 2 2 1
0
黑龙江 广东 江苏 内蒙古 浙江 山东 河北 四川 新疆 湖南 辽宁 江西 陕西 北京 上海 河南 甘肃 湖北 云南 山西 安徽 海南 吉林 天津 重庆 福建 广西 宁夏 贵州

图 6-2 2023 年我国在册通用机场数量

资料来源：中国航空器拥有者及驾驶员协会（AOPA）通用机场研究中心，2023 年全国通用机场数据简报。

通航领域保障不全。长期以来，我国空管建设只注重军用航空和运输航空的发展需要，针对通用航空领域的投入很少，配套建设相对滞后。大部分地区，尤其是城市场景下的垂直起降点、充电设施等配套设施数量不足且缺少行业标准指导，难以支撑广泛的低空飞行活动。许多地区缺少最基本的雷达、通信等基础设施，监控终端和基站等基础设施也不完善，导致低空飞行活动存在安全隐患。

（2）新型基础设施建设缓慢

低空经济未来要实现更好的发展，必然基于智能融合的低空数字化系统的开发与建设，推进低空设施网络、低空航路网络、低空通信网络、低空气象网络、低空服务网络相互融合。然而，我国在新型基础设施建设方面进展缓慢，信息化智能化建设水平较低，当前阶段无法满足起降、停放、充电、运输等多场景功能需求。例如，在 5G 基站建设方面，虽然我国处于国际领先水平，但 5G 在低空经济领域的应用尚未全面展开；在"北斗"系统方面，虽然其导航与通信能力得到了广泛认可，但在低空环境下的应用还需进一步探索和完善。同时，对于无人机的通信、监视、导航以及监管服务平台的构建，存在 5G-A 通感一体、雷达扫描、光电探测、无线电频谱等不同技术手段标准不统一的现象，不利于不同部门或地区之间的信息互通、联防联控。

3.低空经济基础设施的发展目标

为了推动低空经济的持续健康发展，必须进一步健全完善低空基础设施，使低空基础设施切合低空经济安全、高效运行的特殊需求。

（1）面向更多未来应用场景

随着技术进步和应用场景拓展，低空经济对基础设施的需求将趋于多样化和复杂化。因此，必须建设适应低空经济需求的基础设施，包括但不限于专用的 eVTOL 起降点、充电和加氢设施，以及空中交通管理系统等。要建立集成航空、物流、能源管理等功能的综合枢纽，为低空经济的多样化应用提供全面而充分的支持。

（2）促进低空设施与消费空间相匹配

当前，我国低空设施与消费空间存在明显的错配现象，部分低空基础设施的实际利用率远不及其承载能力。为缓解这种错配现象，必须优化低空设施的空间布局，使其与低空消费空间相匹配，以提升低空基础设施利用率，培育更大的低空市场消费空间。例如，在经济相对发达、低空消费需求较大的地区增加通用机场的数量和密度；在自然资源丰富但经济相对落后的地区发展低空旅游、低空物流等产业，吸引和培育低空消费。

（3）先发地区领航，其他地区加速推进建设

作为低空经济的"领航者"，深圳的先进经验值得参考。在国家"先行先试"的政策鼓励下，深圳率先建设智能融合基础设施，打造低空基础设施"四张网"，研发全数字化的智能融合低空系统。《深圳市支持低空经济高质量发展若干措施》《深圳经济特区低空经济产业促进条例》等政策条例鼓励推进当地的低空基础设施建设，政府支持有条件的区利用城市剩余空间建设通用航空运行保障基地、无人驾驶航空器公共测试场、eVTOL 起降场及大中型无人驾驶航空器枢纽起降场。对于由社会投资、建成并实现实际运营的公共无人机测试场、起降场，以及通信、导航、监视等公共基础设施，当地政府将给予一次性资助。

其他多个地区也加速跟进，提出基础设施建设目标。安徽、苏州、无锡、长沙、沈阳等省市分别在低空经济实施方案和行动计划中提到，要加强基础设施建设，推动新型基础配套设施体系建设，并对起降设施体系的建设提出了明确的目标规划。各地陆续出台的政策中涉及低空基础设施建设的举措众多，主要从规划、补贴等角度支持低空基建发展。各省市规划了起降点和测试场等物理基础设施的建设，也表明要加快推进通信、导航、监视、气象等信息基础设施建设，整合空域资源，打造空域数字孪生系统，划设航路航线，形成低空飞行统一调度管控服务平台，助力构建低空智联网体系，构筑低空经济腾飞的基石。

总而言之，低空基建挑战重重，但在先行示范区的带动下，各地正在加速谋划布局，将以实际行动筑牢低空设施基础。需要政府、企业和社会各界共同努力，加强规划引导、加大投入力度、提升技术水平、优化资源配置，共同构建完善的低空基础设施体系，让低空飞行器真正"看得见、呼得着、管得住"。

四、市场培育面临挑战

《"十四五"通用航空发展专项规划》将我国通用航空市场培育不够充分、服务供给不足列为首要问题。当前，我国低空经济产业的市场培育仍面临诸多挑战。从需求侧角度看，我国低空消费市场拉动能力仍较为有限，低空消费不及预期，市场需求潜力大，但产业以供给为导向的发展模式短期内难以改变；从供给侧角度看，相关企业商业模式尚不成熟，市场需求开发较少，有效供给不足。

1. 需求侧

（1）公众认知度、接受度较低，消费活力不足

低空经济涵盖了低空飞行、低空旅游、无人机物流、空中拍摄等多个领域，但由于这些领域的发展历程相对较短，且宣传力度不足，导致大多数消费者对低空经济的概念、应用及价值了解有限，公众认知度较低。这种认知的缺失直接影响了公众对低空经济产品的兴趣和需求，广大消费群体的需求还未被有效激发，市场规模极其有限。

除认知度低外，公众对低空经济的接受度也普遍不高。收入水平、消费习惯、专业技能等因素限制了普通消费者对低空经济消费的欲望与需求，低空产品落地大众消费市场仍存在一定困难。一方面，低空经济企业尚未实现规模经济，低空产品生产成本和价格门槛较高，超出了大多数人群的消费能力。与之相应，由于多数低空项目的性价比超出普通消费者预期，市场需求也难以形成规模效应。另一方面，低空项目仍存在一定安全风险，加之受飞行事故相关新闻报道的影响，部分消费者存在恐惧心理和安全顾虑，对于新兴的低空产品和服务尚处于观望状态。另外，由于低空产品的普及率较低，消费者对其性能和质量的了解有限，这进一步降低了公众对相关产品的接受度。

此外，当前低空经济的应用场景相对有限，载人飞行以休闲娱乐性质为主，公务飞行和商务飞行的应用程度极低。低空航空旅游项目数量不少，但形式相对单一，仅用于观光游览难以满足当今市场多元化的消费需求，低空经济消费活力受限。

（2）消费潜能足，可挖掘空间大

与现存挑战相伴随的是实现"质变"的可能性。尽管当前我国低

空消费活力不足，低空消费的潜在规模巨大，国内市场尚有较大的挖掘空间。现阶段城市交通、物流、旅游等行业市场相对成熟，需求体量大且呈增长趋势，给传统行业带来较大的供给压力，市场供不应求成为常态。而低空旅游、无人机物流、城市空中交通等新业态方兴未艾，通过发展新业态扩展消费空间，将原有市场的过剩需求转化为对低空经济的新需求，以多元化需求带动高质量、多样化的供给，既减轻了原有行业的压力，也有助于培育低空经济市场。具体而言，在城市出行方面，UAM能提供机场接驳、日常通勤、城市空中穿梭等服务，可以节省通勤时间，缓解地面交通拥堵。在物流方面，无人机可以满足快递服务、物资配送、紧急投送等需求，帮助缓解因短途陆路运输的巨大需求带来的运力压力。在旅游、娱乐等方面，低空飞行器还可以和更多应用场景结合，释放低空经济市场更大的消费潜力，培育新的消费增长点。比如承担跳伞、滑翔伞等空中冒险项目的拍摄工作等。

政府采取适当措施，亦能激发低空经济市场的消费潜能。例如，重庆市政府于2024年4月30日开始发放全市首个低空飞行消费券，消费券总价值达1 000万元，有效期最长一年，适用于全市轻型固定翼飞行体验、直升机低空游、短途运输、跳伞、热气球观光等低空飞行消费项目。2024年全国两会期间，深圳市人大代表也提出建议，向市民发放低空经济体验消费券，既能够开发用于低空物流费用减免以提升使用意愿，也可以支持相关从业机构面向大众开展航空文化体育、低空飞行体验、低空科普等活动。

2. 供给侧

（1）商业模式尚不成熟

由于低空应用涉及的领域初期投资大，回报周期长，产品开发需经历从设计研制到投入市场的全周期，前期未形成规模经济，因此，一方面，从业企业投资存在顾虑，造成市场有效供给不足；另一方面，当前我国大多数通航企业还没有形成稳定的盈利模式，投入成本高、产品落地难、应用场景需求开发不足等问题普遍存在，进而导致企业在市场竞争中处于不利地位，难以吸引更多的资本和人才投入，供给规模受限。多数低空应用成本居高不下，飞行器的技术未能取得关键性突破，导致成本、价格较高，尤其是低空物流配送、低空空中交通等新服务业态，相较地面常规运输方式成本高出不少。例如，顺丰在深圳推出的无人机同城即时送的推广价（补贴后）为12元/件，而顺丰常规的同城速运是10元/件，其成本仅为6.4元/件。另外，低空经济领域尚未开展大规模、成体系的市场研究，规模统计指标体系建设滞后，不利于及时制定发展政策和准确研判发展趋势，低空产品供给难以完美契合市场需求。

要解决商业模式不成熟的问题，需要企业积极探索适合自身发展的商业模式。一方面，通过加强技术研发和创新能力，不断推出具有市场竞争力的新产品和新服务；另一方面，加强与产业链上下游企业的合作与协同，共同构建完善的产业链和生态圈。此外，政府也应出台相关政策措施，支持企业创新和发展，为低空经济产业的商业模式创新提供良好的环境和条件。

（2）低空消费业态培育不足

当前，我国低空消费市场的应用场景普及率并不高，小众、轻奢的特点明显，大众市场潜力尚未得到充分挖掘。对于地方政府主导的场景应用，出于安全、管理等多方面考量，目前无人驾驶航空器应用主要局限在应急、救援、消防等方面，而在具有较强应用费效比的城市管理、安防巡查、电力巡检、生态治理等领域未广泛应用。对于民生服务的场景应用，我国工农业和社会公共服务类占据了通用航空市场80%以上的份额，而公务飞行和私人飞行只占18%左右的份额，低空消费服务类市场占比过低。对比美国等发达国家，我国能够实现全年持续稳定运行的通用航空线路不足总数的10%,而美国的私人、公务、商务飞行及旅游观光类的飞行总时间占比约达到65%。同时,与欧美发达国家相比,我国航空文化发展相对滞后,缺少提升大众参与度、拓展低空消费影响力的品牌活动和主题展会,低空项目缺乏市场推广与品牌建设,从而使得低空消费市场的活跃度和竞争力有限。

要培育低空消费业态,可以从多个方面入手。如加强航空文化的普及和推广工作,提高公众对航空活动的兴趣和参与度;鼓励和支持多元市场主体参与低空经济产业的发展和创新工作;建设和完善商业运营基础设施,为低空消费业态的发展提供有力保障;政府加强引导和监管,维护低空经济产业健康有序发展。

五、空域管理有待优化

低空空域作为宝贵的自然资源和国家战略资源,其合理的开发利用是低空经济发展的基础,其科学有效的精细化管理事关国家安全、经济发展和人民生命财产安全。2023年12月,《国家空域基础分类方法》正式发布,将空域划分为两级七类,其中,A、B、C、D、E类为管制空域,G、W类为非管制空域,首次划分出非管制空域,规范空域划设和管理使用。当前,我国A类管制区与国际民用航空组织标准相同,除了部分D类空域在2万米以上的超高空,我国B、C、E、G、W及其余D类空域都属于中低空。加强低空空域精细化管理,建立更加高效便捷、安全有序的运行秩序,对低空经济乃至整个国民经济高质量发展具有重大而深远的意义。为推进低空空域改革,我国十几年来已先后组织实施了三轮试点,近5年建立了"军地民三方协同管理"模式,取得了一定进展,但整体来看仍存在较大短板。

1. 明晰空域管理权责划分

一是空域分类管理不够精细。尽管我国已经明确界定了低空空域范围，但划分标准缺乏对地区差异性的考量，根据飞行任务要求、流量特征等维度细化空域分类的力度不足。例如，流量高度集中的珠三角、长三角地区的空域需求远高于流量分散的内蒙古、新疆地区，但管理模式却相差无几。另外，一些地区空域审批管理权限交叉，造成审批环节冗余重复，存在军航审批、民航审批、地方审批的"三审"现象，难以形成规模化、集约化发展优势。

二是军地空管协同机制有待完善。低空空域管理是一个系统工程，需要多行业、多部门、多领域协同联动。当前，军航、民航空管协同配合机制尚不健全，空域划设、航线规划等方面仍存在"各自为政"的现象。例如，军航在民用无人驾驶航空器综合管理平台上批准了飞行，而公安部门可能因系统信息共享不畅，以不知晓为由禁止飞行。由此可见，军地空管设施资源共享程度不高，信息壁垒依然存在。同时，由于空域管理碎片化，军民航、通用航空等多方使用需求难以高效统筹，导致空域资源分配不均，制约了低空经济活动的顺畅进行。

三是无人机管理"数据孤岛"现象严重，责任部门缺乏管理信息。目前无人机的飞行数据集中在有关主管部门无人驾驶航空器监管云平台及无人驾驶航空器一体化综合监管服务平台，但相关数据与地方辖区公安部门数据并未打通，作为无人机飞行处置处罚的地方公安部门没有掌握辖区内无人机飞行情况，无法及时、有效开展空域飞行活动的管控。

因此，优化空域范围管理，应进一步完善低空空域分类标准，确保分类的科学性、合理性和可操作性；建立军民航、通用航空等多方协调机制，确保空域资源的合理分配和高效利用，促进低空经济活动的顺畅进行。未来，一方面依靠非管制空域来激活通用航空需求，另一方面需要靠技术来补充算力，支持无人机密集飞行。要推动空域管理体制机制与技术系统的双重变革，打开低空经济的发展空间。精准运行控制能力，支持民用无人机集约使用空域，减少对传统航空类型空域的挤占。

2. 提高空域资源利用率

随着空域开放力度的加大，需要高效利用空域资源，这不仅涉及飞行计划审批、航线和时间安排，还涉及空中交通指挥等复杂环节。

（1）放宽低空空域使用

在我国管制、监视和报告三类空域中，报告空域所占比例很小且未连接成片，绝大多数飞行活动还需要按管制空域报批，导致各城市低空空域使用受限，低空经济场景规模化应用依然受到制约。因此，要在确保安全的前提下，逐步放宽低空空域的使用限制，增加目视航线数量，扩大非管制空域范围，激活通用航空需求。

（2）优化飞行计划审批程序

当前，低空飞行计划实际审批时间仍然较长，且审批管理机构和通航企业间沟通不畅，审批程序烦琐，任务审批、计划申报、信息传达等存在障碍。空域安全、地面安全、空中广告等业务开展需向多方监管部门申报，低空飞行有关活动协调时间长、难度大。需要优化飞行计划审批流程，缩短审批时间，建立高效的审批管理机制，加强与通航企业的沟通协作，提高审批效率。

（3）完善低空飞行服务保障

现阶段，低空飞行服务保障体系建设相对滞后，服务保障能力严重不足，无法满足低空空域有效开发利用的需要。低空飞行的高复杂场景对基础设施提出了更高要求，因此，要加快构建数字孪生的数字空域底座、数字化基础设施，健全低空飞行服务保障体系，实现全程全域的通信覆盖，建设飞行服务站，以高精度的导航、精细化的地理数据、全域感知的雷达和复杂微气象的监测能力，为低空飞行活动提供有力保障。

3. 提升低空空域管控指挥能力

当前，低空空域存在管控能力有限、指挥系统不完善、技术支撑不足等问题。

低空空域管控能力尚显不足，难以应对日益增长和大量即时性的低空飞行活动需求；低空飞行指挥系统尚未实现全面覆盖和高效运行，导致指挥效率低下、决策失误等问题时有发生；低空空域管控指挥依赖于先进的技术手段，但当前技术支撑不足，难以满足低空空域高密度飞行、灵活多变飞行和多主体混合运行的发展需求。

对此，一是要加大对低空空域管控能力的投入力度，提升管控人员专业素养和技术水平，完善管控设施和手段，确保低空飞行活动的安全有序进行。二是推动低空飞行指挥系统的全面覆盖和高效运行，建立高效的指挥决策机制和信息共享平台，提高指挥效率和决策准确性。此外，必须依托先进技术手段，如人工智能、大数据等，提升低空空域管控指挥的智能化水平，实现精准控制、高效运行和全面监管。高密度飞行和机对机的管控机制要求转变低空空域的控制模式，发展全自动技术管控飞行；灵活多变的低空飞行特点要求高度智能化的航迹规划，实现"万点起飞、万点降落、智能航线、即呼即应"的调度模式；多元机主群体混合追踪飞行要求建立统一的管控系统，兼顾组织级用户与个人用户的飞行需求，在全域范围内保障安全有序飞行；高度差异化的飞行器要求精细化的空域管理和多层航线规划，以满足不同的飞行需要。

具体到实践层面，如何优化空域管理？国内已有成功经验可供借鉴。作为全国第一个全域低空空域管理改革试点拓展的省份，湖南大胆先行先试，低空空域管理体制领跑全国。湖南通过出台一系列指导性文件、规划编制低空管制区域和飞行通道、建设飞行服务站等措施，有效提升了低空空域管理能力和服务水平。2020年以来，湖南先后出台《湖南省低空空域划设方案》《湖南省低空空域协同运行办法》等指导性文件，规划编制低空管制区域140多个、低空飞行通道70多条，建设了长沙飞行服务站，具备完善的低空空域管理顶层设计。这些成功经验为我国其他地区在低空经济产业空域管理方面提供了有益借鉴。

六、安全监管存在漏洞

在各类低空飞行活动日渐频繁的同时，低空经济发展中的安全监管风险也日益累积，逐渐成为未来低空安全的重要风险点。低空经济发展引入低空要素，势必引起城市安全监管向上延伸，促使城市发展空地结合的立体化监管体系。

中国民航局的数据显示，截至2023年底，我国通用及小型运输航空公司航空器数量共计2 141架，实名登记的无人机126.7万架，持无人机操控员执照的19.44万人，民用无人机累计飞行2 311万小时。2023年我国低空经济规模已经超过5 000亿元，中国民航局预估，到2025年中国低空经济的市场规模预计将达到1.5万亿元，到2035年有望达到3.5万亿元。低空安全监管问题也已开始受到重视。一些低空载人和无人航空器已经配备高性能的导航、通信和感知设备，一定程度上提高了飞行安全性及可靠性。国家和政府也正逐步加强监管，对低空飞行活动进行实时监控调度以应对低空安全问题，可见低空飞行的安全监管现状有积极的一面，同时也存在不少挑战。

1.安全风险隐患有待关注

低空经济的安全风险隐患主要体现在国防和政治安全、空域和飞行安全以及公共和信息安全三个方面。

（1）国防和政治安全风险

在信息化战争条件下，低空领域成为情报侦察和目标打击的重要场景。低空飞行器由于具有相对低成本、易获得、可民用改军用、体积小、监测难等特点，适用于搜集情报、投放爆炸物等，也可能成为非法活动的实施工具，给国防安全带来隐患。同时，在重要大型活动如国际体育赛事、节日庆典等场合，无人机表演和低空摄影等低空经济活动如果出现不安全事件，很可能引发政治安全风险，破坏社会稳定。

（2）空域和飞行安全风险

低空经济隐患集中在空域安全和飞行安全方面。

在空域安全方面，低空飞行环境较高空更复杂，风筝、气球和鸟类活动等因素都可能给低空飞行器带来安全风险。尤其是在城市区域，地理信息特殊、电磁环境复杂，树木、建筑以及各种基础设施交织形成干扰源，对低空飞行器的安全防护提出了更高要求。此外，由无人航空器的自主组装、改装和空域禁限破解等现象引起的一系列违规飞行行为，进一步加剧了空域安全风险。

飞行安全风险主要体现在三个方面：一是飞行有不确定性，低空无人航空器的机械故障或程序漏洞可能引发飞行冲突和失控，威胁到其他飞行器、地面建筑乃至人员的安全；二是低空飞行器驾驶员操作不规范可能导致不安全事件发生，造成人员伤亡；三是低空气象环境变化，如低空风切变、雾霾、冰雹等天气条件，也会增大飞行安全风险。与路面发生的交通事故相比，低空飞行器事故往往会带来更加严重的伤亡及社会恐慌情绪。因此，伴随着低空飞行活动的增加，特别是无人机的广泛应用，如何确保飞行安全、减少事故发生，成为必须研究解决的问题。

（3）公共和信息安全风险

低空飞行器的失控可能对交通、电力、教育等公共基础设施和重点民生工程造成影响，扰乱经济发展和社会秩序，威胁公共安全。同时，无人机等低空飞行器在飞行过程中产生的数据，如飞行器身份信息、飞行轨迹、航拍图像等，会存在未经授权的访问、篡改或泄露等数据安全风险。此外，未经允许的空中监控可能侵犯个人或企业的隐私权，引发社会争议和法律纠纷。

2. 安全监管面临挑战

（1）低空安全监管体系有待完善

总体看，我国已初步建立起低空飞行服务保障体系，安全监管效能稳步提升。截至2023年底，我国成功建立起相对完善的低空飞行服务保障体系，国家信息管理系统、7个区域信息处理系统和32个飞行服务站已完成建设。特别是2024年1月上线的民用无人驾驶航空器综合管理平台进一步实现了低空飞行安全监管和服务的全覆盖。但与此同时，当前的安全监管体系仍存在诸多不足。一方面，部分监管领域存在空白或重叠，导致监管效率低下；另一方面，随着低空经济的快速发展，监管对象和监管任务量急剧增加，而监管能力却未能同步提升，暂不能与实际需求相适配。因此，需进一步完善低空安全监管体系，明确监管主体、监管对象，提高监管效能。

（2）低空安全监管任务需求巨大

现阶段，监管对象数量和监管任务量呈现爆炸式增长。数以万计的企业、百万级数量的航空器以高密度方式运行，给行业监管与服务带来了严峻挑战。现有监管手段难以应对如此庞大的监管对象群体，导致部分低空飞行活动缺少有效监管。例如，某地区曾发生一起无人机闯入机场净空区的事件，导致多架航班延误，给民航安全带来了严重威胁。这为我国空域安全监管领域敲响了警钟。因此，需提高监管水平和应急能力，及时发现并制止违法违规飞行行为，确保低空飞行活动的安全、有序、平稳进行。

3. 实施全周期的低空飞行器安全管理

针对现存的低空安全监管挑战，可以实施全周期的低空飞行器安全监管策略，提高安全监管效能。

（1）完善法律法规体系

首先，通过立法手段为低空经济提供明确的行为规范和行动指导。如《中华人民共和国民用航空法》和《无人驾驶航空器飞行管理暂行条例》等法律法规的出台和实施，对低空飞行器的适航审定、飞行限制和飞行员资质等方面提出了管理要求。其次，加强法律法规的普及和宣传，提高公众对低空经济的了解认识和安全意识。

（2）实施全周期、立体化的安全监管

在研发设计阶段，鼓励企业投入更多资金用于低空飞行器的安全监管技术研发，满足适航安全评定科目要求。比如在硬件上升级无人航空器的飞控芯片。在eVTOL载人航空器上研发配备BRS（整机弹射式降落伞）伞降系统等。在生产制造阶段，为低空飞行器制定专属铭牌，确保航空器的有效识别、追踪和管理。在销售阶段，加强对销售商的身份资质管理，在市场交易时要求登记、核实购买者的身份信息，实现产品来源和流向透明化，减少非法使用。在飞行操作阶段，面向驾驶员，严格培训标准、规范飞行操作，提升其飞行技能和安全意识；面向飞行过程，严格飞行申报制度和飞行计划，提高气象预报准确度，确保低空空域内的安全飞行；面向城市安全管理，打造"低空雪亮"的安全监管体系，整合地面"视频网"和低空"监视网"，持续构建多源感知、分级防空、空地协同的"立体防护网"，通过多源立体协同监视，解决"黑飞""乱飞"根源性处置问题，提升打防管控效能。

（3）加强低空数据信息安全和隐私保护

通过创新加密解密技术，严格保护低空飞行数据的安全。建立密钥管理和数据恢复机制，以防止数据被窃取或篡改。严格数据的访问授权管理，以防止未经授权的非法操作。在利用大数据分析等技术手段时，要注重对个人隐私信息的脱敏处理，降低隐私泄露风险。此外，要健全个人隐私保护投诉和举报机制，事后及时惩治侵犯隐私的违法行为。

（4）构建完善低空应急处理机制

建立预防和预警系统，预测潜在的低空飞行风险，采取相应的防范措施。加强跨部门、跨地区的协调合作，以确保在突发事件发生时能够迅速启动应急响应并调动各方资源采取有效措施。同时，做好事后调查分析和总结，优化预防措施，定期进行应急演练。

七、产业领域仍需拓展

多产业领域拓展是低空经济发展的重要表现。当前，低空经济产业融合程度较为不足，已进入领域的相关活动层次较浅，延伸产业链较短。

1. 产业融合程度不足，延伸产业链较短

作为一个新兴的综合性产业，低空经济要实现长足发展，需要多领域的深度融合与产业链的有效延伸。当前低空经济应用场景有限，产业融合层次浅。尽管低空经济在旅游、物流、巡检、救援等多个领域已有初步应用，但这些应用场景的开发尚显零散，缺乏系统性规划和深度整合。应用场景的单一性和融合层次的浅表性，限制了低空经济潜力的充分发挥。例如，低空旅游虽已初具规模，但受限于高消费、高风险等问题，难以形成广泛的市场影响力。

低空经济的产业链涉及航空装备制造业、通航产业运营、服务与应用等多个环节，但目前这些环节之间的衔接不够紧密，产业链延伸

较短，导致低空经济在产品开发、市场拓展和价值创造等方面受到限制，难以形成强大的市场竞争力。

2. 全产业链布局不完善，多环节存在短板弱项

低空经济在新产业领域的深入拓展将面临企业技术创新、业务能力建设与人才培养等多方面的挑战，实现全局层面的有效协同较为困难。

目前，制造、飞行、保障和服务等多环节存在不同程度的短板弱项。一是航空器研发生产制造能力有待提升，我国通用航空器整机、发动机国产化率较低，主控芯片、核心传感器等零部件及碳纤维机体材料研制存在不足；无人机产业虽然具有全球领先优势，但高性能芯片等核心元器件自主能力较弱；eVTOL整机制造处于起步阶段，低空经济产业缺乏自主产业链保障，在安全性方面存在较大隐忧。二是科技企业、高等院校、科研机构等低空经济创新主体协同力度不够，研发人才、飞行人才、管理人才等多层次专业化人才队伍相对薄弱，多元业态低空经济产业园区尚未建立。

以长三角为例，探索区域内产业链和创新链的深度融合。近年来，随着低空经济产业规模的快速增长，长三角地区低空经济的集聚效应越发显著。一批产业园、基地等相继落地开工，推动了区域内低空经济的快速发展。长三角的低空经济产业链条长且附加值高。上游包括关键原材料及核心零部件研发，中游涵盖低空产品设计制造和地面系统，下游应用则包括城市交通、文旅、物流配送和应急管理等多个领域。丰富的科创资源和产业链配套，为长三角地区带来了产业链和供应链的协同优势。在江苏镇江，一家纤维材料企业生产的高性能碳纤维产品在通用飞机、大型无人机等领域广泛应用，为低空经济的规模化生产提供了高质量的原材料和低成本的解决方案。另外有一家软包动力电池龙头企业，致力于与航空器科创企业共同探索低空飞行

的电动化，帮助企业快速完成产品研发。在完整的产业链条支持下，长三角在 eVTOL 产业方面独具优势。当地 eVTOL 公司在地区内便可购置机载电子系统、复合材料、螺旋桨、动力电池等大部分零部件，这使得企业能专注于整机的研发，不断突破 eVTOL 的技术和性能，占据低空经济高地。目前，低空经济正成为推动长三角一体化发展的重要力量。

3.地方尚未形成低空产业链生态系统

第一，产业体系系统谋划不足。地方在推动低空经济发展时，往往缺乏系统性的规划和布局，导致产业体系不够完善，产业上中下游的整体协调性还有待加强。发展过程中容易出现资源浪费、重复建设等问题，影响了产业的健康发展。第二，省市主管部门协调协同不够。低空经济涉及多个省市和部门，需要形成统一的管理和协调机制。然而，当前大多地方尚未形成低空产业规模，本地基础条件受限，缺乏具备生态整合能力的龙头企业，产业整合能力不强，尚未形成产业链生态系统；大部分地区之间尚未形成产业集群，省市主管部门在低空经济管理上缺乏协调协同，导致政策执行不一致、资源分配不均等问题。第三，产业差异化和特色化发展不足。低空经济在不同城市的发展重点具有差异性，探索适合自身的低空应用场景至关重要。如果产业区域同质化，将难以形成具有竞争力的产业特色，地区间的同质化竞争还可能限制产业的创新升级。因此，各地应根据各自的产业基础、区位优势和政策导向，形成具有特色的低空经济发展路径。

八、开放合作程度不足

与民航业这一相对独立的体系相比，低空经济是一个全新开放、各行业广泛应用的经济体系，如何借鉴国外现有先进经验，提升我国低空经济国际竞争力，如何与多个部委、地方政府形成合力，支持好地方发展低空经济，是低空经济产业发展面临的新挑战。

1. 国内：形成地区协同合力

低空经济在国内的发展呈现出显著的地区差异。长三角、粤港澳大湾区等经济较为发达的地区凭借优越的地理位置、完善的基础设施和先进的科技水平，在低空经济领域取得了显著成效。然而，对于中西部及偏远地区而言，由于经济基础薄弱、技术条件落后，低空经济发展相对滞后。地区间的不均衡发展不仅限制了低空经济整体规模的扩大，也增加了形成地区协同合力的难度。同时，目前国内尚未建立起完善的地区间交流合作机制，可能导致信息闭塞、资源分散、重复建设等问题的发生。此外，由于低空经济涉及多个部门和领域，如何协调各方利益、形成政策合力，也是当前面临的一大挑战。

不同地区、不同企业优势各异，如果能促进各地低空经济领域企业的有效协同合作，将有利于构建开放合作的低空经济创新生态体系。不同领域和环节的低空经济企业通过分工合作、交流互动或是龙头带动、良性竞争，将加速低空经济产业链上下游协同创新，为低空经济高质量发展增添动力。对于地理位置和经济发展水平相近的城市或地区，若具备较好的低空经济产业基础与成长空间，那么可以共享发展资源，发展低空产业链条，共同打造低空产业集聚区和低空经济产业园。

低空经济的发展需要各地区之间的紧密交流与合作。因此，要建立健全地区间交流与合作机制，促进信息共享、资源互补和协同发展；鼓励发达地区与落后地区开展结对帮扶活动，实现共同发展。

2. 国际：加强国际交流合作

（1）"引进来"，提高低空市场吸引力

尽管我国低空经济市场潜力巨大，但由于起步较晚、技术水平相对有限，导致国际市场对我国低空经济的认知度和信任度总体不高。优质项目和国际资本更倾向于选择发达国家和地区进行投资，而我国低空市场比较窄小，还需进一步拓宽市场，增强市场吸引力，吸收引进优质低空项目，为我国低空经济发展注入新动能。同时，我国低空经济产业在高水平对外合作中，缺乏统一、完善的规则与标准体系，增加了国际合作的难度和成本。因此，要加强与国际组织的合作，引进先进技术和项目，提升我国低空经济的创新能力；优化外资引进政策，吸引国际知名企业和机构来华投资合作。

（2）"走出去"，平衡发展与安全利益

在推动低空经济"走出去"的过程中，如何平衡国家安全和利益是一个必须面对的问题。低空经济涉及国防安全、公共安全等多个方面，如何在保障国家安全和利益的前提下，积极参与国际竞争与合作，是当前亟待解决的问题。当前国际形势波谲云诡，贸易保护主义抬头、地缘政治冲突频发等因素给低空经济的国际合作带来了诸多不确定性和风险。如何在复杂多变的国际环境中提升产业竞争力，"打开国门"寻求合作机遇，是我国低空经济"走出去"面临的一项重要挑战。另外，发展低空经济也需要关注各国相关发展动态，加强国际交流合作，走出国门看到各国低空经济产业的发展进程，借鉴先进经验，补齐自身短板。当下，全球无人机交通管理已经进入双向数据服务与智能冲突化解阶段，目前，我国无人机交通管理仍然满足于自身是全球最大的运行数据库，未能及时关注国际上广泛开展的无人驾驶交通管理技术研发、大规模测试验证的进展。因此，有必要完善低空经济产业对外合作的规则与标准体系，在保障国家安全和利益的前提下，加强与国际组织、行业协会及跨国企业的交流合作，拓宽国际合作渠道，这将为我国低空经济产业的发展提供更多机会。

第七章

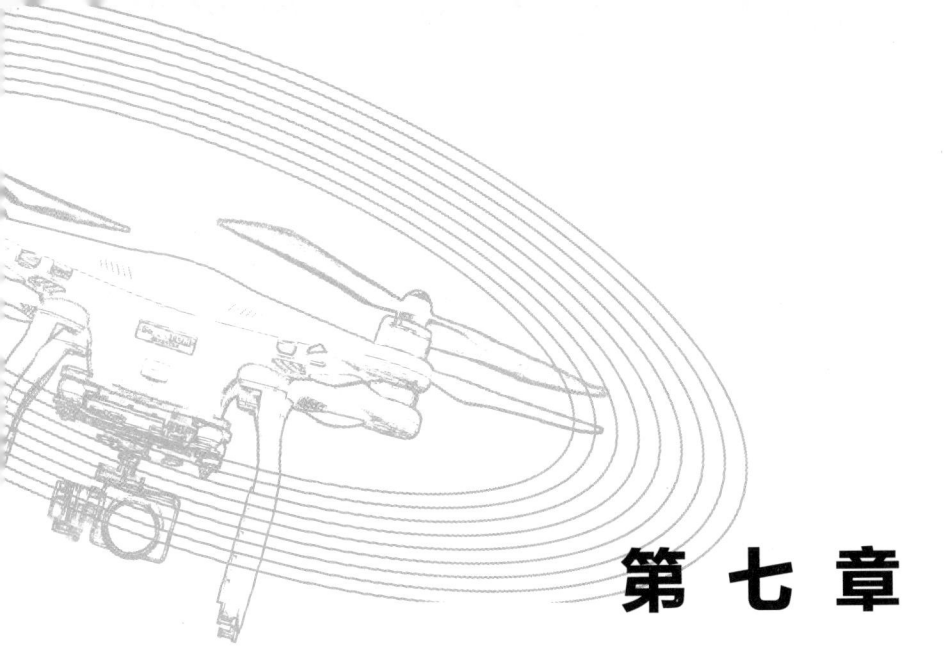

探索低空经济的无限可能

低空经济的未来之路

当前，全球低空经济处于发展阶段，技术逐渐成熟，产品逐渐多元化，2021年至今，低空经济开始扩大普及范围，市场与商业模式逐渐成熟。未来，世界主要经济体还将持续关注这一经济发展新引擎，采取更多措施以促进低空经济产业发展，主要完善的方向包括加大政策支持力度、完善低空经济法律体系、加快技术创新、完善低空经济产业链等。

一、主要国家和地区低空经济市场发展方向预测

1. 美国

无人机商业化运营。在低空经济领域，美国具有雄厚的资金储备和通用航空发展先发优势，已经率先在通用航空领域取得全球领先地位。根据美国联邦航空管理局的预测，无人机产业会成为美国航空产业的未来，并且随着消费级无人机市场的扩大，商用无人机将成为美国无人机产业发展的主线。美国空军的"敏捷至上"（Agility Prime）项目正积极推进 eVTOL 飞行器的发展，目标是实现初步的商业运营。该项目不仅旨在推动军事物流任务，还希望通过与私营企业合作，加速 UAM 技术的成熟和商业化。美国商用无人机的监管和法律框架也逐渐完善，例如逐渐开放的豁免，2024年8月 Cyberhawk 公司获得美国联邦航空管理局颁发的全美范围内超视距飞行（BVLOS）运行豁免，允许该公司在不需要视觉观察者的情况下操作无人机。这项豁

免能够扩大该公司在美国各地开展基于无人机的检查、调查服务和视觉数据管理方面的业务。未来，美国商用无人机将有更加广阔的发展空间。

以空中出租车为代表的无人机商业应用领域拓展。美国基础设施发达，是世界上最早采用飞行出租车的地区，并且交通拥堵问题长期以来困扰着美国社会，空中出租车有望解决美国的交通难题。此外，全球飞行出租车市场的许多公司在该地区占有重要地位，也推动了市场的增长。空中出租车公司 Archer 发布空中交通网络计划。该网络将连接旧金山湾区的五个战略地点——南旧金山、纳帕、圣何塞、奥克兰和利弗莫尔。同时，Archer 宣布与大型房地产商吉劳埃地产达成合作，将位于南旧金山海滨园区的牡蛎项目（Kilroy Oyster Point）确定为旧金山湾区 UAM 网络的关键枢纽。预计通过 Archer 的网络前往湾区周边城市，可将原本 1~2 小时的车程缩短为 10~20 分钟的飞行时间。2024 年 8 月，Archer 宣布计划推出洛杉矶空中交通网络，目标是让乘客通过乘坐其 Midnight 飞机飞行 10~20 分钟即可到达目的地。未来，空中出租车有望成为美国低空经济发展的重要增长点。

空中出租车除了能解决交通问题，还能为应急服务和文化旅游等项目添砖加瓦。空中出租车的运输效率高，未来能够在应急救援、医疗等方面发挥更大的作用。在飞行旅游方面，空中出租车也有着巨大的潜力。

无人机军事化。2023 年 9 月，美国国防部提出"复制者"计划，这一计划的推出标志着美军开始运用政策行政手段推动低成本、可消耗且智能化的无人平台大规模部署应用。通过这样的举措，美军期望在未来与势均力敌的对手发生军事冲突时能够占据优势。在美国国防部接受 Midnight 的军用适航评估之后，2024 年 8 月 Archer 宣布，向美国空军交付第 1 架 Midnight 飞机，这表明 Midnight 已准备好接受军方的进一步试飞，以验证其作战和执行军事特定任务的能力。

从全球低空经济区域发展格局来看，美国因为通用航空发展的领先奠定了其低空经济的先发优势。相较之下，我国在无人机领域拥有与美国一较上下、比拼手腕的可能性。

2. 日本

城市空中交通。日本正在积极推进城市空中交通的开发。日本政府和企业已经在开发 eVTOL 飞行器，目标是在 2030 年之前实现商业化。2024 年天空驾驶公司与九州铁路公司达成合作，合作探索在火车站周边建设垂直起降机场，以实现 eVTOL 空铁联运。此前，该公司与日本东急株式会社、泰国萨哈集团达成合作，共同拓展 eVTOL 飞行器在芭堤雅、普吉岛等地的应用场景，后续计划将以合作业务模式在日本国内推广。未来，空中出租车和短途空中运输可能成为城市交通拥堵的解决方案之一，特别是在东京和大阪等大城市。这将极大推动低空经济的发展。

加快技术创新。未来日本要实现城市空中交通，拓展无人机应用领域，发展低空经济等目标，必须解决当前无人机面临的技术难题。2024 年 7 月，日本伊藤忠商事株式会社宣布投资氢能发动机制造商 ZeroAvia。此外，ZeroAvia 还授权伊藤忠商事株式会社为其亚洲地区销售代表，双方还将在亚洲地区的维护、机场基础设施和氢基础设施等多个领域展开合作。2024 年 8 月，日本川崎汽车和法国混动飞机开发商 VoltAero 开展了合作，将测试和认证汽油活塞发动机和液氢燃料发动机。川崎将开发几种不同尺寸的大功率增压汽油发动机，并计划 2030 年取得认证。新发动机的重量与涡轴发动机相同，但油耗可减少 50%。液氢燃料发动机计划 2035 年取得认证，最大输出功率可达 1 MW（兆瓦）。VoltAero 将把汽油发动机和氢燃料发动机集成到混合电动飞机 Cassio 上。Cassio 330 为 5 座无增压且带固定起落架的混合电动飞机。首架机预计 2027 年取得认证并投入使用。随后，其改进型将可最多容纳 12 名乘客，并采用增压设计。

3. 德国

德国作为工业 4.0 的先驱，在无人机领域的发展也处在世界前列。目前德国无人机在工业及物流方面取得了一系列成果。在工业方面，实现了无人机设备的制造、工业检测与维护、应急救援等领域的发展。在低空物流方面，快递公司 DHL 的无人机物流项目和城市空中交通项目帮助德国取得了重大突破，在技术领域逐渐发展成熟，商业应用也不断拓展。

加快城市空中交通项目发展。德国 Lilium 公司计划在美国建立空中出租车组装基地，目标是在 2029 年初建成并投入运营。Lilium 计划于 2025 年完成工厂建设，预计将投资 2.5 亿~3 亿欧元（约合 19.68 亿~23.62 亿元人民币）用于装配线建设和提高产量。该公司首席执行官表示，让装配线投入运营"肯定需要资金支持"。Lilium 还在与德国和法国政府商谈通过贷款筹集资金，将用于 Lilium 在法国的发展，并扩大其工业足迹。德国 Lilium 公司宣布与法国机场运营商 Groupe ADP 达成合作，将在欧洲、中东和亚洲合作开发 Lilium Jet 配套基础设施。Groupe ADP 与其两个主要合作伙伴 TAV Airports 和 GMR Airports 在全球建设运营了 23 个机场，通过与 Lilium 公司合作，使其垂直起降机场可供该公司的客户使用。此外，Lilium、先进空中交通企业 Skyports 和管理米兰机场的 SEA 公司达成合作，计划于 2027 年在意大利北部开展区域空中交通运营。

拓展应急救援、医疗等更多应用领域。德国初创公司 ERC-System 推出专为紧急医疗飞行研发设计的 eVTOL 飞行器 Charlie，有效载荷达 450 千克。ERC-System 表示，这足以搭载飞行员、医生、病人，以及医疗设备。该飞行器预计航程为 190 千米，飞行时速可达 180 千米，计划在 2029 年完成各项认证并投入使用。目前，该项目得到了德国空中救援队（欧洲最大的空中救援服务机构之一）支持，并与有关医院、地区服务机构开展合作评估。据该公司测算，到2035年，欧洲需要超过3 000架医疗eVTOL飞行器用于运输患者到医院。

未来，德国将会进一步加快技术创新的步伐，不断完善相关政策，推动低空经济应用场景从工业和物流领域向更多领域延伸。

4. 英国

目前，英国的低空经济在物流、监测和医疗领域取得了较为突出的成就。例如，利用无人机对伦敦市内的主要桥梁进行定期检查，开发无人机系统用于紧急医疗物资运输等。

提高无人机技术水平，拓展物流、医疗等应用场景。丰翼无人机PW.Orca参加英国范堡罗国际航空航天展览会，并进行现场飞行演示。据悉，PW.Orca是第一架获得英国民航局批准并在范堡罗国际航空展上飞行的物流无人机，也是此次航展上唯一进行飞行演示的物流无人机。PW.Orca还将助力运营合作方Skyfarer与英国国家医疗服务体系共同进行全球首个放射性药物运输试验。未来，PW.Orca将在国内应用于海岛、港口、海上钻井平台等离岸物流场景。在应用测试方面，英国民航局宣布，已选定6个项目，以测试无人机在送货、基础设施检查和应急服务中的应用。当前，英国的无人机用户只能在有严格限制的试验中进行超视距飞行。而作为测试的一部分，被选中的项目将能够利用先进的导航、控制和探测其他飞行器的技术，在无人机操作员的目视距离外操控无人机飞行。参与测试的项目包括亚马逊的无人机送货服务、检查海上风电场、运送医疗用品。

完善低空基础设施建设。英国首个永久性垂直起降机场在斯诺登尼亚航空航天中心开放，用于eVTOL和无人机测试。该垂直起降机场的建设是一种先进的着陆解决方案，它是高度自动化的，可以在任何位置提供集成的飞行管理。它采用先进的传感器技术，并利用该技术动态引导其空域内的无人机安全着陆,而无须飞行员。该系统可以临时部署,也可以作为永久安装部署,具备较强的灵活适应性和可扩展性。英国民航局在范堡罗国际航空航天展览会期间发布《空域现代化战略,第三部分:部署计划》。英国民航局计划通过对航空基础设施的投资实现空域的现代化。此次发布的第三阶段计划将太空发射、无人机和垂直起降飞机等"新空域用户"整合到现有的生态系统中,意在满足所有空域用户的服务需求。英国民航局还在开展技术和基础设施部署研究,使所有飞机都能相互探测和避开。

加强国防建设。据英媒报道,一种可以通过破坏无人机电子设备的方式同时击落多架无人机的廉价武器最早可能于2025年上市。泰雷兹公司英国分公司负责人介绍,这种新型射频定向能武器正在英国军方进行实地测试,应该"很快"就能投入使用。该系统使用一次的成本仅为10便士,最大射程可达1 000米,它将成为比传统导弹防空系统更便宜的替代品,后者的成本通常超过数十万美元。这种武器可以安装在军车上,并利用移动电源产生射频或脉冲来干扰移动目标的电子设备。

展望未来,英国低空经济在物流、医疗运输和国防等领域的发展前景广阔。随着技术的不断进步和政策环境的持续优化,低空经济将成为推动英国经济社会发展的新引擎。

二、未来全球低空市场发展趋势

1. 庞大的市场规模

随着全球低空经济的持续发展,市场规模将进一步扩大。无人机市场在近3年呈现喷薄式发展劲头,无人机投资规模由2013年的1.21亿美元增长至2022年的48.06亿美元。罗兰·贝格研究机构预测,到2050年,全球低空经济市场规模将超过60万亿元人民币。随着无人机、空中出租车等新兴技术的普及，商业应用场景将更加广泛，从物流、交通到农业、监测等多个领域的需求将大幅增长。各国政府和企业的持续投入，以及技术进步和基础设施的完善，将推动低空经济市场不断壮大。

无人机市场和eVTOL市场将成为全球低空经济市场增长的主要引擎。这主要得益于无人机在物流、农业、监测、基础设施检查等领域的广泛应用。尤其是在物流领域，无人机配送服务将极大地改变传统的物流模式，实现更高效、更灵活的货物运输。随着政策环境的优化和技术的不断成熟，消费级和商用无人机的市场需求将继续快速增长。

eVTOL市场的潜力同样巨大。eVTOL作为未来城市空中交通的重要组成部分，将在解决大城市交通拥堵问题、缩短通勤时间方面发挥关键作用。各大航空和科技公司已投入大量资源开发eVTOL技术，并开展了多次试飞和商业化探索。随着技术的进一步发展和基础设施的逐步完善，eVTOL有望在未来10年内实现大规模商业化，成为城市交通的革新力量。

整体来看，无人机和eVTOL市场的发展潜力不容小觑。两者不仅将在全球低空经济市场中占据重要地位，还将引领低空经济的未来发展方向，推动整个市场规模的持续扩大。

2. 激烈的市场竞争

低空经济的快速发展将促使全球范围内的市场竞争进一步加剧。在这一领域，各国在政策支持、技术创新、市场布局等方面的竞争将日益白热化。美国、日本、巴西等通用航空业发达的国家，依托其雄厚的航空工业基础和先进的技术，通过国家引导协调、适航创新跟进、军民结合相促、试点运行等方式，积极推动城市空中交通和先进空中交通的发展。这些国家通过制定战略规划、出台扶持政策、建设试点城市等举措，努力在全球低空经济市场中占据主导地位。

在这一过程中，美国作为全球航空业的领军者，凭借其强大的科技研发能力和完善的产业链，正在加速推动无人机和 eVTOL 的商业化应用。美国联邦航空管理局已经为无人机和 eVTOL 的商业运营制定了一系列法规和标准，为其大规模应用铺平了道路。同时，美国军方也在积极推动军民融合，通过军事采购和技术转移，进一步加快无人机和 eVTOL 技术的成熟与应用。

与此同时，欧美国家的传统航空巨头和初创企业也在积极布局 eVTOL 的研发和制造。波音、空客等传统航空巨头，凭借其在航空制造领域的深厚积淀和全球市场网络，正在全力开发下一代 eVTOL 平台。空客的 CityAirbus NextGen 和波音的 PAV（空中交通工具）项目，均瞄准了未来城市空中交通市场的巨大潜力。此外，Joby Aviation、Lilium、Archer 等新兴企业凭借技术创新和灵活的市场策略迅速崛起，成为 eVTOL 领域的重要力量。这些公司不仅在技术上不断突破，还通过战略合作、资本运作等方式，积极布局全球市场。

各国普遍认为，2025 年将是 eVTOL 和城市空中交通商业化应用的关键节点。日本计划在大阪世博会期间，率先启用 eVTOL 的商业运营，以展示其在低空经济领域的技术实力和市场潜力，希望通过在大阪世博会期间推广 eVTOL 应用，进一步推动其先进空中交通体系的建设。

低空经济激烈的市场竞争不仅体现在技术和产品的较量上，还反映在政策制定和市场推广的速度上。谁能在技术标准制定、市场准入、产业链整合等方面率先突破，谁就能在全球低空经济市场中抢占先机。因此，未来几年，各国和企业将在低空经济市场展开更为激烈的角逐，这将直接影响到全球低空经济的发展格局。

三、中国的低空经济市场洞察

1. 万亿级潜在市场规模

展望未来，中国低空经济的市场规模具有万亿级的发展潜力。当前，中国低空经济企业的数量快速增长，通用航空市场持续扩大，通用航空器数量也保持着上升趋势。截至 2024 年 3 月底，中国实际运营的通用航空器数量达到 3 173 架，并继续呈上升态势。与此相对应，低空经济相关企业的数量超过 6.9 万家，显示出行业的强劲发展动能。

无人机产业在中国低空经济中占据领先优势，尤其是在警用航空领域。中国公安系统目前拥有近百架警用直升机和超过 1 万架警用无人机，无人机操控员数量接近万人。除此之外，低空经济的产业类型主要集中在航空器制造领域，产业营收不断扩大，这为未来市场的进一步扩展打下了坚实基础。

根据赛迪研究院发布的《中国低空经济发展研究报告（2024）》，2023 年，中国低空经济规模达到 5 059.5 亿元，增速高达 33.8%，低空飞行器制造和低空运营服务对市场规模的贡献最大，接近 55%，而围绕供应链、生产服务、消费、交通等经济活动的间接贡献接近 40%。此外，低空基础设施和飞行保障的发展潜力尚未充分显现。综合各种因素，乐观估计，到 2026 年，中国低空经济规模有望突破万亿元，达到 10 644.6 亿元。

（1）通用航空市场规模

从纵向来看，中国的通用航空市场近年来呈现出持续稳步增长的态势。从 2018 年到 2022 年，中国在册的通用航空器数量从 2 945 架增长到 3 186 架，预计到 2024 年将进一步增长至 3 394 架。这一增长反映了中国对通用航空器的需求日益旺盛，涵盖了私人飞行、农业喷洒、应急救援、基础设施监测等多个应用领域。此外，通用航空飞行时长也在不断增加，从 2018 年的 83.8 万小时增加至 2022 年的 121.9

万小时，航空器的使用频率和效率显著提升。随着低空空域管理改革的推进和市场需求的增加，未来通用航空市场规模有望继续扩大。

从横向来看，中国的通用航空市场在子领域仍存在一定的发展差距。例如，通用航空机场的类型结构尚不均衡，B类机场（限制公共使用）占比超过60%，而允许公众进入的公共通用机场数量仍较少。此外，机场飞行场地主要集中于传统的跑道式，虽然直升型飞行场地的比例有所增加，但水上跑道和混合跑道等新型场地仍然处于开发的初期阶段。在通用航空器的类型上，虽然传统的涡桨和活塞固定翼航空器仍占据主导地位，但直升机、公务机等特定类型的航空器也正在逐步获得市场认可。未来，随着通用航空市场的进一步成熟和多样化发展，中国有望在通用航空的子领域进一步缩小差距。

（2）民用无人机市场

从纵向来看，国内民用无人机市场整体呈高速增长态势，消费级无人机和工业级无人机交错发展。民用无人机市场规模从2015年的155亿元跃升至2023年的1 649.8亿元，预计2024年将突破2 070.6亿元。消费级无人机在市场初期（2015—2018年）迅速增长，但随着市场的饱和和监管政策的完善，增长速度开始放缓，2023年市场规模达到516.1亿元。而工业级无人机市场由于其广泛的应用领域，如农业植保、测绘、安防和电力巡检等，市场规模从30.03亿元快速增长至1 133.7亿元，并在2021年超越消费级无人机，成为主导力量。这一发展趋势显示出工业级无人机将在未来继续引领市场增长。

从横向来看，中国无人机行业的市场需求呈现出高度多样化的特征。地理测绘、农业种植、城市管理、安防监控等领域成为无人机应用的主要市场。同时，随着无人机技术的不断升级，新型应用场景如无人机物流配送、空中数据采集与处理等也逐渐兴起，为市场注入新的增长动力。此外，随着中国在无人机领域的全球影响力不断提升，国内外市场的互动和整合将进一步加速。尽管当前紧张的国际局势不可避免会对无人机市场的发展产生影响,但中国的无人机行业在应对挑战方面表现出了强大的适应能力,未来将继续在全球市场中占据重要地位。

(3) eVTOL 市场

eVTOL 市场是未来低空经济最具潜力的细分市场之一。全球 eVTOL 市场规模预计将从 2025 年的 797 亿元增长至 2030 年的 4 055 亿元,年复合增长率高达 50%。这种快速增长得益于 eVTOL 在城市空中交通中的广泛应用前景,尤其是在中国,eVTOL 被视为解决城市交通拥堵和减少碳排放的重要技术。中国计划在未来几年内大规模推广 eVTOL,特别是在 2025 年前后,计划在关键城市进行商业化试点运营。

中国将成为全球最大的 eVTOL 市场之一,预计到 2040 年将占全球市场份额的 20%~25%。中国的 eVTOL 市场不仅仅局限于城市空中交通,还将在物流配送、应急救援、观光旅游等多个领域发挥重要作用。与传统航空市场相比,eVTOL 市场的参与者更加多元化,不仅包括传统航空巨头,还吸引了大量科技公司和初创企业。这些公司正在通过技术创新、市场推广和政策合作,加速 eVTOL 的研发和应用。中国的庞大人口基数、快速城市化进程以及对智能交通的巨大需求,构成了 eVTOL 市场发展的强大推动力。此外,中国政府对低空经济的政策支持和基础设施建设的推进,将进一步推动 eVTOL 市场快速成长。未来,随着市场成熟和技术完善,eVTOL 有望在中国各大城市实现大规模商用,成为低空经济的重要组成部分。

2. 激烈的市场竞争和瞬息万变的市场格局

(1) 激烈的市场竞争

中国的通用航空市场已经形成了以国有大型企业集团为主导的格局,主要企业包括航空工业、航发动力与中直股份等。这些企业占据了市场的绝大部分份额,尤其是中航科工和中航西飞两家公司,在通用航空收入方面分别达到了 249.24 亿元和 328.21 亿元,合计市场份额超过30%。然而，随着低空经济的快速发展和政策的扶持，越来越多的新兴企业进入市场，这使得竞争格局逐渐趋于多元化。小企业占据了45%的市场份额，意味着新势力的崛起正在加剧市场竞争。这种竞争有助于推动通用航空技术的进步，并提高中国企业在全球市场上的竞争力。未来，通用航空领域的市场竞争将继续加剧，大企业和新兴势力之间的博弈将越发激烈，技术创新和市场份额的争夺将成为竞争的核心。

无人机市场尤其是工业级无人机市场，当前处于快速发展阶段，并展现出巨大的潜力。以大疆创新为龙头企业，纵横股份、亿航智能、航天彩虹、中航无人机等公司正在积极争夺市场份额。尽管大疆创新在消费级无人机领域已占据领先地位，但在工业级无人机市场，企业的规模普遍较小，行业尚处于发展初期。随着无人机在农林植保、巡检、测绘、安防和物流等领域的应用不断深入，市场竞争也将越发激烈。各企业在不同细分领域形成了多头竞争的局面。例如，测绘领域由纵横股份、大疆创新、华测导航、飞马机器人等公司主导，而在巡检和安防领域，则分别由科比特、易瓦特、观典防务等企业占据重要位置。随着新技术的不断涌现和下游应用市场的拓展，未来无人机市场的竞争将愈加白热化。

（2）瞬息万变的市场格局

目前，中国的通用航空市场结构总体呈现出垄断竞争的特点。虽然大企业占据了较大的市场份额，但新兴企业的不断涌现也在逐步改变这一格局。随着低空空域逐步开放和技术的不断进步，小企业和新兴企业将在细分市场中扮演越来越重要的角色。这种多元化的市场结构将有利于推动通用航空领域的创新和发展，并可能导致市场份额的进一步分散。未来，通用航空市场的结构可能会朝着更加均衡和多元的方向发展，大企业与小企业之间的合作与竞争将成为常态。

无人机市场方面，工业级无人机市场的市场份额较为分散，各个细分领域均有不同的企业领跑。随着无人机应用场景的拓展和技术的进步，各企业将更加注重多元化发展，以便在多个细分市场中占据一席之地。未来，随着市场的进一步成熟，行业内可能会出现整合与并购的浪潮，企业通过技术和资源的整合来增强竞争力，形成更加集中化但仍具多样性的市场结构。

随着低空经济的持续发展，市场格局将逐步转向更加开放和多元化的状态。在通用航空和无人机市场中，传统大企业将继续通过技术创新和市场扩展保持领先地位，而新兴企业则将在细分市场中崭露头角，形成多元化的竞争局面。未来，随着技术的进步、政策的完善以及市场需求的增加，低空经济市场的竞争将更加激烈，同时也将催生更加复杂和多样化的市场结构。这一发展趋势将推动中国低空经济在全球范围内的竞争力提升，并有助于中国企业在国际市场中占据更重要的地位。

3. 多样化的应用场景

随着低空经济的快速发展，未来将有更多领域应用低空产品，为产业提质增效。除了在一些常见的领域，如物流、工业、农业、文旅等，低空经济还将在更广阔的领域实现"跨界融合"。

（1）公共部门＋低空经济

低空经济助力警务执法新模式。武隆区是重庆市首批低空经济先行试验区，武隆公安聚焦实战实用导向，积极寻求科技赋能，创新"无人机＋N"警务模式，打造智慧巡控体系。公安团队可以利用无人机发现更多潜在的安全隐患，无人机巡逻不仅可以迅速捕捉到地面的异常情况，为民警提供即时信息反馈，执行协同出警、救援等任务，还可以在空中进行秩序维护，引导人流前行方向，在维护社会治安和保障公共安全方面发挥了不可或缺的作用。通过科技与警务的深度融合，武隆公安大大提高了自身的执法效能。

低空经济纾解医疗困境——新型医疗与紧急服务。低空经济与医疗行业的结合使得消费者能够获得更快速的医疗服务，尤其是在偏远或交通不便的地区。无人机可以用于运送急需的药品、血液、疫苗等，提高了应急医疗物资的配送效率。"低空经济+医疗"当前是一个小众赛道，A股上市公司艾隆科技是这个细分赛道的先行者和小巨人。在航空医疗领域，艾隆科技将产学研结合，成功验证应用场景，具备先发优势。艾隆科技与北京航空航天大学一支博导团队合作打造航空医疗研究院，为各级医疗服务机构提供医疗物资智能化运输解决方案。而数字化无人机医用物资配送服务是医谷研究院联合滁州中心血站共同研发的智慧血液服务科研项目。该项目主要利用无人机进行血液样本或其他医疗物资的快速配送，相比传统地面交通，无人机运输更快更精确，尤其在距离较远的医院，可以节省一半以上的时间，显著缩短急救用血运送的等候时长。"低空经济+医疗"能够极大地提高医疗运输的效率，在与死神的争分夺秒中抢占先机，具有十分广阔的需求市场，未来随着低空技术的进一步成熟，或将成为医疗领域的一片蓝海。

低空经济助推人才培养质量新高度。缺乏学习兴趣与激情是制约青少年成才的一个不容忽视的因素，也是有一定解决难度的问题。航空对于青少年来说极具神秘色彩，能够勾起他们的好奇心，有望成为青少年培养兴趣的新手段。低空经济的发展为青少年提供了许多激发兴趣和培养技能的机会，特别是在科技、工程、创新等领域。通过与低空经济相关的活动和项目的展开，青少年可以在实践中学习，提升创造力和解决问题的能力。同时，无人机的自主飞行功能需要编程支持，这也能够培养他们的编程能力和逻辑思维。此外，低空经济涉及多学科领域，包括物理、数学、工程、计算机科学等。通过实操无人机或其他低空设备，青少年能够将理论知识与实际操作结合，进一步提高对STEM（科学、技术、工程、数学）的兴趣。低空经济为青少年提供了一个结合科技、实践与创新的平台，帮助他们在早期就培养多样化的兴趣爱好和技能。这不仅为他们未来的职业发展铺平了道路，还增强了他们对技术和社会责任的理解。

（2）消费者+低空经济

低空经济解锁休闲体育新方式——"运动不重样"。在2024年"十一"国庆期间，南京创新了一系列体育消费新场景。领航科技飞行体验中心、爱飞客航空科普基地、华飞户外航空飞行营地、南京天润航空户外飞行体验俱乐部（小型飞机）等航空运动体验场所，为市民提供了前所未有的高空飞行体验。这些新兴业态不仅丰富了体育消费的内涵，更促进了假日经济的多元化发展，让"运动不重样"成为这个假期最响亮的口号，引领了一场体育消费的新潮流。领航科技飞行体验中心的无人机飞行课程，能够使学员全面了解无人机的构造、飞行原理和操作技巧。另外，中心还设有各类科学益智实验课程，为学员探索蓝天、追逐飞行梦播下种子。"十一"国庆期间，这里成了亲子家庭、运动爱好者争相打卡的热门之地。

低空经济引领摄影新潮流。在无人机技术普及的背景下，低空摄影成为摄影爱好者新的心头好。这种摄影方式主要通过无人机、滑翔机或其他轻型航空器在低空飞行时进行拍摄，通常高度不超过150米。低空摄影能够捕捉到独特的视角，介于地面和传统高空摄影之间，展现出细节丰富、构图新颖的画面。目前低空摄影广泛应用于各种场景，例如风景摄影、城市建筑、户外活动以及商业广告拍摄等。相较于传统的摄影方式，低空摄影具有更大的灵活性，能够拓展摄影视角，从而捕捉到更多的珍贵画面。随着无人机技术的不断发展，以及图像稳定性、续航时间、飞行控制等技术的改进，低空摄影的创作潜力越来越大，会吸引越来越多的摄影师和内容创作者加入。低空摄影的用途广泛而深远，它可以广泛应用于测绘地图、地质勘察、水文分析、矿藏和森林资源调查等领域，为这些领域提供精准的数据支持。同时，在农业产量评估、大型厂矿和城镇规划，以及铁路、公路、高压输电线路和输油管线的勘察选线等方面，低空数字航空摄影也发挥着不可或缺的作用。此外，它还可用于航空侦察、新闻报道以及电影、电视剧的拍摄，为我们提供全新的视觉体验。

低空经济领航服务更快更准——即时物流与配送。低空经济在物流行业的应用使得消费者能够享受到更加快捷的配送服务，尤其是在"最后一公里"配送中。例如，无人机快递和外卖服务。无人机可以在短时间内将包裹送达客户，特别适合运送紧急物品或应用于难以到达的偏远地区。这种配送方式提升了消费者的购物体验，也增强了电商平台的竞争力。无人机也能应用于餐饮外卖的配送，确保食品在短时间内送到顾客手中，保持新鲜度和温度。无人机快递和外卖服务在大城市尤其受欢迎，解决了高峰时段交通拥堵的问题。目前无人机快递和外卖服务已经在我国部分城市开始试点。美团无人机已在深圳落地了 21 条常态化试运营航线，并覆盖多个社区及写字楼，已累计完成真实订单超过 21 万单，形成"3 千米、15 分钟"的社区即时配送模式。2016 年，京东在宿迁完成了无人机配送的第一单。京东已经在无人机投递过程中全面实现自动化运行，包括货物装运、起飞、导航、落地、卸货以及返程等。顺丰旗下丰翼无人机已在粤港澳大湾区获批超过 19 万平方千米无人机低空城市物流网络空域，全面覆盖快递、医疗、巡检、测绘等行业。2023 年丰翼无人机在深圳飞行超过 28 万架次，运输货物重量 69 吨，飞行时长 2.3 万小时，飞行里程 85.7 万千米。相信随着低空技术的逐步成熟，无人机配送将会"飞入寻常百姓家"，给消费者带来更加便捷、高效的配送服务。

低空经济提供娱乐体验。低空经济与娱乐业的融合体现在无人机表演、无人机竞速等活动中，给消费者提供了新颖的娱乐选择。大型无人机编队表演在节庆、演唱会等场景大受欢迎，为观众带来了视觉盛宴。在低空经济方兴未艾的深圳，无人机灯光秀表演已经成为其吸引国内外游客前来的名片之一。当低空经济、科技产业、文化旅游这几个时下热门的概念在"天空之城"相遇，低空旅游在深圳乘风腾飞。爆款频出的无人机表演已成为深圳一个重要的旅游消费场景，越来越多的企业加入低空旅游市场，逐步构建起无人机表演、低空观光旅游、低空飞行体验、低空摄影等全方位的低空旅游产业体系。

低空经济满足个性化消费需求。无人机可以在特定场合展示广告、投放宣传物料或直接进行广告航拍，为品牌和商家提供新的广告展示渠道。这种动态、富有创意的广告方式可以吸引消费者的注意，增强品牌的互动感和参与感。此外，根据消费者的行为数据，商家可以定制无人机送礼服务，提升品牌与消费者的互动体验。例如，在重要的节假日或促销活动中，商家可以使用无人机将礼品或促销信息直接送到消费者手中，提供独特的购物体验。可以说，低空经济与消费者需求的深度融合，通过满足个性化、快捷、安全的服务需求，显著提升了用户体验。随着技术的进步和应用场景的拓展，低空经济将继续改变消费模式，并为各个行业带来新的商业机会。例如，随着低空经济逐渐渗入消费者的日常生活，整个市场对于低空经济产品的关注度会进一步提高，越来越多的消费者深切感受到低空产品给生活带来的便捷，从而对低空产品的需求和购买意愿也会进一步增强，低空经济将会迎来更加广阔的消费市场。多元广阔的需求市场会进一步拉动低空经济生产端的升级，创造出更多具有实用价值的成熟产品，甚至建立起完善的低空经济产品体系，实现生产端和需求端的平衡。

4. 更加体系化、规范化的市场

（1）体系化

当前低空经济的发展仍处于早期阶段，配套产业的发展尚未完全起步，低空经济市场体系有待建立，未来低空经济要想实现大规模、长远的发展，必须利用配套产业建立起完善的市场体系，促进低空经济与相关产业的协同发展。低空经济的体系化意味着围绕低空飞行及通用航空产业，构建起一个全面、协同的产业链和支持体系。其配套产业涉及多个领域，形成从制造到服务的全产业链。

①航空器制造业的智能化与轻量化。飞行器智能化发展：未来的无人机和轻型飞机将更加智能化，集成自动驾驶技术、AI控制系统和传感器网络，实现高度自主的飞行和任务执行。航空器的轻量化与绿色材料应用：未来的航空器将朝着轻量化、高效能方向发展，使用更轻、更强、更环保的材料，如碳纤维和新型复合材料，来提升飞行效率并减少燃料消耗，推动低空经济向绿色发展迈进。

②空域管理与自动化系统。建立与完善全自动空域管理系统。随着低空飞行器数量的增加，未来的空域管理将依赖于全自动化系统。无人机交通管理和空中交通管理将无缝整合，确保飞行器在同一空域中安全运行。空域共享与优化使用将成为发展重点。逐步实现实时数据共享与动态调度。未来，借助5G、卫星通信等技术，空域管理将更加实时化，并由数据驱动。飞行器的航线、气象数据和空域使用情况能够实现实时传输，进一步提高空域的使用效率与飞行安全。

③通航基础设施的布局完善与智能化发展。未来，低空经济的基础设施将更加分散和灵活化。大量小型机场和垂直起降场地（如屋顶直升机场、城市空中交通枢纽）将遍布城市和乡村，支持私人飞行、无人机物流等业务。建立智慧机场与提供自动化服务。机场将整合智能化管理系统，提供自动停机、加油、检修、飞行计划处理等一体化服务，减少人工干预，提高运营效率。

④航空培训与认证的标准化和全球化。未来的航空培训将更多地通过线上课程和虚拟现实模拟器进行，飞行员和无人机操控员可以在虚拟环境中进行实际操作，降低培训成本，提高培训效率。随着低空经济的国际化发展，飞行员和技术人员的认证体系将趋于全球统一，推动国家间的行业标准化，使得跨国飞行和服务更为便捷。

⑤新能源技术的应用与可持续发展。未来的低空飞行器将更多依赖电动推进系统和新能源技术（如氢燃料电池），以减少碳排放和环

境影响。随着电池技术的进步，飞行器的续航能力将大大提升，从而推动低空飞行器的大规模应用。促进碳中和，实现绿色飞行：为应对全球气候变化，低空经济将朝着碳中和方向发展，未来的飞行器和航空服务都将更加注重环保，并通过优化航线、减少燃料消耗和废气排放来实现绿色飞行。

⑥技术创新与智能化应用。进一步发展 AI 与无人驾驶飞行技术：AI 将广泛应用于飞行控制、空域管理和飞行器维护中；无人驾驶飞行技术的成熟将推动无人机在物流、巡检、救援等方面的广泛应用。大数据应用与预测分析：通过整合飞行数据、气象数据和交通信息，未来的低空飞行管理将更具预测性，能够提前识别潜在风险并优化飞行路径，确保飞行任务的安全与高效。

⑦金融与资本市场的助推。建立低空经济专项基金与投资项目。资本市场将加大对低空经济的投入，特别是在技术创新、基础设施建设等领域，设立专项基金和投资渠道，支持行业中小企业和初创企业的发展。建立融资租赁与共享经济模式。未来的低空飞行器将更多通过融资租赁和共享模式进行普及，降低用户的购置成本，推动低空飞行器的广泛应用。

⑧公众推广与市场教育。公众接受度逐步提升。通过更多的低空体验项目、宣传教育活动和政策扶持，公众对低空经济的认知和接受度将逐步提升，低空经济也会成为日常生活中不可或缺的一部分。市场需求驱动个性化服务。随着低空经济的发展，市场需求将逐渐多样化和个性化，未来企业将根据不同用户的需求，推出更多定制化的低空服务，如个性化物流、精准农业飞行、应急救援等。

（2）规范化

低空经济市场的规范化是推动该行业健康、有序、可持续发展的关键。随着低空空域的逐步开放，政府、企业和相关行业需要通过法规、标准、技术、运营等方面的统一和优化，确保市场的安全与效率。未来的发展趋势不仅要关注技术创新，还要依托制度完善和政策支持来促进这一市场的稳定增长。

①政策与法律框架的完善。促进空域管理法规的细化，进一步完善分级管理。未来低空空域的使用规则将更加明确，特别是将在城市、郊区和偏远地区的空域开放程度、使用高度等方面进行细化分类。近年来，我国低空经济领域发展速度迅猛，国家适时出台了一系列法律法规和相关政策，持续加大支持力度。2021年2月，《国家综合立体交通网规划纲要》把"低空经济"纳入国家发展规划。此后，国家又陆续发布了《"十四五"通用航空发展专项规划》《无人驾驶航空器飞行管理暂行条例》等低空经济相关产业支持政策和法律法规。在2023年12月召开的中央经济工作会议上，低空经济又被提到"战略性新兴产业"的高度。2024年"低空经济"被首次写入政府工作报告，作为新增长引擎，并纳入新质生产力范畴，其重要性日益凸显。

随着低空经济这一关键词在国家战略中出现的频率越来越高，地方政府也加快了相关政策和法律框架的完善，如2024年9月21日重庆市人民政府办公厅关于印发《重庆市推动低空空域管理改革促进低空经济高质量发展行动方案（2024—2027年）》的通知。该通知提到，目前的主要任务有构建军地民协同管理工作体系，分步实现低空空域资源利用最大化。

要编制低空空域规划。依据《国家空域基础分类方法》，编制低空空域规划方案，分高度层、时间段灵活使用低空空域资源，根据发展需要逐步扩大融合飞行空域范围。建立低空空域使用情况评估与改进机制，形成"运行使用—效率评估—动态调整"工作闭环，不断提高低空空域使用效率。

具体来说，要健全低空飞行安全法律。针对无人机、通用航空等低空飞行器的事故预防、责任认定、保险等方面的法律法规将更加完善。例如，事故后责任归属、赔偿机制将有明确的法律依据，以确保市场参与者在出现问题时有章可循。加强隐私与数据保护。低空飞行器，尤其是无人机的普及，涉及大量的拍摄、数据采集工作，未来相关的隐私保护法规会更加严格，确保个人和企业的数据不被滥用。随着低空经济相关产业和技术的不断发展与进步，我国低空经济领域的法律制度也会日趋成熟和完善。

②市场准入标准的提升。一是标准化行业资质认证与企业准入。未来，低空经济的参与企业将被要求具备更高的行业标准和资质认证，包括飞行器制造商、飞行服务提供商和无人机操控员等的专业资格。企业需通过严格的审查和认证才能进入市场。二是保障产品质量与安全标准。飞行器的制造将被纳入更严格的国家或国际标准，确保所有进入市场的航空器都能满足特定的安全和性能要求。这不仅涉及飞行器的技术规范，也包括飞行器在极端天气、复杂空域下的稳定性和可靠性。

③低空经济安全监管体系的智能化。一是建立全方位空中交通管理系统。随着飞行器数量的增加，低空空域将面临更复杂的管理需求。未来的空域管理将依托人工智能、物联网和大数据技术，实时监控空域内所有飞行器的动向，确保它们的飞行安全。无人机交通管理系统也将进一步智能化，能够处理多架无人机同时飞行的复杂情况。二是加强智能化事故监测与预警系统。低空飞行器要实现安全监管，不仅需要依靠人工监控，还将依赖自动化预警系统。通过在飞行器上安装的传感器和数据系统，监管机构能够实时获取飞行器的状态数据，并在出现故障或异常情况时及时发出预警。

④运营规范化与标准化服务。一是建立标准化的飞行服务。未来，低空飞行服务将有统一的标准，无论是低空物流、空中出租车，还是观光旅游，服务流程、收费标准和安全要求都会有规范的行业标准，确保市场的透明度和服务质量。二是建立统一的飞行计划与调度系统。所有低空飞行活动将被纳入统一的飞行计划管理系统，飞行器必须提前申请飞行计划，获得空域许可后才能起飞。这将防止空域的

无序使用和事故发生。

⑤实现保险与金融服务的规范化。一是弥补低空飞行保险体系的缺失。为确保安全和责任划分清晰，低空经济的参与者，如飞行器制造商、运营商、飞行员等，未来都将被要求购买责任保险。保险公司也将推出专门针对低空飞行的产品，覆盖飞行器损坏、人员伤亡、第三方财产损害等各类风险。二是融资与租赁规范化。未来低空经济的资金来源和运营模式将更加成熟，银行、投资机构将有专门的金融产品和服务支持低空飞行器的制造、运营。融资租赁模式也会更加普及，降低企业和个人拥有飞行器的门槛。

⑥与国际标准接轨，加强合作与交流。一是国际标准化合作。低空经济涉及跨国界的空域使用与飞行规则，未来国与国之间的合作和标准化会更加密切。国际航空组织（如国际民航组织）将制定全球通用的低空飞行规则，特别是在无人机使用、空中交通管理、安全标准等方面，推动各国的互认与合作。二是跨国运营与空域共享。随着低空经济的全球化发展，跨国运营的需求增加，各国将探讨如何共享空域，特别是国际航线和物流运输在低空中的使用。飞行器的标准化设计将使其可以在多个国家的空域中合法飞行。

技术创新与突破势在必行

一、低空飞行器技术创新与突破

1. 以市场为导向的技术创新方向

低空经济发展的核心在应用，如何把技术转化为产能是技术创新与突破最主要的目标。因此，低空飞行器技术的发展必须瞄准市场需求，结合具体应用场景，才能激活万亿级低空经济市场。

直击消费者痛点。经验证明，产品是否有用由消费者说了算。低空产品想要成功，必然要回应消费者的心中所求。低空技术的设计需要考虑消费者的具体应用场景，比如应用于通勤的飞行器，必须具备载重量大、飞行稳定可靠等性能。而对于在娱乐行业使用的表演无人机，高效安全的控制指挥系统和设施的小型化等方面应该成为发展的重点。低空技术创新需要结合消费者的真实需求，对当前的低空飞行器来说，技术创新应该集中在开发更为智能的操作系统和控制指挥系统、降低维护成本、保证高效安全飞行，以及提升电池技术和充电效率等方面，进而解决消费者的实际痛点，提升用户满意度。

提高低空飞行器性价比。随着市场的扩展，消费者对于低空飞行器的价格敏感度越来越高。目前低空飞行器处于发展初期，还未实现大规模量化生产，飞行器价格普遍较高，仅有政府、企业以及部分高收入人群能够消费得起。未来要让低空经济逐渐深入普通消费者群体，必须解决价格问题，提高低空产品的性价比，让低空经济走入寻常百姓家。为了提高性价比，一方面，技术创新集中在降低制造成本上，包括使用轻量化材料、优化生产流程以及实现规模化量产等；另一方面，通过提升飞行器的功能集成度，使其能够在一个平台上实现多种功能，从而减少消费者的购买和使用成本。此外，提高性价比还要考虑飞行器的维护运营成本，加快自动故障检测技术的发展，实现飞行器的智能化、自动化维护，减少人工干预和停机时间，提高维护运营成本。

保证低空飞行器的可靠性。低空经济涉及多领域的应用场景，其中包括许多与国家安全发展休戚相关的行业，如国防、应急救援、农业、交通等，这些事关国家前途命运的关键领域对低空飞行器提出了更加严苛的要求。飞行器必须保证在任何天气条件、任何地理环境、任何城市场景中都能够安全稳定地运行，这无疑给飞行器技术创新带来了更多的挑战。未来要提升低空飞行器的可靠性，技术创新应集中在改进飞行控制系统、导航系统、智能避障系统以及故障诊断上。此外，电池技术的突破也能在很大程度上提升飞行器的续航能力和安全性，从而进一步提高可靠性。

降低使用门槛，提高可操作性。调查显示，目前我国在飞行器研发层面具有较丰富的人才储备，然而在能够熟练操作低空飞行器的职业技术人才层面仍存在巨大的短缺。造成这一问题的部分原因是低空飞行器本身的操作难度较大，门槛较高，阻碍了低空飞行器的进一步普及。因此，未来要发展低空经济，需要降低飞行器的使用门槛，提高可操作性，让普通使用者拿到飞行器后能在第一时间较快上手操作，向更好的用户体验迈进。为此，技术创新可以聚焦于简化操控界面、提升自动化水平，以及开发智能化操作系统，使非专业用户也能轻松掌握飞行器的使用方法，甚至达到"傻瓜式"的简单易学，好上手。

2. 未来关键技术突破方向

芯片技术。近年来，在政策引导和科技进步的双重推动下，中国的低空经济正在快速崛起，随之而来的是各类低空经济产品的数量激增，品类猛涨，芯片的用量和技术水平也水涨船高。

低空经济产业中的飞行器种类复杂，所用的芯片也五花八门。有用于实现无人机与地面站或其他无人机之间无线通信的通信芯片；有用于管理无人机电力系统的电源管理芯片；也有用于处理飞行控制算法、图像识别、路径规划等任务的处理器芯片；还有用于监测飞行器的状态和环境条件的 GPS/GNSS（全球导航卫星系统接收机）定位芯片、惯性测量单元（IMU）、气压传感器、温度传感器、湿度传感器等传感器芯片，以及用于拓展不同应用场景的光谱传感器、风速和风向传感器、空气质量传感器等特定传感器芯片。这些芯片的质量对飞行器的性能起到了决定性作用，解决飞行器的芯片技术问题是发展低空飞行器的重中之重。

低空飞行器并不需要像手机那样高端的芯片，但飞行器特殊的应用场景对芯片技术提出了个性化的要求。半导体行业专家池宪念指出，低空经济中使用的芯片可能需要更加注重以下几个方面。一是抗干扰性，空中环境可能比地面更为复杂，需要更强的信号处理能力和抗干扰设计。二是低功耗，无人机受限于电池容量，因此芯片需要更高效的能耗管理。三是体积与重量方面，由于空间和载重限制，这要求芯片在不牺牲性能的前提下，尽可能小型化和轻量化。四是实时数据处理能力，无人机需要实时处理大量数据，包括传感器数据、图像数据和通信数据等，以确保无人机能够快速响应各种情况。五是环境适应性，无人机芯片需要在各种环境条件下稳定运行，需要能够承受更广泛的温度范围和更高的振动冲击。

目前我国低空经济芯片产业发展潜力巨大，但尚处于发展的初期阶段，很多芯片企业已经涌入这片"蓝海"，部分企业如飞腾科技、中电互联、瑞芯微和联芯已经研发出适用于无人机的芯片，并成功应用于现实场景。

未来，低空经济芯片技术将进一步朝专业、轻型、安全、稳定等方向发展，用更低的成本，发挥出更好的性能，成为我国低空经济发展的关键推动力之一。

续航技术。我国低空飞行器的市场规模巨大，扩张速度快，有着广阔的发展空间，因此电池市场的发展潜力巨大。目前低空飞行器成本对产业链上游的三电（电池、电机、电控）系统的依赖程度很高，低空经济市场的扩大将会辐射带动三电产业实现迅速扩张。"上天"所需要的电池市场潜力巨大。

新能源汽车和低空飞行器均通过三电系统实现运作，但低空飞行器对三电系统的要求更加严苛。以 eVTOL 为例，其平均功率需求是同等重量汽车的 30~40 倍，峰值功率需求是同等重量汽车的 5~10 倍，这意味着其对动力系统的功率密度和能量密度均有着极高要求。此外，低空飞行器对电池的安全性和稳定性也有着更高的要求，并且飞行器要"上天"就需要更加轻量化的电池。目前商业成熟度较高的液态锂离子电池不能满足低空飞行器更高的要求。

"eVTOL要求电池高安全、高能量密度、高功率密度，固态/半固态电池，或为未来主流路线。"中国航空器拥有者及驾驶员协会秘书长陈国华指出，"固态电池的技术路线众多，目前Li-LMO（锂金属负极-锂金属氧化物正极）是全球电池厂主流布局路线。"

固态电池被普遍认为是下一代电池技术，被美国、欧盟、韩国和日本等主要工业发达国家和地区列为国家发展战略。固态电池利用固态电解质取代了易燃的有机液体电解质，理论上更安全；固态电解质还可以与传统锂离子电池中不用的其他阴极和阳极材料配对，与高压阴极材料及高容量锂金属阳极兼容，有可能使能量密度超过1 000 Wh/L（比能量）。固态电池循环寿命更长、更耐用、工作温度范围更宽、堆叠紧密、电池设计简化、机械特性可能更灵活。

然而固态电池采用固态电解质，功率密度相对液态锂离子电池更低，且全固态电池目前的制造成本仍然较高。因而从中短期来看，低空经济的电池市场应该以半固态电池为主。

就目前而言，液态锂电池、半固态锂电池、全固态锂电池均各有优缺点，并且不仅仅是锂电池，氢动力、可持续燃料动力等其他技术路线都在加速攻关，如2024年8月，我国首架液氢无人机样机研制成功并顺利完成了飞行测试，验证了液氢无人机技术的可行性。可以说，究竟哪一种电池技术会成为低空经济电池的主流还没有定论。

【案例】

清华团队，国内首型混动倾转eVTOL完成第一阶段试飞

追梦空天科技（苏州）有限公司，于2022年1月成立，是清华

技术领衔、国家重点项目科技成果转化、国内领先的 eVTOL 企业。公司致力于"引领智能电动航空时代,实现人类自由飞行梦想",会聚了一批有激情、善创新、懂工程、能适航的顶尖人才,目前团队规模 60 余人,除华东区域外,还在北京设技术创新中心、在西安设工程研发中心,核心骨干来自清华大学、西北工业大学、南京航空航天大学、北京航空航天大学和上海交通大学等知名高校,平均具备 15 年以上大型飞机项目和汽车行业经验。公司以混合电动推进、倾转旋翼构型、飞推一体控制和智能无人系统等为核心技术,近期瞄准航空装备建设急需,率先推出国内首型吨级混动倾转旋翼无人机,设计巡航里程 1 000 千米,填补国内型谱空白,计划 2025 年开始批量生产交付;长期面向城市空中交通这个万亿级市场机遇,正在研发更加安全、环保、经济、便捷的五座级客运垂直起降飞机,以行业领先的"混动+倾转"方案,大幅提高出行效率,解决里程焦虑,引领航空产业革新,成为世界一流航空科技企业。

2024 年 8 月,由清华团队创办的追梦空天科技圆满完成吨级混动倾转 eVTOL(DF600)第一阶段试飞,进度居于国内首位,是继美国 Joby Aviation 公司后全球第二家进入试飞阶段的混动倾转 eVTOL 企业。

混合动力对于发展 eVTOL、解决"里程焦虑"具有重要意义,正如新能源汽车行业一样。目前纯电 eVTOL 航程为 150~200 千米,到 2030 年前有望提升至 300~400 千米,但仍无法满足特种运输、应急管理和城际出行的需要,也难以在快充/换电设施不完善时实现短距离、高频次的经济运营。倾转旋翼相比多旋翼和复合翼构型,能够实现更大速度、更高效率的飞行,相关技术方案逐步成熟,优势特点日渐凸显,已成为备受大多数头部 eVTOL 企业青睐的方案,如 Joby Aviation、Archer 和沃飞长空等。

追梦空天科技起源于清华大学高速垂直起降飞行器团队,一直专注于混动倾转eVTOL的研发。继2018—2023年完成关键技术和原理样机验证，2024年初DF600工程样机下线后，公司在短短6个多月内，高效完成飞控航电闭环测试、结构强度和振动模态试验、动力系统台架试验、增程发电系统标定、电气网络地面联试、全机地面系留试验、旋翼模态飞控调参试飞等第一阶段工作，实现了多项关键技术国内从0到1的突破。此外，公司还开展了倾转机构功能与耐久、动力系统跑车试验和倾转过渡状态动力学建模、控制律设计等工作，将于2024年底前完成全状态试飞工作。

资料来源：作者根据航空产业网内容改编。

飞行器自主化。一个令人振奋的前景是将先进的AI技术集成到无人机系统中。AI有可能为无人机提供更大的自主性，从而减少对人工干预的需求，使其能够独立执行更复杂的任务。例如，机器学习算法可以帮助无人机从以前的任务中学习，根据收集的数据调整其行为以优化未来的任务。此外，AI可以使无人机实时处理大量数据，使其在情报收集、监视和侦察方面更加有效。

eVTOL关键技术突破。eVTOL一般指使用储能电池、电机和螺旋桨推进，同时具备垂直起降能力的新颖独特设计的航空器。与传统的直升机相比，eVTOL使用电能，低碳环保；分布式动力系统更加安全，噪声更小，优势明显。与现有的无人机相比，eVTOL一般尺寸更大，承载力更强。综合eVTOL的优势来看，对场地要求低、噪声小、运载能力强，在城市低空载人交通、低空物流等场景下，能够发挥更大的作用。未来eVTOL很有可能成为低空经济发展的风口。

eVTOL的技术要点主要有三个：分布式电推进系统、电机、构型。

eVTOL需要有高效的垂直起降能力，因此区别于传统航空器的典型特征之一就是使用分布式电推进系统。分布式电推进系统的突破难点在于能源管理。分布式混合电推进系统的能源管理是一个由电子部件和机械部件组成的复杂系统，其中包含了多学科的交叉、先进的控制技术与控制方法等。若想实现飞行器垂直起降转快速平飞、提高航程、减少排放量等目标，需要对系统主要的能量流、能量功率的可用性、发动机和发电机的动力学特性等进行优化管理。破题的思路之一就是利用大数据进行科学最优能量分配。

分布式电推进是由电机驱动分布在机翼或者机身上的多个螺旋桨或风扇构成推进系统为飞机提供推力。电机的功率密度直接影响着飞行器的有效载荷能力，电机的大范围变工况动力输出能力、可靠性和环境适应性是决定电推动飞行器动力特性和安全性的重要因素。eVTOL 对电机效率和转矩密度的要求较高，轴向磁通永磁电机对径向空间的利用率高，在长径比较小的场合，功率密度和转矩密度具有优势，永磁同步电机是电推进动力系统很具前景的方案。当前电动垂直起降飞行器，如 Joby S4、Archer Midnight 等均采用了永磁同步电机。目前，不断提高电机功率密度和宽范围变工况动力输出能力，是 eVTOL 动力系统的主要发展趋势。

不同构型的 eVTOL 升力原理各不相同，目前主流的构型主要有多旋翼、复合翼和倾转旋翼等。当前，国内厂家对多旋翼、复合翼和倾转旋翼都有布局。多旋翼产品设计较为简单，是大多数初创公司的选择，目前较为成熟，从适航证来看，亿航智能的多旋翼机型 EH216-S 进展最快，已取得 TC、AC、PC 三证。峰飞航空科技、沃兰特、御风未来、亿维特、牧羽航空等主攻复合翼机型。倾转旋翼机型厂家包括华羽先翔、零重力、中航工业通飞、时的科技、沃飞长空等。从座舱空间、起飞重量数据来看，复合翼和倾转旋翼更优。倾转旋翼飞行器在速度上更具优势，未来随着技术愈加成熟，有望不断提高应用占比。

其中，矢量推进型 eVTOL 将成为主流构型技术路线。矢量推进型 eVTOL 的旋翼以可倾转的方式兼顾悬停和巡航，在不同飞行阶段采用不同的推进方式，可实现更快的飞行速度和更远的航程。该技术在我国取得较快进展，2024年2月，中航通用飞机有限责任公司正式对外公布了其AG-EX电动垂直起降飞行器技术研究项目的最新细节，AG-EX全尺寸技术验证机采用矢量推力布局构型，乘员5人，其中驾驶员1名，商载450千克，续航时间60分钟，航程200千米，巡航时速240千米，具备垂直起降和常规滑跑起降能力，主要在粤港澳大湾区城市范围运行，满足日常货物运输及人员通勤需要。未来随着该技术的推进，eVTOL被人诟病的巡航飞行速度大大低于常规直升机的问题将得到进一步解决，有望成为市场主流构型。

此外，应用涵道风扇设计的机型预测将会进一步增加。涵道风扇设计优势突出，涵道能够在螺旋桨的流场中产生可观的附加拉力，进而提高动力系统的效能。涵道风扇设计机型能够为航空器附近的人员提供保护，还有利于减少噪声，更加适合在城市场景运行。但是，涵道风扇目前还有很多不足和设计难点。涵道的设计、制造和维护要求远高于开放式螺旋桨，进而非常考验eVTOL整机设计团队的实力和供应链的能力。因此，目前涵道类的eVTOL企业数量较少，优秀的涵道风扇设计案例，如飞行汽车公司Lilium在100米距离处的噪声水平预测降低了6分贝，并且相同基础设施的乘客吞吐量几乎提高了4倍。

无人机的小型化。小型无人机通常被称为"纳米无人机"或"微型无人机"。小型无人机的优势在于，它们能够在大型无人机可能无法进入的环境中操作，例如，建筑物内部或森林茂密的地区。此外，尺寸小使它们更难被发现，在侦察任务中具备战略优势。无人机的小型化也增强了无人机蜂群技术的热度，蜂群技术让大群或"成群"无人机可以协同工作执行任务。如果一架无人机出现故障或被击落，蜂群中的其他无人机可以继续执行任务。蜂群技术还能够在更短的时间内覆盖更大的区域，使其在搜索和救援行动或大规模监视任务中特别有用。

二、空域管理关键技术突破方向

1. 飞行控制

未来飞行控制技术的关键创新方向将围绕提升系统的精度、可靠性、智能化水平以及人机交互和数据处理能力展开。这些技术的突破将推动飞行控制系统的发展，适应日益复杂的飞行任务需求，并确保更高的飞行安全性和效率。

电传飞控系统的精度与可靠性提升。电传飞控系统是现代飞行控制技术的基础，其未来的发展方向将主要集中在提高系统的精度和可靠性上。随着飞行器性能需求的提高，电传飞控系统需要更快的响应速度和更精确的操控能力。未来的技术创新可能会着重于改进飞控计算机的算法和硬件配置，以实现更加精细的控制，减轻飞行员的操作负担，并确保在复杂飞行环境中的稳定性和安全性。

光传飞控系统的广泛应用。光传飞控系统由于具备高抗电磁干扰能力、高带宽、低延迟等优势，在未来的飞行控制技术中具有极大的应用潜力。随着光纤传输技术的进一步发展，光传飞控系统将逐步取代传统电传系统，特别是在要求更高安全性和可靠性的航空器上，如无人机和空中出租车。这一技术的发展方向可能包括光纤材料的改进、光信号处理技术的提升以及光电转换效率的提高，从而确保系统在各种复杂条件下的稳定运行。

智能化飞行控制技术的全面集成。智能化飞行控制技术将成为未来飞行控制系统的主流趋势。基于人工智能和智能算法的发展，未来的飞行控制系统将能够自主感知飞行环境、分析飞行状态，并实时调整飞行参数，以提高飞行安全性和任务执行效率。关键的技术创新方向包括深度学习算法的优化、传感器融合技术的改进，以及自主规划和避障能力的增强。智能化技术的集成将使飞行控制系统更加适应复杂和动态的飞行环境，特别是在无人机和自动驾驶飞行器领域。

人机交互设计与高度自动化。未来飞行控制系统的发展还将高度依赖于人机交互设计的改进。随着自动化程度的提高，飞行员与系统之间的互动将变得更加重要。如何在飞行过程中实现高效、直观的操作，以及如何在自动化系统出现异常时进行有效的人工干预，将成为设计中的关键点。此外，自动化系统的容错性也将是未来创新的重点，要求开发海量的容错逻辑链条，以支持复杂情况下的安全运行。

数据融合与信息处理能力的增强。飞行控制系统将越来越依赖于多源传感器数据的融合和实时信息处理能力。未来的创新可能会集中在开发更先进的数据融合算法，以及提高系统的处理速度和决策能力上。通过增强数据融合与处理能力，飞行控制系统将能够更加精准地应对各种飞行任务和突发状况，从而大幅提升飞行器的自主性和安全性。

2. 智能避障

未来智能避障技术的发展将朝着更加智能化、自主化和多样化的方向迈进，通过传感器融合、路径规划算法优化、仿生技术创新和人工智能的深度应用，进一步提升无人机和 eVTOL 的安全性与作业效率。

多传感器融合与精度提升。未来智能避障技术的发展将依赖于多传感器的融合与精度的进一步提高。传感器技术将逐步朝着高精度、低延迟和抗干扰能力强的方向发展。红外／激光 ToF 传感器、超声波、视觉、电子地图和激光雷达等多种传感器的综合应用将是主流，通过多种传感器的数据融合，实现对环境的立体感知和高精度建模。特别是在复杂、动态的环境下，传感器融合技术将极大提升无人机对障碍物的检测能力和精确定位能力。

高级路径规划算法的广泛应用。路径规划算法是智能避障技术的核心之一。深度学习和强化学习算法将与传统的 RRT*、SLAM 等算法结合，形成更加智能和高效的避障路径规划系统。深度学习算法通过不断学习和改进，能够适应多样化和动态变化的环境，实时生成优化路径。而 SLAM 技术在定位和地图构建方面的应用将进一步增强无人机在未知环境中的自主性和避障能力。这些技术的结合将使无人机具备在复杂环境中自主规划路径、实时避障的能力，大大提高无人机的任务执行效率和安全性。

仿生技术的创新与应用。仿生技术的发展将为智能避障技术带来新的突破，特别是仿鸽群被动式惯性应急避障技术的应用。通过模仿自然界中鸟类群体的协同飞行和避障行为，无人机可以在遇到障碍物时实现更加灵活的路径调整和快速避障。仿生技术在无人机集群的协同飞行中发挥着重要作用，能够显著提高集群在复杂环境中的自主避障能力和整体飞行效率。

人工智能与无人机的深度融合。人工智能将与无人机智能避障技术深度融合，推动避障系统朝更加自主化、智能化的方向发展。无人机将通过人工智能技术，如机器学习、大数据分析等，实现自主学习与决策。基于海量数据的训练，无人机能够不断优化避障策略，适应更复杂、更多变的飞行环境，执行更高难度的任务。人工智能的应用将使无人机在避障过程中更加精准、高效，并逐渐减少对人工干预的依赖。

3. 故障诊断

未来的故障诊断技术将朝着更加智能化、实时化、自动化和集成化的方向发展。通过先进的人工智能和大数据技术，结合物联网和虚拟现实等新兴技术，故障诊断系统将更好地保障飞行器的安全性和可靠性。

数据驱动的智能故障诊断。未来的故障诊断技术将更加依赖于数据驱动的方法。通过大规模采集和分析飞行器运行中的传感器数据，利用深度学习、机器学习等人工智能技术，故障诊断系统将能够更快速、准确地识别故障模式。深度学习技术尤其值得关注，因为它能够处理和分析复杂、多维的数据集，自动提取特征并建立从现象到故障的关联。这种方法不仅可以发现明显的故障，还能够检测潜在的、尚未表现出来的问题，提高诊断的前瞻性和预见性。此外，随着传感器技术的进步，未来的故障诊断系统将能够集成多种类型的传感数据，如温度、振动、声波、电磁信号等，通过多模态数据融合技术进行综合分析。这种融合分析可以提供更全面的故障诊断视角，提升诊断结果的准确性和可靠性，尤其是在复杂的多部件协同故障检测中。

基于物联网的实时监测与诊断。随着物联网技术的发展，飞行器的各类传感器将实时连接到云端数据中心，形成一个巨大的数据网络。这将使故障诊断系统能够实时获取飞行器的运行数据，并进行即时分析。通过边缘计算和云计算的结合，诊断系统可以在飞行过程中对关键部件进行持续监控，在异常出现的瞬间报警并提供处理建议，从而将潜在故障的影响降到最低。

自适应和自学习诊断系统。未来的故障诊断系统将更具自适应性和自学习能力。这类系统能够根据飞行器的不同状态和使用环境动态调整诊断模型，并随着数据的积累和算法的优化不断提高诊断的准确性和可靠性。例如，通过集成强化学习算法，诊断系统可以在运行中不断优化自身的故障判别标准，适应不同的飞行任务和环境变化。

三、低空智联网技术突破方向

随着低空飞行技术的发展，低空飞行器逐渐融入人们的生产生活，为人们带来便利。然而，低空飞行器的正常运转仅仅依靠飞行器本身高端的技术是不够的，还需要一个科学安全的空域环境，保障飞行器的安全稳定高效运行。

低空智联网是指在低空空域 3 000 米以下，以空天地一体的通信导航监视基础设施为依托，充分利用 5G 公网、低轨卫星、宽带通信网等通信技术和 ADS-B 及雷达、无线电、光电等监视手段，通过融合运用网络化、数字化和智能化技术，构建具有通信、监控、服务功能的智能化数字网络。低空智联网为低空飞行器的运行保驾护航。

1. 构建智能高效的低空感知网

要构建高效的低空智联网，过硬的通信网络性能是重中之重。从城市到乡村，从平原到山林，低空飞行器深入地球的各个角落，复杂的天气条件和地理环境给飞行器的工作带来了不小的挑战。为了应对不同的应用场景，飞行器在飞行的过程中需要依赖实时定位和各类信息数据进行状态调整，因此必须与地面基站时刻保持密切的联系。为确保飞行器正常运转，广阔的通信网络覆盖面和可靠的低空通信网络系统对低空经济的发展起到决定性的作用。中国航空器拥有者及驾驶员协会秘书长陈国华对此也表示："在网络技术赋能方面，低延迟、高可靠性的通信网络是发展低空经济的关键。"面临相较于其他应用场景更加严苛的网络需求，以低时延、高可靠性、"性能超 5G 十倍"著称的 5G-A 网络就成为构建低空智联网的理想之选。

依托 5G-A，构建通感一体化技术。5G-A 是基于 5G 网络在功能和覆盖上的演进与增强。相比 5G，5G-A 在网络速度、延迟、连接数等方面实现显著提升，同时引入了通感一体、无源物联、内生智能等全新的革命性技术，能更好地匹配人联、物联、车联、高端制造、感知等场景。5G-A 让通感一体化技术成为现实。通感一体化技术通过整合通信和感知系统，提升感知的准确性和通信的可靠性，为低空经济的发展提供强有力的技术支撑。

通感一体化技术被视作低空经济信息化的核心，将作为低空智联网的关键一环率先落地。它不仅能够提升低空经济的监管、运行和发展能力，还能通过整合来自不同设备和系统的数据，提升整体效率和安全性。例如在智慧机场建设中，浙江移动联合中兴通讯在杭州建德的航空小镇完成了 5G-A 通感一体基站建设，并完成了国内外首个机场直升机试飞感知验证。通过部署 5G-A 通感一体基站，实现了对低空无人机和直升机的轨迹实时感知与指定区域电子围栏告警等功能。通感一体化技术在低空经济中的应用，不仅解决了现有的技术瓶颈问题，还为低空经济的未来发展提供了坚实的技术基础和广阔的前景。

2. 构建智慧"低空大脑"

在低空经济真正成熟落地之后，一座城市早晚高峰时，上空可能会出现上万架无人机同时穿梭，如果没有科学的系统进行调度与指挥，其混乱程度难以想象。因此，一套完整的空中管理调度系统是低空经济发展的应有之义。

开发智能化空中交通系统，构建飞行器管理调度平台。要实现低空飞行器的科学管控，必须以调度平台来实现无人机的统一监管与安防，在低空智联网的支撑下，结合人工智能和大数据技术，实现对低空飞行器的统一调度、智能规划、飞行管控，从而确保低空飞行器的安全和高效运行，向"低空大脑"靠近。在上海世界移动通信大会（MWC 上海）现场，中国联通展示了其打造的无人机管控平台，轻轻推动摇杆，与控制设备所在的上海相隔 1 000 多千米，位于河南省安阳市的试验基地中的无人机也随之做出了相应的动作，几乎能实现"零延迟"的远程控制。除此之外，5G-A 通感一体技术也能够助力无人机监管调度系统的打造。5G-A 拥有可靠的通信与识别，能够满足低空飞行器"看得见"的需求，再配合监管业务平台，实现飞行器"管得住"的需求。

关于"低空大脑"发展优化的方向，华为相关专家表示，可以从两个方面入手增强管控平台的能力：一是面向生态，开放接口；二是面向上层应用，开放 API（应用程序接口）。未来，"低空大脑"将串联起整个低空经济上中下游企业，实现产业链的优势互补，协作共赢。

产业发展趋势与劳动力市场变革

一、低空产业发展趋势

1. 传统航空产业向低空进军

我国航空产业经过数十年的发展已经取得了部分重大成就。目前我国航空产业正处于一个发展的关键时期，传统航空企业逐渐拓展产业，向低空经济转型，将业务从以往主要关注高空飞行（如大型客机和货机）逐步扩展到低空领域，涵盖小型无人机、通用航空等新兴产业领域。从商用航空到无人机制造，从政策支持到产业布局，中国正在逐步实现成为"航空强国"的华丽转身。

传统的航空产业大多将视野集中在高空，国外在高空飞行领域已经掌握了成熟的技术，我国在高空方面也实现了技术的突破，研发制造了 C919 大飞机并投入使用，但从总体来看，我国在高空领域的技术水平仍处于落后位置。目前全球的高空飞行相关技术已经发展到了成熟阶段，我国现阶段只能实现技术的追平，而完成技术的超越难度很大。反观低空领域的航空技术，目前全球均处于低空经济发展的初期，该行业仍是一片"蓝海"。我国有着扎实的航空产业基础和人才储备，能够集中力量大力发展低空产业，把握住低空产业的时代发展新机遇，实现航空技术在低空领域的弯道超车。低空经济未来将为我国的发展按下加速键，辐射带动各个产业实现转型升级，加速发展，成为经济发展的新动力。

2. 行业重点发展领域

发展安全高效的低空通信。低空通信网络是低空经济发展的重要基础设施，是空天地海一体化网络的重要组成，也是后 5G 时代新一代信息通信网络的重要发展方向。目前其发展的两大重点为安全飞行和高效飞行。

安全飞行。低空通信的首要任务是解决安全飞行的问题。由于现有低空监管体系存在瓶颈，未来需要建立一个高效、低成本的安全飞行体系。目前看，信息通信行业对于手机的监管是唯一行之有效、模式成熟的解决范例，因此可以借鉴现有手机监管的模式，通过全国的蜂窝移动通信网络来实现无人机的分级、分类和分区域连续管理。

高效飞行。高效飞行将依赖于优化的移动网络，特别是在广覆盖、低时延和抗干扰能力上。网络规划和传统基站的优化将是实现这一目标的关键，在这方面需要改造基站以提高感知定位精度，并提升通信带宽，以支持更广泛的飞行数据传输。

低空经济，空管先行。空管产品可为低空飞行提供综合服务保障平台。随着低空空域限制的逐步放开、低空飞行器的日益密集，空域交通管理任务加重，空管需求将快速提升。建设空管系统可以从两个方面着手。一是加快飞行服务保障体系建设。目前，前期建设阶段的重点是建立和完善飞行服务站与通航机场，以增强低空通信和监视能力。到 2030 年，全国预计将建成超过 100 个飞行服务站，这将大大提高低空飞行的综合服务保障水平。二是发展机载终端产品与监视技术。随着无人机和 eVTOL 产业的逐步落地，机载产品市场将快速扩展。监视和防撞技术将发挥关键作用，特别是在满足中大型无人航空器需求的情况下，市场空间将显著扩大。

低空经济的支柱产业——无人机。目前我国无人机政策和产业链条日益完善，为低空经济发展提供了基础条件。随着空域、航线规划进一步落实，现有农林牧渔、测绘、应急等主要应用需求将进一步释放，城市物流、载货、载人等新型应用场景也将拓宽。无人机产业链将是低空经济发展的核心受益环节。未来，以下方面将会成为发展无人机产业的重点。

政策与制度管理。2024年我国新出台的《无人驾驶航空器飞行管理暂行条例》和《民用无人驾驶航空器运行安全管理规则》体现了从"管制"到"管理"的重大思路转变，为无人机产业的发展提供了良好的政策环境。基于运行场景、分级分类管理的原则，将有助于推动无人机产业创新和市场扩展。

产业生态。中国无人机产业链已经高度完善，未来将更加注重与新一代信息技术的融合。特别是在人工智能、大数据、5G等技术的推动下，无人机的应用将更加广泛和多样化。专业级无人机在农林牧渔、测绘、应急等领域的应用将继续深化，同时城市物流、载货、载人等新型应用场景也会逐步成熟。

新兴应用场景和技术发展。未来无人机将逐渐进入更多新兴领域，如智慧城市、环境监测、智能交通等。同时，基于人工智能的自动飞行、编队飞行、避障技术等将进一步提升无人机的智能化水平，使其能够在更复杂的环境中自主执行任务。

低空产业未来发展新引擎——eVTOL。近十年以来，无人机产业在我国发展得风生水起，取得了举世瞩目的成就。未来我国的无人机将进一步实现商业化、规模化，向通用航空发展。载人eVTOL结合了汽车和飞行器功能，既能够在陆地上行驶，又能够在空中飞行，是一种极具商业价值的低空飞行器。载人eVTOL未来能够成为低空飞行器核心市场的优势主要表现在其强大的功能，以及巨大的发展潜力上。eVTOL以纯电为动力源，具备垂直起降功能，相较于传统的飞行器，eVTOL具有更强大的载客载物能力和更稳定的安全性，并且更经济、更环保，符合我国可持续发展的经济路线。除此之外，

eVTOL 的市场潜力巨大，涉及上、中、下游诸多配套产业，产业链包含舵机、飞控系统、传感器、导航解决方案、电池、动力系统等环节。eVTOL 作为发展新引擎，将带动上、中、下游诸多配套产业协同发展，激发百亿级市场规模。

二、应用场景培育与大规模应用

培育广阔应用场景。低空经济是"组合式"的经济业态，与我们所熟悉的互联网一样，能够通过加法，与传统产业相结合，拓展应用场景，开发新业态。未来低空经济的应用场景发展基本遵循"先物后人，先郊后城"路径。无人机首先应用在农业，开发了推动农业精细化发展的植保无人机。经过进一步发展后，无人机继续与物流相结合，早在 2015 年，圆通就完成了国内无人机配送的首秀，随后顺丰、邮政、京东、美团、菜鸟、饿了么等快递、电商、外卖平台纷纷布局"无人机＋物流"配送。"无人机＋物流"经过近十年的发展，目前其市场规模还在不断扩大。未来随着无人机的安全性、稳定性以及载重能力的进一步提高，低空经济将进一步拓展布局，"低空经济＋旅游""低空经济＋通勤""低空经济＋城市管理""低空经济＋国防""低空经济＋基建"等多个新兴应用场景将会落地成为现实。

大规模商用任重道远。自 2024 年全国两会首次将"低空经济"写入政府工作报告以来，低空经济迈向商用的步伐持续加快。从制造环节看，无人机、eVTOL 和传统的直升机、固定翼飞机生产运营企业都在积极布局低空经济。从政府层面看，2024 年有至少 25 个省份的政府工作报告对发展低空经济做出部署。低空经济的各项部署正在紧锣密鼓地进行着，那么低空经济距离大规模商用到底还有多远呢？专家认为，中国低空经济已初具规模，但要实现大规模商用还面临一些挑战。吴希明表示，在低空经济领域，国内还缺乏行业级的发展规划和标准规范。同时，配套基础设施建设滞后，不足以支撑大规模示范应用和商业化发展。"目前全国通航使用低空空域不足 30% 且未成网连片。此外，国内通航机场数量较少，地区分布不均衡，大部分机场功能较单一，还难以满足多元化服务需求。"中国工程院院士樊会涛说。

三、人才培养与劳动力市场的变革

1. 低空经济对新型人才的需求

低空经济的迅速发展带来了对一系列新型人才的需求，特别是在飞行器研发制造、无人机操作、空中交通管理和数据分析等领域。江苏南京发布的《秦淮区低空经济紧缺人才目录》将低空经济领域的工作划分为四大领域 60 多种岗位，涵盖无人机零配件研发制造、飞行控制保障、低空经济应用研发及运维、低空空管软件研发及运用四大领域。该目录中具体显示的紧缺岗位包括但不限于无人机研发制造工程师、维修检测工程师、装调工程师、无人机测试工程师、图像处理工程师、航电工程师、组合导航算法工程师、电子对抗工程师、论证设计工程师、行业研究工程师等。同时，无人机操作员、eVTOL 飞行员等应用领域的职业技术人才未来也会存在巨大的缺口。

低空经济要求人才具备多学科背景，涵盖航空技术、信息技术以及数据科学等领域，以应对低空经济面临的技术复杂性和运营风险的挑战。

2. 教育和培训行业变革

低空经济对新型人才有着巨大的需求，要求我国的人才培养体系做出相应的变革，以应对新兴产业的要求。在人才培养方面，不仅需要对高等教育做出调整，还需要职业教育完成相应的蜕变，以满足低空经济产业对人才的结构性需求。

高等教育的调整。低空经济的崛起对高等教育产生了深远的影响，促使高校在学科设置、人才培养模式、研究方向以及校企合作等多个方面进行调整和创新，以适应这一新兴领域的需求。

设置新兴交叉学科。随着低空经济的发展，高校需要将传统学科与低空技术相融合，针对性地设置低空经济相关学科。例如，强化或新增航空工程、无人机技术、空中交通管理、数据科学等领域的课程，并将课程融入低空经济前沿技术和应用场景。除此之外，跨学科课程的开设也变得尤为重要，低空经济涉及多学科交叉，如信息技术与航空技术的结合，工程学与数据分析的融合，高校应鼓励学生跨学科选修，培养学生的综合素质和跨界思维能力，培养跨学科高质量人才。

转变人才培养模式。高素质的复合型人才符合低空经济产业发展的要求，高校需要创新人才培养模式，培养出更多的高素质复合型人才。要注重培养学生的实践能力和创新思维。通过实验室研究、实地操作、项目实训等方式，让学生在实践中应用所学知识，提升动手能力和解决实际问题的能力。要鼓励学生参与低空经济相关的科研项目和创新创业活动，探索低空经济领域的新机遇。

【案例】

北京航空航天大学走访企业 为低空经济发展贡献青春力量

北京航空航天大学航空科学与工程学院的翼缕碧空实践队积极响应国家号召，组织近30名队员在2024年8月5日至14日，奔赴广州、珠海、深圳、成都、自贡等城市，开展了以"低空经济发展现状及前景调研"为主题的实践活动。在广东省航空航天学会、深圳北航新兴产业技术研究院、北航广东校友会、深圳市无人机行业协会，以及成都市无人机产业协会、北航四川校友会等的支持下，实践队共走访近

30家企业，深入了解低空经济的发展现状，探索其未来的发展潜力和方向，为推动我国低空经济的健康发展贡献青春力量。

创新研究方向。低空经济为高校的科研工作带来了新的研究方向和课题。高校可以将研究关注的重点从传统的航空技术和工程领域逐步转向低空空域管理、无人机系统设计与优化、低空数据采集与分析等方面。此外，随着低空经济对社会经济结构的影响越来越大，相关的经济学、法学、社会学等人文社科领域的研究也将增多。

深化校企合作。高校与低空经济相关企业的合作将更加紧密和多样化。高校与企业合作能够促进科研成果的产业化。企业也可以借助高校的科研力量和人才储备，推动技术创新和业务拓展。

职业教育的转变。低空经济的发展与落地不仅依靠知识型人才进行研发创新，还需要技术型人才完成产品的运营和维护。这要求职业教育体系进行相应的调整，培养出能够满足行业需求的高素质技术人才。

调整课程内容。职业教育必须更新课程内容，引入相关技术和技能的培训。传统的职业课程可能不足以应对低空经济的复杂需求，因此需要定制化课程，以涵盖从无人机基本操作到高级飞行编队、从基础数据处理到大数据分析的全方位技能。

以实践和应用为导向。低空经济相关岗位对技术和实践能力提出了高要求，职业教育需要加强实践环节，通过模拟训练、实验室研究、企业实习等方式，提高学生的动手能力和解决问题能力。

【案例】

延庆区职业学院携手恒成华安航空科技，构建低空经济产业学院新典范

2024年9月4日，北京恒成华安航空科技集团总裁赵启光及其经

营团队到访北京市延庆区职业学院，延庆区职业学院常务副院长孟庆军、副院长刘明海一行热情接待。双方围绕当前备受瞩目的低空经济领域展开了深入的交流与研讨。

延庆区职业学院作为区域职业教育的重要基地，一直致力于培养高素质技能型人才，服务地方经济发展。

在研讨会上，赵启光先生详细介绍了恒成华安航空科技在低空经济领域的业务布局和发展规划。他表示，随着低空经济的迅速崛起，无人机、通用航空等领域对人才的需求日益增长，而产教融合、校企合作是解决这一问题的有效途径。

延庆区职业学院院领导对恒成华安航空科技的专业实力和市场洞察力表示高度认可。双方就产教融合的具体实施路径达成共识。恒成华安航空科技将依托其丰富的行业资源和实战经验，为延庆区职业学院提供前沿的课程体系、实训设备和师资力量支持。同时，学院也将根据企业需求，调整专业设置和教学内容，以培养出能够迅速融入市场、满足行业需求的优秀人才。

通过此次交流研讨，恒成华安航空科技与延庆区职业学院在低空经济领域的合作迈出了坚实的一步。双方表示，将以此次合作为契机，携手开创低空经济人才培养的创新模式与路径，合力构建低空经济产业学院新典范，为推动延庆区低空经济的持续健康发展贡献智慧和力量！

资料来源：恒成华安航空科技集团有限公司微信公众号。

社会教育的丰富。低空经济掀起的热潮还将进一步影响社会教育，丰富社会教育的主题，进一步拓宽人们的视野，提高居民的综合素质。2024年广东省深圳市龙岗区人力资源局推出了一系列社区教育适应性课程，开启了"培育新质生产力"的学习之旅。为满足社区居民的培训需求，龙岗区人力资源服务中心结合问卷调查、走访调研，推出了社区培训课程，其中包含备受青睐的低空经济体验课程，让广大市民在爱好中学习，在体验中成长。

培训行业新业态。低空经济的蓬勃发展不仅改变了传统的职业教育和高等教育体系，也催生了新的培训行业业态。随着无人机、低空空域管理、数据处理等技术领域的快速崛起，行业对专业技术人才的需求激增，与此同时，航空文化有望成为社会新热点、新风潮，吸引更多人将低空领域的活动作为业余爱好来发展，推动专门面向低空经济的培训市场的形成和扩展。

专业技能培训机构的兴起。未来随着低空经济市场规模的扩大，长期、系统的高等教育和职业教育可能无法弥补市场上巨大的人才缺口。因此，专门的技能培训机构应运而生，能够提供短期、集中且具有针对性的培训课程。例如，无人机培训机构可以教授基本的飞行操作技能，还涵盖飞行安全、空域法规、设备维护等内容，帮助学员迅速掌握实际操作技能，获得相关资质证书。

兴趣培训机构涌现。随着低空经济成为大众关注的新热点，低空行业相关的技术与活动在消费市场的吸引力将逐渐扩大。为迎合市场需求，相关的培训机构会设计各种个性化、定制化的兴趣培训课程，包括无人机操作、空中摄影等技术的培训，低空探险与旅游培训，亲子与青少年兴趣培养等。兴趣培训课程的涌现不仅促进了低空技术在大众中的普及程度，提供了全新的社交平台，还进一步扩大了低空文化在社群中的影响力。低空经济的兴起正在引发一股与之相关的兴趣培训热潮，各类兴趣培训机构纷纷涌现，提供多元化的课程和活动。这些机构不仅满足了大众的兴趣需求，还在一定程度上推动了低空技术的普及和应用，为低空经济的发展注入了新的活力。

新业态开启未来新生活

一、新质生产力的创新引擎

1. 技术创新原动力

低空经济具有智能化、绿色化、融合化的特点，通过研发和应用前沿技术，为新质生产力的发展提供创新原动力。科技创新作为低空经济发展的核心驱动力，贯穿低空经济发展各环节、各链条。

推动航空技术创新，强化全球竞争力。低空经济离不开航空技术的支持，要想发展先进的低空经济，必须创新航空技术。随着低空经济市场的扩大，其中涉及的无人机、轻小型飞机、低空雷达系统等航空技术也将进一步升级完善，这无疑将推动我国在航空制造、材料科学、自动化控制等方面取得新的突破和进展。中国的航空技术已经走在世界前列，而低空经济的发展将进一步促使我国在航空邻域拥有更加强悍的实力和更多的话语权，提升中国在全球技术创新中的地位以及全球市场上的核心竞争力。

带动多领域交叉创新和产业链协同创新。低空经济涵盖人们生产生活的各个方面，大到军工国防，小到交通出行，"低空经济+"将渗透经济社会发展的每个角落，低空经济的发展势必会带来多领域之间的技术交叉融合创新。如我国目前相对成熟的无人机技术，已经在农业、工业、物流等领域全面推广应用，基本实现了多品种的全方位覆盖。2024年春起，美团便在深圳多个景区利用无人机送餐，而后美团相继在深圳、上海等城市的11个商圈开通了25条航线以提供此类无人机送餐服务，服务范围覆盖写字楼、景区、医院等场景。截至2023年10月，大疆农业无人机全球累计销量突破30万架，农业无人机也正在解锁春耕新模式，累计作业面积突破60亿亩次。2024年3月，云南省林业部门借助无人机开展森林防火巡护，构筑了空地一体化"防火墙"，大幅提升了森林防火监测管控能力。无人机物流方面，无论是在"最后一公里"的运输，还是在长距离无人机运输方面，我国都已经基本实现商业化，这将大幅提高物流效率并降低物流成本。未来，通过无人机与低空经济相关领域的技术革新，无人机应用还有望拓展到智慧城市建设、医疗急救转运、环境保护监测等多元化场景，带动更多领域的传统产业实现创新性转型升级。

低空经济具有创新引领、绿色低碳、数实融合等特点，是培育发展新动能的重要方向，也是新质生产力的典型代表，积极稳妥推动低空经济发展意义重大、前景光明。

2. 提供物质基础

低空经济腾飞，基础设施先行。2024年8月15日，上海市通信管理局发布的《上海市信息通信业加快建设低空智联网 助力我市低空经济发展的指导意见》提出，分阶段、分区域逐步实现基于5G-A网络的低空智联网覆盖，到2026年，初步建成低空飞行航线全域连续覆盖的低空通信网络，助力低空经济发展。

低空经济不仅涵盖技术创新，还包括低空飞行交通网络、低空飞行服务保障等基础设施服务建设。低空经济的基础设施建设能够促进区域间互联互通，提高物流效率，为新质生产力提供物质基础。

传统的地面交通在面对地形复杂、交通拥堵或距离较远的情况时，往往效率较低，无法满足人们的生产生活需要。低空经济以低空空域（通常是指距正下方地平面垂直距离在1 000米以内的空域）为依托，将人们的交通方式升级到更高、更多元的维度。低空飞行器帮助我们直接穿越地面交通中存在的障碍，实现快速连接，达到一种"压缩时空"的神奇效果。这种时空压缩效应增强了区域之间的经济、社会联系，促进了资源、技术和人员的流动。与此同时，低空经济还能够覆盖传统地面交通难以触及的区域，例如，偏远山区、岛屿或交通不发达的地区。通过建设低空飞行基础设施，原本因为交通不便而发展受限的地区可以与外界建立更紧密的联系，形成区域间的互联互通，推动经济一体化。

3. 发挥产业协同效应，提高经济运行效率

低空经济可以使航空产业与其他产业产生协同效应，促进产业间的融合与协作，提升产业链整体附加值与经济效率，为相关产业的转型升级带来新的发展机遇，符合新质生产力对全要素生产率提升的核心要求。

低空经济有着巨大的商业潜力与万亿级产业规模，"低空经济+"为上百种产业带来新的发展动能。2024年5月15日，北京市经济和信息化局发布关于征求《北京市促进低空经济产业高质量发展行动方案（2024—2027年）（征求意见稿）》意见建议的通知，指出要创新并开放多元应用场景，巩固低空制造全产业链竞争力，打造全国低空飞行应用创新示范。以其中提到的"特色文旅"为例，北京市延庆区大力发展低空旅游、飞行体验等产业，八达岭机场建设起了丰富多彩的低空旅游产品体系，推出了包括空中游览、高空跳伞、动力伞飞行、低空研学、飞行体验以及无人机飞手培训等在内的多项创新体验项目，为游客提供更加多元化、高品质的旅游选择。其中乘坐直升机高空俯瞰八达岭长城项目成为游客争相体验的热门之选。随着直升机缓缓升空，游客从全新的视角俯瞰八达岭长城，感受跨越千年的震撼与壮观美景。"低空经济+文旅"给游客带来了耳目一新的感官盛宴，延庆区建立起低空特色旅游产业，从众多旅游热门景点中脱颖而出。

2024年9月，安徽省合肥市肥东白龙—芜湖宣州宣布其首条低空旅游观光航线开通。这条航线的开通标志着打通省会城市到省域副中心城市的空中走廊，同时，芜湖宣州—黄山屯溪低空旅游航线也同步开通。"低空经济+文旅"有力地展现了当航空产业与其他产业融合时所迸发的绚烂火花，传统产业在低空经济的加持下焕然一新。当低空经济注入各项产业，不仅生产效率得到了提高，产品质量也有了质的改变，这为推动我国新质生产力的发展注入了新的活力。

二、催生经济新业态，促进产业升级

低空经济与数字经济、人工智能深度融合。低空飞行器运营需要依靠数字化技术搭建的低空智联网。近年来，以5G为代表的新一代通信技术和以"云大物智链安"（云计算、大数据、物联网、人工智能、区块链以及安全技术等）为代表的信息技术与低空产业有机融合，为低空经济带来了全新的技术手段。我国是世界桥梁大国，但随着时间的推移，各种桥梁都面临着老化的问题。传统的检测方法往往难以全面、准确地评估桥梁的状态，而无人机可以融合北斗定位技术，搭载自研专用相机，实现对桥梁底部、支座、桥塔等部位的全覆盖高清图像采集，并利用智能算法自动完成对缺陷的定性判断、定量测量、精准定位，同时将处理结果映射至三维实景模型上，自动生成满足定检要求的数据报告。结合AI技术与无人机，将AI技术的图像识别和大数据分析功能应用于桥梁健康监测，正在开创桥梁智能检测的新篇章。

低空经济为新业态开拓新领域。低空经济应用领域广泛，涵盖农林、物流、交通、文旅、应急救援、医疗等关键服务。低空经济还具有丰富的产业链，包括从飞机的设计和制造到运营服务的整个流程，主要环节包括整机制造、基础配套、运营服务、机场建设与运营、空中交通管理以及政府和军方的监督保障与空域协调等。这是一个庞大复杂的巨系统工程，产业链呈现复杂化、网络化的特点。低空经济广阔的应用场景和丰富的产业链为人工智能和数字经济提供了巨大的算力空间，对算力的需求日益增长，而这种需求反过来也推动了人工智能和数字经济的发展。通过对海量数据的处理、分析和优化，AI技术在低空经济中得到了广泛应用，同时也推动了边缘计算、分布式算力等技术的进步。这种良性循环为人工智能和数字经济提供了巨大的算力空间，促进了新兴产业的持续创新和发展。

三、低空经济下的未来新生活

1. 降低出行成本

随着低空飞行器（如无人机、载人飞行器）的普及，城市内部和区域间的短途出行将变得更加便捷。低空出行能够绕过地面交通的拥堵，缩短旅行时间，提高出行效率。低空交通适合于通勤、短途旅行和跨区域的日常出行，将为人们提供更加灵活和经济的交通选择。深圳市是全国低空产业集聚度较高的城市，2024年2月，一架名为"盛世龙"的电动垂直起降航空器从深圳蛇口邮轮母港飞至珠海九洲港码头，顺利完成了全球首条跨海跨城电动"空中的士"航线的首飞，单程仅用了20分钟，大大缩短了两地3小时左右的地面车程，"空中的士"有望成为城市通勤新方式。

低空出行的成本相对较低，尤其是在低空飞行器规模化运营后，随着技术的成熟和基础设施的完善，运营成本将进一步降低。这不仅意味着人们的出行费用会减少，还能减少传统地面交通的维护和扩建成本，从而减轻公共财政负担。

2. 提升消费体验

低空经济的应用将显著改变人们的消费体验。无人机即时配送服务能够在极短时间内将商品送到消费者手中，特别是在食品、药品等时效性要求较高的领域，极大地提升了消费便捷性。2024年8月16日，美团无人机在国家AAAAA级景区八达岭长城开通了北京首条无人机配送航线。这条"空中走廊"可为降落点附近游客提供防暑降温、应急救援等商品货物的配送服务。为了尽量保持区域内的原始风貌，八达岭长城不设任何商业设施，但这也让到访此处的游客在补给饮用水等物资时，至少需要步行半小时。

复杂多样的潜在需求，吸引了美团无人机在长城开启"空投帮送"服务：在满足运载要求的前提下，无人机可帮助降落点附近游客购买并运送急需的防晒伞、降温贴等防暑降温物资；起飞点还增设了美团应急小药箱，为有需要的游客提供消毒液、淡盐水、止晕药等救急物资；此外，在每天营运时间结束后，无人机会从"挑山工"转型为"环卫工"，协助景区运维人员将附近的废弃物运送至指定的回收位置，缓解酷暑下工作人员的日常运输压力。

降落点附近的游客在手机上简单操作后，等待几分钟就能收到酸梅汤、雪糕等消暑商品，让游客即便身在烽火台也能享受如在家一般的即时零售服务，减轻出游途中的物资负担。

3. 构建绿色生活

低空经济与绿色生活的结合，是未来城市可持续发展的一个重要方向。低空经济主要涉及无人机、飞行汽车等在低空的商业活动，而要实现绿色生活，关键在于通过技术创新和政策引导来减少环境影响。

推动绿色技术发展。低空飞行器具有低碳环保的特点。开发、推广、使用电动或混合动力无人机和飞行汽车，能够减少对化石燃料的依赖，从源头上减少碳排放。此外，发展高效电池技术能够延长飞行时间、减少充电频率，同时推动可再生能源作为低空飞行器的主要能源。

城市规划。低空经济能够推动绿色低碳基础设施在城市规划中的完善。在城市规划中加入专门为低空经济服务的绿色基础设施，如充电桩、停机坪等。这些设施应与公共交通、共享出行等绿色出行方式结合，减少土地使用和能源消耗。并且通过合理规划和管理空域，减少无人机和飞行器的能量消耗以及对环境的噪声污染。

倡导绿色出行和绿色生活方式。低空产业将进一步推广共享经济。鼓励飞行器的共享使用，能够减少资源浪费。类似于汽车共享，低空飞行器的共享可以减少单位时间内的碳排放。

智能化管理与大数据应用。低空产业未来将利用物联网、大数据、人工智能等技术实现低空飞行器的智能化管理，通过优化飞行路径、减少空载飞行，以降低能源消耗，达到减轻污染的效果。

展望未来，低空经济不仅能成为经济增长的新引擎，还能在构建绿色生活中发挥积极作用，为实现可持续发展目标做出贡献。

低空经济的蓬勃兴起，犹如一股清新风潮，轻盈却势不可当地吹进中国的社会肌理，为未来的发展绘制出崭新的画卷。它不仅是技术进步的标志，更是时代跃迁的象征，将深刻影响中国经济、科技与社会生活的各个维度。随着低空空域的开放和无人机技术的快速发展，低空经济正从蓝海变为新的增长引擎，推动着一场广泛而深刻的变革。

在经济领域，低空经济如同引擎，推动中国经济的高质量转型。传统产业在低空经济的带动下焕发新生机。精准农业通过无人机实现高效的农田管理，推动乡村振兴；空中物流打破了时间和空间的限制，将现代物流服务延伸至偏远地区，缩小城乡发展差距。这种变革不仅促进了生产力的提升，更让经济的血脉在更广阔的大地上畅通无阻，勾画出一幅更加均衡、可持续的经济版图。

低空经济的崛起还将大力推动科技创新的浪潮，它作为新技术的前沿舞台，汇聚了人工智能、物联网、航空航天等多个领域的尖端成果。无人机技术的飞速进步、智能空域管理的实现，标志着中国在全球科技竞争中占据了新的高地。未来，低空经济将推动更多技术创新和跨领域融合，让各行业插上科技的翅膀飞得更高更远，为中国的科技腾飞注入更加稳健的动力。

与此同时，低空经济的影响远不止于经济和科技，它将全面改变国人的生活方式，重塑社会结构。在未来，低空交通将不再只是梦想，城市上空的空中出租车、偏远地区的无人机快递将彻底颠覆传统交通模式，带来前所未有的便捷体验。低空旅游的兴起，也将为现代人带来独特的飞行体验，将大自然的壮美与科技的精巧相结合，打造出全新的旅游形式。社会生活因低空经济的介入而变得更为立体，人与空间的互动将更加自由，未来的中国将进入一个立体化出行和智能化生活并存的崭新时代。

低空经济的影响还将在环境与生态上留下深刻印记。随着新能源飞行器的推广，低空飞行将变得更加绿色环保，传统航空器带来的碳排放将被逐步取代。中国的天空将不仅是技术革新的舞台，更是生态文明的象征，低空经济将为实现碳中和目标贡献重要力量。

在低空经济的推动下，中国必将展现出更强的创新能力和国际竞争力。它是现代科技与传统产业的融合之路，也是通向智慧城市与可持续发展的桥梁。低空经济不仅将改变中国的天空，还将从天空中照亮脚下的土地，推动中国迈向更加繁荣、绿色和智慧的未来。

低空经济如凌风崛起，为中国社会的发展注入新的活力。它将成为驱动经济转型的强劲引擎，打破传统产业的桎梏，开启城乡共融的新篇章。无论是在广袤的乡村田野上，还是在现代化的城市天际，低空经济都将以其独特的创新力和变革力,重塑生活与生产的边界。它不仅是科技腾飞的助推器,更是社会进步的催化剂。未来,中国将在低空经济的引领下,于创新的天空中翱翔,朝着更加智能、绿色、和谐的社会迈进,谱写属于这个时代的辉煌篇章。

参考文献

一、中文部分

[1] 北京日报. 北京将打造无人驾驶航空示范区 形成超百亿元规模无人机产业集群 [EB/OL].（2024-03-31）[2024-09-04]. 北京市人民政府网.

[2] 北京市经济和信息化局. 北京市促进低空经济产业高质量发展行动方案（2024—2027 年）（征求意见稿）[EB/OL].（2024-05-14）[2024-09-03]. 北京市人民政府网.

[3] 蔡拥军，张博群. 中国科学家研发高比能氢混动力电源解决工业级无人机续航难题 [EB/OL].（2024-04-01）[2024-09-03]. 新华网.

[4] 蔡志浩，陈文军，赵江，等. 基于动态视觉传感器的无人机目标检测与避障 [J]. 北京航空航天大学学报，2024，50（1）:144-153.

[5] 曹静，王小博，孙翔，等. 基于固体氧化物燃料电池的高效清洁发电系统 [J]. 南方能源建设，2020，7（2）：28-34.

[6] 城市进化论，火石创造. 城市低空经济"链接力"指数报告（2024）[EB/OL].（2024-05-31）[2024-09-03]. 每经网.

[7] 达兴亚, 李永红, 熊能. 翼身融合运输机分布式电推进系统设计及油耗评估 [J]. 航空动力学报, 2019, 34 (10): 2158-2166.

[8] 电动航空报道. 商飞北研 ET480 智能电动垂直起降飞行器全尺寸验证机下线 [EB/OL]. 中国国际复合材料工业技术展览会网站 (2021-01-14) [2024-09-04].

[9] 杜宇. 重大突破! 中国移动联合华为首次实现 5G-A 低空无人机感知技术 [EB/OL]. (2023-05-27) [2024-09-13]. 每经网.

[10] 段芳媛, 王婧涵. 2023 年中国低空经济规模超过 5 000 亿元 [N]. 中国证券报, 2024-04-02.

[11] 樊一江, 李卫波. 我国低空经济阶段特征及应用场景研究 [J]. 中国物价, 2024 (4): 98-103.

[12] 范恒山. 把发展低空经济作为构建新发展格局的重要抓手 [Z/OL]. (2022-02-16) [2024-09-02]. 老凤清声.

[13] 范恒山. 五方面着力促进低空经济发展 [N/OL]. (2023-01-31) [2024-09-02]. 经济参考报.

[14] 房玲杉 @36 氪重庆. 城市外的特种航空运输投送怎么解决? "驼航科技"填补国内重载无人机行业应用多项空白 [Z/OL]. (2023-08-17) [2024-09-03]. 36Kr.

[15] 付翠英. 日本航空法律体系简述: 几点启示 [J]. 北京航空航天大学学报 (社会科学版), 2010, 23 (5): 34-38.

[16] 高雅娜. 华鹰航空自主 HE-1 大型多功能固定翼无人机实现首飞 [EB/OL]. (2024-09-07) [2024-09-13]. 中国民航网.

[17] 广东省人民政府. 广东省人民政府办公厅关于印发广东省推动低空经济高质量发展行动方案 (2024—2026 年) 的通知 [EB/OL]. (2024-05-23) [2024-09-04]. 湛江市人民政府门户网站.

[18] 广东电网有限责任公司广州供电局输电管理一所. 广州供电局: 基于深度学习距离感知技术的无人机风险精准识别与预警系统

[EB/OL].（2024-07-09）[2024-09-13]. 无人机电力巡检技术金巡奖官网.

[19] 郭辰阳，敖万忠，吕宜宏. 低空经济与通用航空、无人机、UAM 的关系分析 [J]. 财经界，2023（28）：30-32.

[20] 国务院. 国务院关于促进服务消费高质量发展的意见 [EB/OL].（2024-08-03）[2024-09-13]. 中国政府网.

[21] 韩梦霖. 高手来了！"5G+ 无人机"如何让农业"更聪明"？[EB/OL].（2020-04-17）[2024-09-05]. 新华网.

[22] 郝彩凤，康玉莹，赵华勇，等. 主动噪声控制技术在涡扇飞机飞行试验中的应用研究 [J]. 民用飞机设计与研究，2024（1）：79-85.

[23] 何平，王永刚，李德. 后锂电池时代新型电池的开发与展望 [J]. 物理，2012，41（2）：86-94.

[24] 何瑞琪. 穗企获颁全球首张无人驾驶航空器系统型号合格证 "天空之城"照进现实 [N]. 广州日报，2023-10-21(A3).

[25] 黄俊. 分布式电推进飞机设计技术综述 [J]. 航空学报，2021，42（3）：7-23.

[26] 黄瑶，王铭. "三螺旋"到"四螺旋"：知识生产模式的动力机制演变 [J]. 教育发展研究，2018，38（1）：69-75.

[27] 姬伟杰. 电子干扰掩护下隐身飞机低空突防战术仿真分析 [J]. 电波科学学报，2023，38（2）：318-324.

[28] 技象科技物联网. 通感一体化技术和低空经济的关系 [EB/OL].（2024-07-10）[2024-09-19]. 技象科技有限公司官网.

[29] 寇敏芳，史晓露. 建圈强链如何影响一个产业？工业无人机在成都加速"起飞"[EB/OL].（2024-07-26）[2024-09-04]. 四川在线.

[30] 江西省人民政府. 江西低空空域2024年再拓新域 [EB/OL].（2024-02-34）[2024-09-03]. 江西省人民政府网站.

[31] 金叶子. 低空经济核心产业瞄准500亿元规模上海加快打造"天空之城"[N]. 第一财经日报, 2024-08-27.

[32] 仅4.21克！颠覆传统 中国科研团队在微型无人机技术领域取得突破[EB/OL].（2024-07-21）[2024-09-01]. 央视网.

[33] 安阳融媒. 竞逐低空经济新赛道专题系列报道之一低空经济浪潮起 古都安阳乘势飞[EB/OL].（2024-02-18）[2024-09-10]. 安阳市人民政府网站.

[34] 牢牢把握东北的重要使命 奋力谱写东北全面振兴新篇章[N]. 人民日报, 2023-09-10（01）.

[35] 李乔宇. 低空经济基础设施建设提速 多家上市公司加码布局[N]. 证券日报, 2024-08-17(A3).

[36] 李瑶, 李宇洋. 热播剧《玫瑰的故事》在此取景 低空旅游火热：八达岭机场低空"起飞"[N], 2024-08-06（7）.

[37] 刘庆健, 疏利生, 刘刚, 等. 低空无人机路径规划算法综述[J]. 航空工程进展, 2023, 14（2）：24-34.

[38] 卢奇秀. 固态电池商业化渐行渐近？[N]. 中国能源报, 2024-07-08（012）.

[39] 民航局：截至2023年底，国内注册无人机达126.7万架[EB/OL]. 中国新闻网, 2024-03-29[2024-09-04].

[40] 穆作栋. 美空军研究实验室展示分布式混合电推进飞机概念[J]. 国际航空, 2020（4）：63-64.

[41] 宁宁. 四川低空经济"飞"向哪里？[N]. 四川日报, 2023-12-31（03）.

[42] 欧阳日辉. 低空经济助推新质生产力的运行机理与路径选择[J]. 新疆师范大学学报（哲学社会科学版），2025，46（1）：118-131.

[43] 齐金钊. 深圳低空经济先行先试[N]. 中国证券报, 2024-06-06（A06）.

[44] 前瞻产业研究院. 2024年中国低空经济报告：蓄势待飞，展翅万亿新赛道[R]. 2023-12-26.

[45] 钱擘，胡夕姮. 峰飞eVTOL完成中东地区首飞[N]. 中国民航报，2024-05-08.

[46] 邱克鹏，秦云飞，费晨，等. 薄膜声学超材料降噪性能分析及设计[J]. 噪声与振动控制，2021，41（2）：7-14.

[47] 齐鲁壹点. 全球首个吨级以上eVTOL获颁民航合格证[EB/OL].（2024-3-22）[2024-09-01]. 齐鲁晚报官网.

[48] 孟姣燕，彭可心. 全域低空空域管理改革试点 湖南取得突破性进展[EB/OL].（2022-05-08）[2024-09-03]. 央广网.

[49] 丰台园管委. 让低空经济"飞起来"！丰台另辟蹊径错位孵化[EB/OL].（2024-07-26）[2024-09-04]. 北京市丰台区人民政府网站.

[50] 邵芳强，马冰. 助推低空经济加速"起飞"[N]. 经济日报，2024-07-29（05）.

[51] 申燕凯，段海滨，邓亦敏，等. 仿鸽群被动式惯性应急避障的无人机集群飞行验证[J]. 中国科学（信息科学），2019，49（10）：1343-1352.

[52] 沈海军. 低空经济产业的发展现状与未来[J]. 金融博览，2024（13）：21-23.

[53] 沈映春. 低空经济："飞"出新赛道[J]. 人民论坛，2024（8）：74-79.

[54] 沈映春. 低空经济的内涵、特征和运行模式[J]. 新疆师范大学学报（哲学社会科学版），2025，46（1）：108-117.

[55] 石羚. 低空经济"振翅高飞"的启示[N]. 人民日报，2024-08-06（05）.

[56] 宋东彬，闫炬壮，杨文将，等. 面向电动航空的高温超导电机技术研究发展[J]. 航空学报，2023，44（9）：130-155.

[57] 孙泽茹. 基于数据驱动的航空发动机故障诊断 [J]. 航空动力，2024（4）：45-48.

[58] 覃睿，李卫民，靳军号，等. 基于资源观的低空及低空经济 [J]. 中国民航大学学报，2011，29（4）：56-60.

[59] 覃睿. 再论低空经济：概念定义与构成解析 [J]. 中国民航大学学报，2023，41（6）：59-64.

[60] 汪文正. 首次写入政府工作报告："低空经济"加速起飞 [N]. 人民日报海外版，2024-04-02.

[61] 吴启晖. 面向低空经济的低空智联网 [EB/OL].（2024-07-01）[2024-09-05]. 中国无线电.

[62] 武器风暴眼_wtg1. 中国翼龙-2载弹量惊人，堪称"小型轰炸机"，令美"死神"无人机望而却步 ![EB/OL].（2017-06-25）[2024-08-31]. 搜狐网.

[63] 习近平. 中国式现代化是强国建设、民族复兴的康庄大道 [J]. 求是，2023（16）：4-8.

[64] 习近平. 发展新质生产力是推动高质量发展的内在要求和重要着力点 [J]. 求是，2024（11）：4-8.

[65] 谢卓芳，石子敬. 湖南北斗，绽放星空 [N]. 湖南日报，2024-6-28（01）.

[66] 新能源航空器，将带来哪些变革？[EB/OL].（2023-09-15）[2024-09-03]. 中国新闻网.

[67] 新时代低空经济载体-eVTOL技术要点：分布式推进系统，电机，构型 [EB/OL].（2024-08-14）[2024-08-19]. 融资中国.

[68] 许斌，郝予琛，杨海洋，等. 防空导弹结构轻量化技术的发展与展望 [J]. 空天防御，2024，7(3)：1-13，26.

[69] 许子皓. 低空经济如何解决"芯"问题？| 低空经济发展五问 [EB/OL].（2024-07-19）[2024-08-19]. 中国电子报.

[70] 杨光，郦雨婷.低空经济"域"风而行[N].中国信息化周报，2023-09-09.

[71] 姚琦.基于智能分析的航空发动机故障诊断专家系统研究[D].北京航空航天大学，2016.

[72] 野马算法创新.DL00295-基于AirSim仿真环境的无人机深度强化学习算法路径规划完整实现含详细说明文档_强化学习airsim无人机避障[EB/OL].（2024-04-11）[2024-09-04].CSDN博客.

[73] 一张表读懂通用机场分类[Z/OL].航空知识，（2019-07-30）[2024-09-02].

[74] 衣宝廉.燃料电池：高效、环境友好的发电方式[M].北京：化学工业出版社，2000.

[75] 亿航智能EH216-S无人驾驶载人航空器启动全球商业首飞演示[N].合肥日报，2023-12-29.

[76] 尤顺，寇鹏，姚轩宇，等.分布式电推进飞机动力偏航非线性动态逆控制[J].航空动力学报，2024，39（2）：161-175.

[77] 于涛，范洁川，贾元胜.现代航空声学风洞技术现状与发展[J].实验流体力学，2007，21（3）：86-91.

[78] 张全治.EASA欧洲航空安全管理机构简介系列之一[Z/OL].拓扑睿见，（2010-09-08）[2024-08-25].

[79] 张人尹.创新沃土育出发展"繁花"：深圳低空经济解读[J].大飞机，2024（5）：24-28.

[80] 张旭.低空空域开发现状与低空经济发展策略[J].中国航务周刊，2024（13）：57-59.

[81] 张越，潘春星.低空经济的基本内涵、特征与产业发展逻辑[J].延边大学学报（社会科学版），2024，57（4）：73-81，142.

[82] 张仲麟.比美国快一步的无人驾驶载人航空器，前景有多大？[EB/OL].（2024-04-15）[2024-09-03].观察者网.

[83] 赵颖妍.第六届天津直博会迎来首个公众开放日 新机型、新技术备受关注[EB/OL].（2023-09-16）[2024-09-04].北方网.

[84] 浙江省政府办公厅.浙江省人民政府关于高水平建设民航强省 打造低空经济发展高地的若干意见[EB/OL].（2024-08-07）[2024-09-03].浙江省人民政府网站.

[85] 智能科技前沿.Slam的详细介绍，包括其基本原理、主要组件、算法类型、应用场景以及面临的挑战[EB/OL].（2024-08-30）[2024-09-05].CSDN博客.

[86] 中国民航局.关于发布《国家空域基础分类方法》的通知[EB/OL].（2023-12-21）[2024-09-03].中国航空器拥有者及驾驶员协会.

[87] 永不着陆的智能飞行器！西工大光动无人机研究取得新突破！[EB/OL].（2022-12-30）[2024-09-03].中国日报网.

[88] 中国移动率先启动2024年5G-A通感一体专项攻关暨技术试验，发布全球首个中频通感一体技术体系[EB/OL].（2024-04-03）[2024-09-13].C114通信网.

[89] 中国移动研究院.中国移动黄宇红：创新数智新基建，智联低空新未来[EB/OL].（2024-09-11）[2024-09-13].新浪网.

[90] 中西部首个！全国第二家！四川绵阳低空经济产业学院揭牌[Z/OL].（2024-09-08）[2024-09-11].

[91] 周文,许凌云.论新质生产力：内涵特征与重要着力点[J].改革,2023（10）：1-13.

[92] 周文,叶蕾.新质生产力与数字经济[J].浙江工商大学学报,2024（2）：17-28.

[93] 朱琼宇.低空经济发展现状及未来趋势探讨[J].汽车与新动力,2024,7（S1）：1-6.

[94] 陈林.逐梦蓝天，高原低空经济蓄势起飞[N].西藏日报,

2024-07-30（2）.

[95] 庄茁 . 人工智能赋能低空经济：应用场景与未来方向 [J]. 人民论坛·学术前沿，2024（15）：38-44.

[96] 科罗廖夫 . 新一代无人机翼龙 -1E 首飞！全复合材料制造，超越美军同型装备 [EB/OL].（2022-01-31）[2024-09-03]. 腾讯网 .

[97] "打飞的上班"？"City Fly"又上新啦！ [EB/OL].（2024-08-15）[2024-09-02]. 央视网 .

[98] "有效支撑 C919 安全"，中航工业自研民机 GPU 芯片转入适航认证阶段 [EB/OL].（2022-06-01）[2024-09-04]. 观察者网 .

[99] 北京航空航天大学科学技术研究院 .Nature 刊发北航漆明净、闫晓军科研团队研发出太阳能动力微型无人机 [EB/OL].（2024-07-17）[2024-09-03]. 北航新闻网 .

[100]eefocus_3706328. 锂空气电池 [EB/OL]. 与非网 ,2022-06-13[2024-09-05].

二、外文部分

[1]BARON R M，KENNY D A. The Moderator–Mediator Variable Distinction in Social Psychological Research: Conceptual, Strategic, and Statistical Considerations[J]. Journal of Personality and Social Psychology，1986，51（6）：1173-1182.

[2]CARLSSON B，STANKIEWICZ R. On the Nature，Function and Composition of Technological Systems[J]. Journal of Evolutionary Economics，1991，1（2）：93-118.

[3]CHRISTENSEN C M. The Innovator's Dilemma: When New Technologies Cause Great Firms to Fail[M]. Cambridge: Harvard Business Review Press，1997.

[4]CHRISTOPHER F. Technology Policy and Economic Performance: Lessons from Japan[M].New York: Pinter Pub Ltd., 1987.

[5]DIAMOND D W, DYBVIG P H. Bank runs, deposit insurance, and liquidity[J]. Journal of Political Economy, 1983, 91(3): 401-419.

[6]ETZKOWITZ H, LEYDESDORFF L. The Triple Helix as a Model for Innovation Studies[J].Science and Public Policy, 1997, 25(3): 195-203.

[7]FREEMAN C. Technology Policy and Economic Performance: Lessons from Japan[M]. London: Pinter Publishers, 1987.

[8]HALBRITTER J, hARIK R, JEGLEY D, et al. Rapid Prototyping of Wind Tunnel Blade Geometry for Composite Manufacturing Using Automated Fiber Placement[J].Proceedings of CAD'19, 2019: 298-302.

[9]KALEA T. Sky High: New eVTOL Partnership Between Archer Aviation and United Airlines Takes Flight, Revolutionizing Urban Air Mobility[EB/OL].（2024-06-18）[2024-08-27].Archer Aviation.

[10]MENDONCA N, MURPHY J, PATTERSON M D, et al. Advanced Air Mobility Vertiport Considerations: A List and Overview[C]. AIAA AVIATION, 2022: 4073.

[11]MINORASU.「次世代の農業」を実現するには？ 現状の課題と、スマート農業がもたらす未来[EB/OL].（2022-01-04）[2024-08-27].

[12]MINORASU. ロボット農機の進化とスマート農業の未来～北海道大学 野口伸教授インタビュー～[EB/OL].（2021-01-14）[2024-08-27].

[13]MINORASU. 生きた栽培データを活用して本当に儲かる農業のシステムを作る | 前編 | 必ず完売させるマーケットイン農業

[EB/OL].（2021-05-28）[2024-08-27].

[14]PASCIONI K A，WATTS M E，HOUSTON M，et al. Acoustic Flight Test of the Joby Aviation Advanced Air Mobility Prototype Vehicle[C]. 28th AIAA/CEAS Aeroacoustics 2022 Conference: 3036.

[15]ROSS L. Financial Development and Economic Growth: Views and Agenda[J]. Journal of Economic Literature，1997，35（2）：688-726.

[16]SHEN W，PENG J，MA R. et al. Sunlight-powered Sustained Flight of An Ultralight Micro Aerial Vehicle[J]. Nature，2024（631）：537-543.

[17]STIGLITZ J E，WEISS A. Credit Rationing in Markets with Imperfect Information[J].American Economic Review，1981，71（3）：393-410.

[18]The Economist Group Limited. Commercial Drones Are the Fastest-growing Part of the Market[EB/OL].（2017-06-08）[2024-08-26].

[19]VON HIPPEL E. The Dominant Role of Users in the Scientific Instrument Innovation Process[J]. Research Policy，1976，5：212-239.

[20]WILLIAMSON O E. Markets and Hierarchies: Analysis and Antitrust Implications[M]. New York：Free Press，1975.

[21]YANG Y，ZHU Q X，WANG W，et al.Structure Bionic Design Method Oriented to Integration of Biological Advantages[J].Structural and Multidisciplinary Optimization，2021，64(3)：1017-1039.

[22]経済産業省，国土交通省. Advanced Air Mobility in JAPAN 2021: Our Development and Beyond [EB/OL].（2021-05-21）[2024-08-27].

[23]農林水産省.農業用ドローンの普及に向けて,（農業用ドローン普及計画）[EB/OL].（2019-03-01）[2024-08-27].

[24] 住友商事. Advanced Air Mobility を活用した物流事業創造への挑戦~千葉県勝浦市でドローンを活用した物流事業のお披露目式実施~ [EB/OL].（2023-01-20）[2024-08-27].

[25] 総務省. 農業労働力の確保に関する行政評価・監視－新規就農の促進対策を中心として－＜結果に基づく勧告＞ [EB/OL].（2019-03-22）[2024-08-27].

后 记

  我研究生毕业后一直在北京航空航天大学从事教研工作，主要从事空天等战略性新兴产业、科技创新与政策等方面的研究。2021年，中央提出发展低空经济后，我们团队开始研究该领域。2023年我发表了论文《高校新型空天产业研究中心的发展研究》；2024年1月应《人民论坛》编辑孙渴老师之邀，与我的科研助理周睿洺共同撰写了《低空经济："飞"出新赛道》一文；2024年5月，应《新疆师范大学学报》编辑王文秋老师之约，我在经济系学生冯子菁、徐珂的协助下完成了论文《低空经济的内涵、特征和运行模式》的撰写工作。后两篇文章发表后反响较好，被《北京日报》（理论版）、通航圈等多个公众号转载。之后我们研究团队集中力量对低空经济产业链重点环节进行调研，相继完成了论文《数字基础设施建设对低空经济高质量发展的影响研究》《科技金融赋能低空经济高质量发展的路径探索》《低空经济"风口法则"下的企业价值共创选择——基于深圳美团物流的案例研究》《基于演化博弈理论的大模型产业产学研协同创新研究》，以及研究报告《我国低空经济发展现状、面临的困难及对策建议》《抓住关键场景，打造"低空经济+"北京模式》等的撰写工作。本书是基于我们最近一年多撰写的文章、报告进行的进一步整合、梳理与完善。写作期间，我们不断与低空经济领域专业人士进行交流，得到了许多启发。中国航空运输协会无人机工作委员会副主任、中国信息协会通用航空分会副会长、央企三九集团原总经济师程泊霖老师特别关注我们书稿的进展，并给予了巨大的帮助。在他的帮助下，我们与相关领域的专家建立了联系，同时也使我有机会受邀参加全国低空经济会议，分享自己的观点并与同行交流。我的研究生李昂，现任职于中国航空规划设计研究总院，他不仅参与了本书部分内容的写作，还凭借自己的工作经验提供了很多素材，并提出了有益的建议。在本书写作的过程中，大航虹鹰航空科技有限公司董事长曾友兵博士和副总经理方志刚先生多次与我们交谈，让我们了解到无人机行业发展的前沿动态。在低空经济案例写作过程中，我们得到了亿航智能、万丰奥特、沃兰特、雁翔和泰等公司的协助，特别感谢万丰飞机工业有限公司董事长刘剑平博士，亿航智能技术有限公司副总裁蒋瑜涛先生、庄益经理，雁翔和泰董事长彭俊生先生，沃兰特航空技术有限责任公司高级副总裁黄小飞博士、市场总监付常银女士不厌其烦地为我们提供资料、校对案例，并帮助推荐本书。

作为高校老师，教书育人是我的天职。多年来，我与北京航空航天大学共同成长，见证她逐步形成了具有北航优势特色的拔尖创新人才培养范式，不断将高水平科研优势转化为高质量育人能力，打造了"强情怀、强基础、强实践、强融通"的北航人才培养"四强"模式。近年来，我指导的几个与北航"空天"特色相关的学生科研项目都取得了很好的成绩，如：2020级白佳毓项目"智旋助农——自旋技术助力智慧农业构建"，荣获第八届"中国国际互联网+"大学生创新创业大赛——青年红色筑梦之旅（创意组）北京赛区三等奖；"北航空天助农实践队"获得2022年首都高校师生服务"乡村振兴"行动（科技乡村行动）计划支持二等奖；"基于神经网络优化算法对可重复使用运载器设计方案的评估"获得中国高校计算机大赛人工智能创意赛（航天组）全国总决赛三等奖；2021级沈婧然项目"聆飞导盲无人机——视障者的智慧出行助手"获iCAN大学生创新创业大赛北京赛区二等奖（2022年）；"C919产业链'政产学研用'的价值共创网络——基于新质生产力视角"获"冯如杯"三等奖；北航交通科学与工程学院许家铜等学生"乘九御风"（低空经济元年eVTOL行业的全链条调查研究）实践队获得北航2024年暑期社会实践优秀团队一等奖第一名。这一系列培养学生的科技创新活动大大提高了学生的科技创新实践意识和能力，也为本书的写作提供了素材。

  本书是基于自上而下的演绎方法，从宏观政策、中观行业到微观企业主体来展望低空经济的发展趋势和未来的。首先从理论基础着手，阐释了低空经济的内涵、构成与特征，并揭示了新质生产力在其中的支撑作用。在对低空经济产业运营模式进行理论分析的基础上，书中还呈现了深圳、上海等地的成功区域案例以及大疆、万丰、沃兰特、雁翔和泰等当下中国低空经济代表性头部企业案例，为读者提供了极具价值的经验和启发。基于对低空经济产业发展面临的机遇和挑战分析，本书从全球视角探索低空经济的无限可能。

  尽管低空经济的发展之路还存在不少挑战和不确定性，但只要实现了关键技术突破，完善了低空产业链，完成了商业闭环，未来这一行业是充满机会和希望的。希望本书的出版能够促进大家对低空经济的思考。

  最后，衷心感谢北京航空航天大学前校长，全国政协第九、第十届委员，俄罗斯宇航科学院外籍院士，长鹰系列无人机原总指挥沈士团教授；第十届全国人大常务委员会委员、全国人大外事委员会委员，曾获航空航天月桂奖"终身奉献奖"、国家科技进步奖特等奖、何梁何利基金科学与技术进步奖的中国工程院院士、著名航空动力专家刘大响教授为本书作序推荐。此外，中信出版集团主题学术事业部的黄静、王元老师也在本书的出版方面给予了我悉心的帮助，在此一并表示感谢。

最后我想说的是，本书所涉猎的领域广泛，其中所涉及的航空器技术层面的内容，并非我的专业，也许论述方面不够严谨、准确，在引述、论证方面，数据资料等也不够详尽丰富，希望各位专家、学者和读者谅解。写作本书的初衷是能够为有兴趣的读者提供相关的知识和不同的视角，希望能对大家有所启发。

沈映春
2024 年 10 月于北京